北京外国语大学双一流建设科研项目

汉语句子理解的认知老化研究

HANYU JUZI LIJIE DE RENZHI LAOHUA YANJIU

柳鑫淼◎著

四川大学出版社

项目策划：梁　平
责任编辑：杨　果
责任校对：孙滨蓉
封面设计：璞信文化
责任印制：王　炜

图书在版编目（CIP）数据

汉语句子理解的认知老化研究 / 柳鑫淼著. — 成都 : 四川大学出版社, 2020.1（2024.6 重印）
（大学文库）
ISBN 978-7-5690-3354-0

Ⅰ. ①汉… Ⅱ. ①柳… Ⅲ. ①老年人－语言障碍－研究 Ⅳ. ① H018.4

中国版本图书馆 CIP 数据核字（2020）第 011147 号

书名　汉语句子理解的认知老化研究

著　　者	柳鑫淼
出　　版	四川大学出版社
地　　址	成都市一环路南一段 24 号（610065）
发　　行	四川大学出版社
书　　号	ISBN 978-7-5690-3354-0
印前制作	四川胜翔数码印务设计有限公司
印　　刷	永清县晔盛亚胶印有限公司
成品尺寸	170mm×240mm
印　　张	13
字　　数	245 千字
版　　次	2020 年 4 月第 1 版
印　　次	2024 年 6 月第 2 次印刷
定　　价	78.00 元

◆ 读者邮购本书，请与本社发行科联系。
电话：(028)85408408/(028)85401670/
(028)86408023　邮政编码：610065
◆ 本社图书如有印装质量问题，请寄回出版社调换。
◆ 网址：http://press.scu.edu.cn

四川大学出版社
微信公众号

前　言

随着生理年龄的增长，老年人的各个组织器官都会开始衰竭，大脑的结构和功能也会发生相应的退行性改变，记忆、注意及各种认知能力开始逐渐衰退，感官功能和语言功能会随着认知功能的减退而下降。老年群体的语言障碍是比较普遍的现象，对老年人的心理健康和正常沟通交流都有严重的影响（Kemper & Lacal，2004）。由于医疗技术的进步和人均寿命的增加，老龄化问题变得日益突出，西方学界已经将老年人的语言能力衰退现象和老化脑的认知变化和病理变化作为重点突破的研究课题，来自认知科学、基础医学、心理学、语言学等领域的研究人员共同开展了大量合作研究。然而在中国，针对老年人语言问题的专项研究数量仍然较为有限。传统的心理语言学研究通常仅将儿童语言习得作为其主要研究范围之一，而老年语言衰退作为人类语言发展的另外一端，却没有被纳入心理语言学的考量范围。对于心理语言学这一以研究语言的生理和心理过程为己任的学科而言（桂诗春，2015），这毫无疑问是一个缺憾。事实上，心理语言学的实验研究方法为我们以科学、客观的方式来观察、描写和解释生命晚期阶段语言能力的退变提供了良好的渠道。林崇德等（2004）在《心理学大辞典》中将老年语言学界定为心理语言学的分支，可见心理语言学的研究范式对于老年人语言问题研究具有重要的意义。探索老年人语言能力衰退的问题不仅有利于我们深化对于语言和大脑之间关系的了解，也有助于揭示语言的认知年老化规律，从而为老年痴呆症、帕金森症等老年神经退行性疾病的早期预诊和康复治疗提供切实可行的建议。

句子理解能力指的是在语言理解过程中利用句法、语义和韵律等多种信息来源来识别和构建句法结构，从而获取句子意义的能力，是人类最基本的语言技能之一。随着年龄的增长，老年人的工作记忆、注意、抑制控制等总体认知能力逐渐衰退，句子理解能力也随之减退。西方学者针对句子理解的认知年老化现象开展了很多有益的尝试，但是，这些研究主要针对拼音文字，针对汉语的研究很少。汉语和西方语言之间有很多共通之处，但也存在着一些明显的差异。例如，英语关系从句是中心语前置结构，而汉语关系从句是中心语后置结构；英语是主语优先型语言，而汉语是话题优先型语言；英语存在显性的句法移位，而汉语则不存在显性的句法移位。那么，以汉语为母语的老年人的句子理解能力呈现出怎样的发展变化特点？与西方老年人具有哪些共性和差异？国内外尚未发现系统实证研究。

本研究以母语为汉语的60周岁以上健康老年人和老年痴呆症患者为主要研究对象，对老年人句子理解能力衰退现象进行了系统的研究，探讨了老年人在理解关系从句、被字句、话题句等各类汉语句型结构时出现的句子理解能力衰退现象，并考察了汉语句子理解认知老化的心理机制。本研究不仅有助于我们从语言衰老的视角审视现有的句子理解理论和认知老化理论，也为揭示语言能力在生命晚期的发展变化规律提供了重要的实证参考。语言功能作为大脑认知的重要组成部分，它的发展与衰老与认知功能的发展与衰老紧密相关。因此，对老年人语言能力认知老化的研究有助于增进我们对大脑认知功能发展规律的了解，是揭示大脑功能在老年期阶段发生自然衰退和病理性退化的重要途径。

具体而言，研究工作主要围绕以下三个问题开展：

(1) 母语为汉语的健康老年人句子理解能力衰退呈现出哪些规律和特点？本研究对老年人理解汉语主语关系从句、宾语关系从句等不同汉语句型结构时的表现进行了系统的描述和分析，通过对比健康青年人和老年人的句子理解加工表现识别出句子理解认知老化的基本特征，重点关注在语言能力自然老化过程中出现的句子理解受损现象及影响因素。

(2) 老年痴呆症患者汉语句子理解的表现与健康老年人相比具有哪些差异？我们采用离线实验任务对比分析了老年痴呆症患者和健康老年人在理解汉语主语关系从句、宾语关系从句、被字句和话题句等结构时出现困难的差异，通过对比分析句子理解的准确率指征来揭示老年痴呆症患者句子理解能力的病理性退化规律和特征。

(3) 现有的各种理论假说能否有效解释汉语老年人句子理解能力衰退现象？句子加工理论和认知老化理论大都是在西方学界提出的，是否对于汉语的语言现象具有解释力仍然没有定论。在实证研究的基础上，我们对这些理论进行了检验和评价，考察了这些理论对句子理解认知年老化的跨语言阐释力。

针对以上研究问题，我们借鉴国外同类研究，将在线句子加工和离线句子加工实验相结合，对老年人汉语句子理解能力衰退过程进行系统的描写，深入考察老年句子理解的认知心理机制。我们先后设计实施了多项实验，其中包括自定步速阅读实验和句子图片匹配实验，被试包括健康老年人、健康青年人以及老年痴呆症患者，施测总次数 300 余次。

研究采用了多种不同的研究方法，如文献分析法、离线研究方法（问卷法和句子图片匹配任务）以及在线研究方法（自定步速阅读实验），不仅考察了离线句子加工的认知老化现象，也通过在线研究手段探讨了年老化对句子理解影响的阶段性特点、时间进程以及心理加工机制。本研究主要采用了对比分析的思路，对比了健康老年人、健康青年人和老年痴呆症患者在理解汉语主语关系从句、宾语关系从句、被字句、话题句、常规语序的简单句等句型结构时，在行为表现和认知心理机制方面的差异。具体而言，本研究重点考察了健康老年人在理解加工汉语主语关系从句和宾语关系从句时出现认知老化现象的行为特点和规律，以及老年痴呆症患者在理解被字句、话题句等结构时出现的语言障碍。本研究的主要发现如下：

（1）老年人在理解加工汉语关系从句结构等复杂句型结构时出现了普遍性的衰退现象，具体表现为理解准确性降低，在线阅读时间增长。在句子加工认知老化的过程中，不同句型结构受到认知年老化影响的程度并不相同，总体上呈现出受损程度不均的特点。主语关系从句和宾语关系从句等结构的理解加工受年老化影响较为明显，而常规语序的主动句等相对保存完好，受到年老化的影响较小。

（2）句法复杂性是影响老年人句子理解加工表现的重要因素。研究发现，老年人和青年人在理解含有长距离依存关系的汉语主语关系从句时，句子理解的准确性和在线加工速度都显著低于依存距离相对较短的宾语关系从句。但是，句法复杂性效应在老年人中更加显著，表明老年人在句子理解中对于句法复杂性因素更加敏感。句法结构因素对老年人的句子理解活动具有关键的影响作用。

（3）老年人在句子理解过程中利用词汇语义线索（如生命性特征）的能力随着年龄的增长而发生了显著的衰退。研究发现，虽然在离线加工中老年人和青年人均能利用名词短语的生命性信息对题元角色进行高效的分配，但是，对于老年人而言，关系从句中名词短语的生命性特征对在线加工的阅读时间没有显著影响，而在青年组中，主句主语是无生命名词的关系从句比主句主语是有生命名词的关系从句更难加工。同青年人相比，老年人在在线句子理解加工中实时整合与利用词汇语义信息的能力发生了明显的退化。

（4）词汇的语法范畴特征对老年人句子理解的表现具有重要的影响。词汇语法范畴特征的相似性是影响句子理解认知老化的重要因素。当句子内名词的语法范畴特征相似时，由于题元角色分配的认知资源需求增加，句子理解的难度对于老年人而言会显著增加。由于青年人的认知资源相对充足，词汇语法范畴相似性引起的工作记忆资源增加对其加工表现的影响相对较小。此外，词汇语法范畴信息对老年人句子理解的影响与句法结构的复杂性有关，当老年人理解加工的句型结构句法复杂性较高时，词汇语法范畴的相似性对其加工表现的干扰效应会更强。

（5）工作记忆是老年人句子理解得以准确高效进行的前提条件。工作记忆容量高的老年人句子理解的准确率显著高于工作记忆容量低的老年人，在线加工中，工作记忆容量高的老年人阅读时间显著短于工作记忆容量低的老年人。工作记忆容量对句子理解的影响与句法结构的复杂性有关，工作记忆容量和句法结构复杂性交互作用，共同影响老年人的句子理解表现。在句法复杂性更高的句型结构中，工作记忆对老年人句子理解表现的影响更明显。

（6）在上述研究发现的基础上，我们针对汉语老年人句子理解能力衰退的特征和规律，对与句子理解能力认知老化相关的西方理论和假说进行了检验和反思。研究发现支持交互性理论，不支持模块化理论；支持语言理解的容量限制理论、单一言语资源假说、认知老化的加工速度理论等，不支持冒险策略假说和独立言语资源理论等。在本研究和前人研究发现的基础上，我们尝试构建了老年人语言能力认知老化的总体研究框架。

汉语句子理解的认知老化是一个极为复杂的过程，受到多种因素的交互影响，既包括句法复杂性、句内名词的语法范畴特征、词汇语义特征等语言内因素，也包括工作记忆等认知心理层面的个体差异因素。这些因素交互作用，共同影响句子理解的最终表现。在实证研究的基础上，我们对现有的老年认知障碍量表进行了梳理和批评性的思考，并针对老年语言认知障碍的评估和检测提出了具体的修订建议，有针对性地设计了可以用于检测和评估老年人语言认知障碍的相关题型，为老年语言障碍的早期诊断、评估和康复治疗提供参考。

本研究通过对健康老年人、健康青年人和老年痴呆症患者的句子理解表现进行综合性的对比分析，揭示了语言能力自然老化和病理性退化的特征和规律，深化我们对老年人语言认知障碍及其心理机制的了解。研究成果有助于语言学、心理学和认知科学领域的研究人员了解生理老化与语言能力变化之间的关系，为探究老年人语言能力的发展变化规律提供一定的理论和实证基础。本研究是关于语言能力认知老化的基础性研究，具有诸多的实践意义和临床价值。关于语言能力自然老化的研究发现可以为医学研究人员提供辨识和确诊老年痴呆症及其病情发展阶段的重要参照，关于老年痴呆症患者语言障碍的研究发现可以为该病的诊断、干预和康复治疗提供实证依据和参考。

针对汉语的语言衰老研究尚处于起步阶段，本书探讨的主题属于探索性课题，加之作者水平有限，书中难免会有诸多疏漏和不足之处，敬请同行专家和广大读者给予批评指正。

目 录

第一章　导论

随着我国经济社会的发展和人口结构老化的加速，人口老龄化已经成为中国社会面临的重要挑战。全国老龄办召开的人口老龄化国情教育新闻发布会公布，截至2017年底，我国60岁及以上老年人口有2.41亿，占总人口的17.3%。2017年新增老年人口首次超过1000万，预计到2050年前后，我国老年人口数将达到峰值4.87亿，占总人口的34.9%[①]。北京、上海等大城市将达到重度老龄化程度。《北京市老龄事业和养老服务发展报告（2016年—2017年）》发布的数据显示，北京市平均期望寿命达到82岁左右，截至2016年底，北京市60岁及以上户籍老年人口约329.2万，老龄化比例超过24%。在这种情况下，如何改善老年人的生活质量、满足老年人的生活需求是我们必须思索的重要问题。随着老龄化问题日趋严峻，与老龄化相关的社会问题也引起了高度关注，其中，老龄人口的语言障碍问题也成了学界关注的重要问题。

第一节　引言

对老年人语言衰退现象和规律的研究是提供语言功能训练、延缓衰老、促进信息交流公平的基础，有利于建立健全适合老年人言语交际特点的交流渠道与沟通方式，完善面向老年人的社会支持干预及健康管理体系。部分研究成果对老年语言障碍的预诊和语言康复治疗也具有重要的临床价值。在老龄化问题日益突出的今天，对老年人语言衰退现象的研究将会带来一系列重要的临床和社会效益，是应对人口老龄化战略的重要基础性研究。在国外相关研究中，老年人的语言衰退问题以及相应的大脑认知老化和病理研究是重要的研究课题之一，老年医学、心理学、认知科学、语言学等领域的学者合作开展了大量研究。而在中国，针对老年人语言问题的专项研究数量仍较为有限。针对老年人

① 数据来源于《中国60岁及以上老年人口2.41亿》，《人民日报海外版》2018年2月27日第三版，http://paper.people.com.cn/rmrbhwb/html/2018-02/27/content_1838506.htm。

语言的研究不仅有助于揭示语言能力的自然发展变化规律，也有助于为老年痴呆症、帕金森症等老年神经退行性疾病的早期预诊和康复治疗提供切实可行的意见和建议。

语言能力是个体生命周期中最重要的认知能力之一。随着生理年龄的增长，老年人的组织器官逐步衰竭，大脑的结构和功能都会发生退行性的变化，以生理为基础的记忆、推断等认知能力逐渐下降，感官功能和语言功能也随之减退（Light，1991）。老年人的语言障碍是较为普遍的现象（林崇德等，2004），严重影响老年人的正常人际沟通和心理健康（Kemper & Lacal，2004）。20 世纪 70 年代，Lütjen（1978）提出了老年语言学（Gerontolinguistics）的说法[①]，并区分了代际语言学和老年语言学的概念，界定两个学科的研究范畴。代际语言学是针对不同代与代之间语言交流互动的研究，而老年语言学是针对老年人语言行为的研究。林崇德等（2004）认为，老年语言学是心理语言学的分支，主要研究老年人运用的语言系统的性质、结构及其变化规律和言语交际问题。目前，该领域的研究内容主要涉及老年词汇、语法、修辞、正字法、语音、音位等多个方面以及老年人阅读技能障碍、双语老年人第二语言的丧失和老年人的语言风格灵活性等（林崇德等，2004）。戴浩一（2016）界定了语言衰老研究的三个主要内容，即语言（将输入的信号转化为意义的象征系统）、言语（语言产出）和交际（运用语言交流想法）。语言层面关注老年人的语言理解能力，如句子理解、词汇识别和语篇理解；言语层面主要涉及老年人的语言表达能力，如词汇提取；交际层面聚焦于老年人在运用语言进行交流沟通时出现的问题，如偏题话语、赘述等。

第二节　研究现状概述

句子理解加工指的是通过识别视觉或听觉输入的语言信息，监督和构建这些语言信息的结构，从而获取句子意义的过程，句子理解能力是人类最基本的语言理解能力。随着年龄的增长，大脑的结构和功能会发生生理性或病理性的变化，工作记忆、注意力、抑制控制等一般认知能力逐渐退化，句子理解能力也会发生相应的衰退。自 20 世纪 70 年代末以来，西方学者对老年人语言理解和

① 早期文献中与语言衰老直接相关的术语为 gerolinguistics，但关于这一术语的来源尚有争议。Thornton 和 Light（2006）指出，Cohen 在 1979 年首先提出了老年语言学的概念。但是，Sugatani（2008）认为，这一术语由德国社会学家 Lütjen 在 1978 年最先提出。此处采用的是 Sugatani（2008）的说法，但该术语的确切来源尚待考证。

产出中出现的问题进行了详细的描写和解释（Kemper，1986；Kemper，1987；Obler et al.，1991；Kemper，Herman & Liu，2004；Gao & Stine-Morrow，2014）。但是，研究结论存在很大分歧。一些研究发现，老年人的句子加工能力严重受损（Kemper，1986；Kynette & Kemper，1986；Waters & Caplan，2001，2005；Stine-Morrow，Ryan & Leonard，2000）。和青年组相比，老年组在理解加工关系从句等复杂句法结构时呈现出明显的衰退现象，准确率显著降低，阅读时间变长（Kemper，1986；Kynette & Kemper，1986；Waters & Caplan，2001，2005）；在线加工中，老年人无法有效分配认知资源，导致加工复杂句法结构的效率下降（Stine-Morrow，Ryan & Leonard，2000）。来自神经语言学的研究发现，即使加工简单的句型结构，老年人也表现出与青年人不同的特点，如句法加工的P600成分潜伏期较短，左右半球不对称性下降，等等（Zhu，Hou & Yang，2018）。但是，也有一些研究认为，年老化对句子理解加工能力的影响并不明显（Tyler et al.，2010；Campbell et al.，2016；Kemmer et al.，2004），句子理解能力保存相对完好。Tyler et al.（2010）采用功能性磁共振技术（fmri）考察了老年人在听觉语言理解中的句法功能，研究发现，老年人的句法加工能力保存完好，老年人大脑右半球额颞叶的神经活动增强。研究认为，这一现象与大脑神经加工活动的代偿机制有关。句法加工活动由原来的左半球额颞叶转化成双侧功能语言网络，这一过程使老年人在左半球神经加工活动减退的情况下仍然能够保留句法加工能力。Campbell et al.（2016）以22岁到87岁间的111名各年龄段被试作为研究对象，采用了自然的听觉理解任务和句子可接受度测试两种不同的实验任务把语言理解过程和跟一般任务需求相关的过程进行了分离，同时采用功能性核磁共振成像（fMRI）观察了不同年龄组被试的大脑活动皮层区域。研究发现，自然的语言理解过程仅激活了听觉和额颞叶句法网络，而可接受度测试虽然采用了相同的刺激材料，激活的网络却不相同。此外，研究还发现，虽然老年组的大脑灰质减少，额颞叶句法网络与一般任务网络之间的连接性减弱，但是，额颞叶句法网络内部的连接性在不同年龄组之间则没有显著的差异，并没有出现上述研究中所发现的代偿现象。在可接受度测试任务中，不同年龄组被试的表现没有出现显著差异，但是，只有老年组的表现与晶体智力具有相关性，这说明老年人借助知识积累方面的优势来补偿其网络间连接性的减弱。这项研究的发现表明，老年人的句法能力保存完好并非是源自其他大脑区域的补偿，而是额颞叶句法系统根本就不受到年老化的影响。该研究为句子理解加工能力无损的观点提供了更多的证据。

此外，关于句子理解能力衰退的原因，现有的研究同样存在较大分歧。早期的研究大多数都认为，句子理解能力退化的本质是一般认知能力的老化，如工作记忆能力衰退，而语言能力本身受年老化的影响并不大（Kemper，1987；Kemtes & Kemper，1997；Kemper & Liu，2007）。近年来，研究人员开始从认知神经科学的角度研究老年人句子理解的过程，一些研究发现，当控制了工作记忆等流体智力因素以后，老年人在句子理解中依然表现出与青年人不同的电生理指征，如P600成分的潜伏期延迟（Zhu，Hou & Yang，2018），这说明老年人句子理解能力的退化并不完全是由一般认知能力下降所导致，而是语言能力本身的退化。综上所述，关于老年人句子理解能力的退化问题及其具体的认知神经机制仍然有诸多争议，有待于进一步明晰。

第三节　选题原因及研究焦点

西方学者针对句子理解的年老化问题进行了很多有益的尝试和研究，但是，这些研究多集中于拼音文字，相比之下，针对汉语的研究数量仍然较为有限。以汉语为母语的老年人具有不同的文字表征，那么，汉语老年人语言能力的衰退是否具有特殊性？在很多方面，汉语和西方语言都存在着明显的差异，例如，汉语是话题优先型语言，而英语属于主语优先型语言（Li & Thompson，1976，1981）；汉语的被字句和把字句等句型结构被认为是汉语特有的语言结构，在英语中难以找到完全对等的结构；汉语关系从句是中心语后置结构，不同于英语的中心语前置结构；英语通常强制性地借助动词的形态变化来表示时态，而汉语的语法通常是以名词或名词性词组为中心，缺少形态变化（王文斌，2013a，2013b；王文斌，2019）；汉语不存在显性的句法移位，而是在逻辑式里隐性移位，属于wh-在位语言（Huang et al.，2009）。这些明显的结构差异需要我们思考，来自印欧语的研究发现是否能够适用于母语是汉语的老年人？以汉语为母语的老年人的句子理解能力呈现出怎样的发展变化特征和规律？与西方老年人相比具有哪些共性和差异？

针对上述问题，本研究拟借鉴国外同类研究，以汉语为母语的60周岁以上老年人为主要研究对象，对老年人句子理解能力衰退进行系统的研究，考察老年人在加工关系从句、被字句、话题句、简单句等各类汉语句型结构时出现的句子理解能力衰退现象及其心理机制。研究结论不仅有助于我们从语言老化的视角审视现有的句子加工理论和认知老化理论，也为揭示语言能力的发展变化规律提供了重要的实证参考。语言功能作为大脑认知的重要组成部分，它的发展变化与衰老同认知功能的发展变化与衰老紧密相关。因此，对老年人语言衰老的研究是揭示大脑在人的生命周期中发生变化的重要路径。研究老年群体的语言变化过程有助于加强我们对大脑认知功能发展变化规律的了解。本研究力图回答实现中国老龄化社会可持续发展的基础科学问题，为应对老龄化趋势的社会及公共政策问题提供数据支撑和理论指导，对构建适合中国情境的应对老龄化社会的创新理论具有重要意义。具体而言，研究工作主要围绕以下关键内容展开：

（1）以汉语为母语的老年人句子理解能力衰退的规律和特点。本研究对老年人加工不同汉语句型结构时的表现进行了详细的描述和分析，通过对比青年人和老年人的行为实验数据识别出老年人句子理解的特征和句子理解认知老化的各种影响因素（句法、语义等语言学因素和工作记忆等认知心理因素），重点关注在语言老化过程中出现的不同汉语句型结构受损不均现象及其原因。

（2）老年痴呆症患者汉语句子理解能力的病理性退化规律和特征。本研究对健康老年人和老年痴呆症患者在不同句型结构的理解加工中出现的差异进行了系统的分析和考察，以此识别出患者出现句子理解障碍的具体句法结构，从而为老年痴呆症患者语言障碍的诊断和干预治疗提供实证参考。

（3）现有的各种理论假说对于汉语老年人句子理解能力退化的解释力。现有的句子加工理论和认知老化理论大都是在西方学界提出的，对于汉语的语言现象是否具有解释力仍然没有定论。在实证研究的基础上，我们对这些理论在汉语中的适用性进行了检验和评价，考察了这些理论对句子理解认知年老化现象的跨语言阐释力。

第四节　研究方法

针对以上研究问题，本研究先后开展了多项心理语言学实验，被试包括来自北京市各辖区的健康老年人、健康青年人以及老年痴呆症患者，总共施测300余次。参与实验的老年被试多在60周岁以上。青年被试多在18岁至35岁之间。本研究主要采用了以下三种研究方法：

（1）文献分析法：搜集、梳理和研读老年人句子理解加工的相关理论及实证研究文献，在此基础上形成研究预想和实验方案。

（2）离线研究方法：离线研究方法包括问卷法和句子图片匹配实验。其中，问卷法主要用于进行实验材料的编制和测评。在实验材料设计过程中，我们采用问卷调查方式对所编制好的刺激语料进行可接受性评测。在此基础之上修改和编纂出自定步速阅读实验、句子图片匹配实验所需要的刺激材料。句子图片匹配实验主要用于测量老年痴呆症患者的句子理解障碍。

(3) 在线研究方法：在线研究方法主要是自定步速阅读实验。自定步速阅读实验是一种基于移动窗口技术的快速视觉或听觉呈现任务，可以考察在线加工中记忆、语言、注意等认知过程的交互作用，是语言加工的行为研究中应用最为广泛的实验手段。自定步速阅读实验主要通过测量被试句子理解的准确率，来考察认知老化对句子理解整体表现的影响，通过测量各句子区段的阅读时间来判断年老化对句子理解影响的阶段性特点和时间进程。

第五节 章节结构

本书共分为十二个章节。各章节的主要内容及其逻辑结构关系如图 1-1 所示。

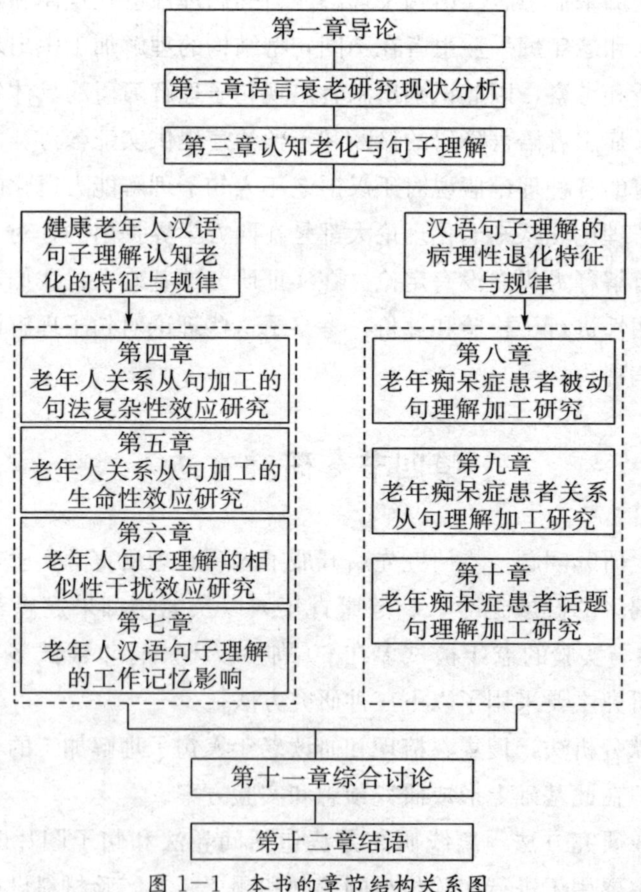

图 1-1　本书的章节结构关系图

第一章导论部分介绍了本研究的背景，概述了老年人句子理解研究的现状，在此基础上提出了主要研究问题，介绍了本研究的理论基础和研究方法，并简要呈现了本书各部分的主要内容和结构安排。

第二章是文献回顾部分，详细介绍了国内和国外现有的语言认知老化研究的整体情况，对该领域的研究进行了详细的回顾，对研究现状进行了深入的剖析，并在此基础上明确了研究问题。

第三章对认知老化的基本概念、观点和理论框架进行了系统的介绍，并结合本研究拟解决的研究问题分析和阐述了句子理解的基本概念、主要相关实证研究和理论阐释。

第四章至第十章为本书的主体部分，重点介绍了老年人对不同句型结构加工表现、影响因素和认知心理机制。该部分可以进一步划分为两个组成部分：健康老年人汉语句子理解的特征和影响因素研究（第四章、第五章、第六章、第七章），以及汉语句子理解的病理性退化特征和规律（第八章、第九章、第十章）。其中，第一部分主要围绕健康老年人的汉语句子理解加工问题，通过自定步速阅读实验任务对比考察了老年人和青年人在线和离线加工关系从句时的差异。该部分共包含四个实验研究，分别考察了句法复杂性、名词短语的生命性特征和语法范畴特征对老年人句子理解的影响以及工作记忆对于老年人句子理解的影响，通过考察不同工作记忆容量的老年人句子理解的表现，揭示了工作记忆这一认知变量在句子理解认知老化中所发挥的作用。第二部分为汉语句子理解的病理性退化研究，主要聚焦于老年痴呆症患者这一特殊老年群体。该部分共分成三个组成部分：老年痴呆症患者被字句理解障碍研究、老年痴呆症患者关系从句理解障碍研究和话题句理解障碍研究。其中，第八章通过句子图片匹配任务对比考察了青年人、健康老年人和老年痴呆症患者离线加工汉语被字句和主动句的差异；第九章对比分析了健康老年人、轻度老年痴呆症患者和中度老年痴呆症患者在理解汉语主语关系从句和宾语关系从句时出现的障碍，并通过操控实验任务的工作记忆负荷考察了老年痴呆症患者句子理解障碍的影响因素。第十章通过句子图片匹配任务对比分析了青年人、健康老年人和老年痴呆症患者理解汉语话题句和常规语序句型结构的差异。

第十一章为综合讨论部分，在实证研究的基础上，对已有的发现进行了全面的汇总和分析，并对比了本研究和前人研究的结论，构建了老年人句子理解的总体研究框架。针对本研究的发现，提出了对老年人语言认知障碍评估工具的具体修订建议，并提出了应对老年人语言认知障碍的建议和对策，系统阐释了研究成果对于老年人语言障碍早期诊断和干预治疗的重要意义。

第十二章为本书的结语部分，对本书的发现进行简要概括，深入剖析了研究成果的理论和实践价值，并指出研究的不足之处和未来研究的方向。

第二章　语言衰老研究现状分析

随着老龄人口的日益增加，老年人的认知健康问题逐渐受到国内外学者的关注。语言能力作为一种高级的认知能力，会随着年龄的递增而发生衰退，从而影响到老年人的身心健康和沟通交流。而针对老年人语言能力退化现象的研究可以帮助老年群体解决言语沟通障碍等问题，改善该群体的身心健康状况，提高其生活质量。目前，关于老年人语言衰老问题的研究多数都来自西方心理学、认知神经科学和老年医学领域，该领域是一个带有一定跨学科属性的研究领域。尽管我国心理学界和语言学界已经开始关注老年群体的语言障碍问题，但是，相关的实证研究数量仍然较为有限。本章将重点梳理国内外老年人语言能力衰退的相关研究，分析该领域的总体研究状况、关键研究领域和重点研究问题，并展望该领域的发展趋势，旨在形成对语言衰老相关研究的整体性认识，为开展后续的研究工作奠定基础。

第一节　语言衰老研究的总体现状概述①

年老化通常伴随着语言能力的衰退。语言衰老是指随着年龄的增长，个体的语言能力发生衰退的现象。语言衰老既包括正常健康老年人语言能力的自然老化过程，又包括由老年痴呆症、帕金森症等疾病所导致的语言能力病理性退化过程。健康老年人的自然语言老化过程主要表现为偏题言语增多、词汇提取出现障碍、句子或语篇的理解能力下降、语言产出的句法复杂性下降等。以老年痴呆症为代表的病理性语言老化过程则表现为严重的找词障碍、空洞话语、言语行为重复、书写障碍和语言理解能力受损等多个方面，重度老年痴呆症患者则容易出现缄默不语等症状。这些语言问题会严重影响老年人的社交意愿和人际沟通能力，导致老年人产生社交焦虑和障碍，影响其生活质量和身心健康。

---

①　本节部分内容引自柳鑫淼：《近十五年语言衰老研究的可视化文献计量分析》，《北京化工大学学报（社会科学版）》，2018 年第 4 期，第 43～48 页。

由于语言衰老方面的研究通常带有一定的跨学科性质，所涉及的领域较多，包括心理学、语言学、医学等，因此，该领域的文献较多，并且多数分布在不同的学科领域中。为了清晰地呈现语言衰老研究的整体研究现状，我们以科学引文索引（SCI）、社会科学引文索引（SSCI）和艺术人文引文索引（AHCI）数据库中的文献为数据来源，采用文献分析软件 CiteSpace 对近十五年来语言老化领域的关键文献进行了可视化计量分析，提炼了该领域的主要知识结构、最新进展和发展趋势。本研究总共收集了 2003 年到 2017 年期间 554 篇发表在权威国际期刊上的学术论文，对引文数据进行了较为系统的挖掘工作，对收集的文献进行了学科分布分析、年度分布分析、国家分布和科研机构分布分析。

从语言衰老研究的学科分布来看，目前的语言衰老研究主要集中于心理学、语言学、神经科学与神经学、老年医学与老年学、听力学与言语病理学这五个学科。其中，心理学领域的研究占 28.9%，语言学领域的研究占 21.5%，神经科学与神经学方面的研究约占 16%，老年医学与老年学方面的研究占 13.3%，听力学与言语病理学领域的研究占 9.3%，而社会学等其他学科的研究约占 11%。从上述的学科分布情况可以发现，对语言衰老现象的研究最为核心的领域是心理学，但同时也得到了神经科学、语言学、医学等其他领域的关注。这说明语言衰老问题具有跨学科的属性，是多学科重点关注的研究课题。

图 2—1 是 2003 年至 2017 年间语言衰老研究文献的年度分布图。语言衰老研究属于相对新兴的研究领域。观察该图可以发现，文献数量在 2003—2013 年逐渐增加，2014 年文献数量有所回落，但从 2015 年开始又呈现出回升的态势。这说明语言衰老研究在 2003—2017 年期间热度和受重视程度总体上在不断上升，老年人的语言能力和语言障碍引起了学界的广泛关注。

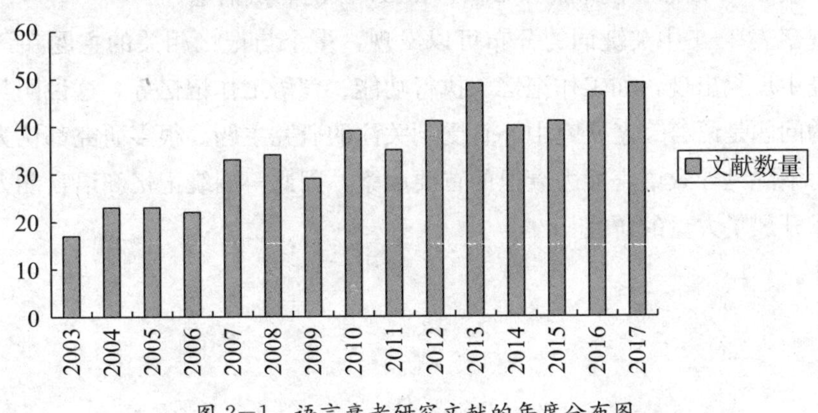

图 2—1　语言衰老研究文献的年度分布图

国家分布分析的结果显示，研究成果呈现出区域分布不均的态势。按照成果数量从多到少的顺序，排名前十位的国家依次为美国、加拿大、英国、西班牙、法国、澳大利亚、荷兰、德国、巴西和意大利。美国产出的研究成果数量高达220篇，远远超过其他国家发表文章的数量。位列第二位的加拿大有56篇。除巴西外，排名前十位的国家均为发达国家，说明老年人的语言问题在发达国家更加受到重视。值得注意的是，虽然我国的老龄人口迅速增加，但在国际权威期刊上发表的语言衰老研究论文数量仍然不多。尽管我国的老龄化问题日益突出，但老年群体语言问题仍然没有得到充分的关注。

在科研机构分布方面，按照成果数量由多到少的顺序，语言衰老研究成果最多的十个科研机构依次是伊利诺伊大学、布兰迪斯大学、加州大学圣迭戈分校、多伦多大学、波士顿大学、佛罗里达大学、堪萨斯大学、蒙特利尔大学、华盛顿大学和纽约市立大学，其中八个机构位于美国。美国科研机构在语言衰老研究中一直较为活跃，长期致力于老年群体的语言衰老问题研究，针对老年人的语言交际能力与大脑和认知能力之间的关系开展了大量深入的研究。加拿大的蒙特利尔大学和多伦多大学也是发文数量相对较多的科研机构。

上述多项分析显示，语言衰老研究是一个具有跨学科属性的研究领域。该领域正逐渐受到越来越多的关注和重视。目前，语言衰老研究主要集中在美国、加拿大等发达国家，成果较多的科研机构也多是来自这两个国家的科研院校。

关键词能够体现热点研究领域、前沿研究问题和未来发展趋势。我们提取了文献的关键词，绘制了该领域文献关键词的知识图谱，然后将关键词按照年份进行了汇总和分类。观察和分析关键词的分布规律，我们可以了解到研究热点的变化趋势。我们将每年出现频次最高的三个关键词作为该年度的热点研究话题。表2-1按照年度汇总了2003—2017年的热点话题。

观察表2-1中关键词的分布可以发现，多个与记忆相关的主题在语言衰老研究中反复出现，如工作记忆、执行功能、言语工作记忆等。这说明与记忆相关的问题是语言衰老研究中一直受到关注的研究主题。很多研究都认为，记忆能力下降是导致语言能力衰退的首要因素，因此，围绕记忆和语言能力之间的关系开展了大量的研究。

表 2-1　语言衰老研究的热点话题

年份	年度热点话题	年份	年度热点话题
2003	工作记忆、老年痴呆症、词汇通达	2011	听觉皮层、进行性失语、大脑活化
2004	眼动、言语流利性、听力下降	2012	言语工作记忆、功能性磁共振、名称一致性
2005	词汇识别、轻度认知障碍、大脑	2013	语义流利性、老年痴呆症、听觉敏感性
2006	词汇、阅读、句子理解	2014	障碍、网络、听觉任务
2007	注意力、前额皮层、功能性磁共振	2015	认知储备、验证、大脑皮层
2008	执行功能、执行控制、元分析	2016	双语优势、陈述话语、正常老化
2009	语义损伤、图片命名、功能性磁共振	2017	Stroop 任务、双语老年人、语言加工
2010	词汇、神经影像、经颅磁		

关键词分析显示，该领域的研究在研究对象、内容和研究手段上呈现出以下的发展趋势。

第一个趋势是语言衰老的研究对象呈现出多元化趋势。我们可将语言衰老研究划分为三个阶段，即特殊群体语言障碍研究、轻度认知障碍研究和健康老年人的语言自然老化研究。总体上，研究对象由老年痴呆症患者等特殊老年群体拓展到轻度认知障碍人群，并进而覆盖到健康老年群体和双语老年群体，研究对象呈现不断拓展的多元化发展趋势。老年痴呆症患者的语言障碍是最早受到关注的课题，研究内容主要针对语言障碍的检测工具（Thomas et al.，2005）、语言障碍的阶段性发展特点（Duong et al.，2005；Ortiz &Bertolucci，2005）、临床干预和康复效果（Ferris et al.，2011）等。在第二阶段，研究开始关注具有轻度认知障碍的老年群体。轻度认知障碍（mild cognitive impairment）是老年痴呆症的前期阶段，是介于正常老化和老年痴呆症之间的过渡状态。现有的研究主要关注轻度认知障碍群体的言语流利性（Devanand et al.，2006；Murphy，Rich & Troyer，2006；Molloy，Standish &Lewis，2007）、命名障碍（Adlam et al.，2006，Beversdorf et al.，2007；Griffith et al.，2006）和语言理解障碍（Touchon & Ritchie，1999；Artero et al.，2003）等，以及词汇、句法和语篇层面上的语言学指征对于疾病诊断的意义。此外，很多研究聚焦于轻度认知障碍群体和健康老年人在句子理解、语篇理解和言语产出方面的差异。针对这些特征加以研究有助于识别出老年痴呆症的潜在患病风险，具有重要的实践价值。在第三阶段，健康老年人和双语老年人的语言自然老化过程也开始受到研究人员的关注（Craik，Bialystock &Freedman，2010；Perani et al.，2017）。双语能力对认知老化的保护机制是较为前沿的研究问题。现有的研究发现，具有外语学习经历的老年人通常大脑的运行功能会更加灵活，在认知加工方面更具优势，对于老年痴呆症也具有更强的抵抗力。学界由关注特殊老年群体的语言障碍，转化为关注轻度认知障碍和健康老年人的语言交际困难。研究的目标也发生了相应的调整，由语言障碍的治疗逐渐转向老年性疾病的筛查和预防。研究对象的拓展体现了学界对于老年群体更加广泛的人文关怀。

第二个趋势是研究手段的日益科学化。受研究方法的限制，早期的语言衰老研究大都以行为观察为主，对于语言衰老的大脑机制和信息加工过程缺乏深入的探索。如表 2—1 所示，功能性磁共振、经颅磁技术等关键词自 2007 年起成为研究热点，说明学界开始广泛应用这些先进的研究手段。这些研究手段可用于识别健康老年人或老年痴呆症患者神经加工活动的空间定位、时间进程或者功能联结的完整性，提供了语言老化和大脑结构与功能之间关系的直接证据，有助于从神经科学的角度对传统的行为研究发现进行验证。

第三个趋势是研究内容的拓宽和深入。研究内容从词汇层面延伸到句子、语篇层面，从表层语言现象延伸到语言老化的神经认知机制。关键词的分布显示，早期研究以语言衰老现象的描写为主，主要考察了语言衰老的行为表现，如言语流利性、命名困难等。近年来，“听觉皮层”“前额皮层”“大脑”等关键词开始涌现，研究内容转移到语言衰老的神经机制层面。研究人员从大脑组织的生理结构和功能出发，寻求对语言衰退问题更加深入的阐释。表 2—1 显示，“词汇通达”“词汇识别”“词汇”等关键词在 2010 年前频繁出现，词汇特征是这一阶段的热点研究问题。研究内容包括命名障碍等，词汇提取障碍是老年群体最为明显的语言障碍，针对该问题的研究也是传统的语言衰老研究关注最多的问题。“句子理解”等关键词自 2006 年开始出现。“陈述性话语”等关键词从 2016 年开始出现，这表明研究范围由词汇层面逐渐拓展到句子和语言交际层面。研究内容从语言的微观层面逐步延伸到宏观层面，学界对于语言衰退问题的探索呈现纵深化发展的态势。

为了探索语言衰老研究的知识基础，我们采用 CiteSpace 软件对收集的文献进行了聚类分析，绘制了以文献共被引网络为基础的知识图谱，呈现了语言衰老研究的核心领域。聚类分析可以揭示研究领域的知识结构和各个研究领域间的关联。软件提取到 20 个核心的文献聚类。按照从大到小的顺序排列，位于前五位的聚类分别是听觉敏感度、语言产出、帕金森症、话语分析和神经活动。这五个聚类是语言衰老研究的主要研究领域。下面对这五个核心聚类进行详细的介绍。

第一个聚类为听觉敏感性。随着年龄的增长，老年人的听觉系统功能会下降。听力衰退是一种缓慢进展性疾病，在老年群体中发病率较高，是老年人面临的普遍的慢性健康问题，严重影响老年人和外界的沟通交流。听力下降可能与慢性病、遗传因素以及环境、饮食习惯、感染等外在因素都有关系。听力下降通常会伴随着不同程度的语言理解能力、表达能力的下降。老年人听觉敏感性的相关研究多分布在听力学、声学语音学、康复医学等领域。研究内容包括听觉敏感性下降所导致的语言交流障碍，如语流切分障碍、词汇识别障碍等。聚类分析发现，与听觉敏感性相关的研究是语言衰老研究的核心研究领域，聚类中心度较高，相对独立于其他的聚类节点。中心度最高的文献是 DeCaro et al. 在 2016 年发表的论文“The two sides of sensory-cognitive interactions: effects of age, hearing acuity, and working memory span on sentence comprehension”。这项研究聚焦于听觉感知能力与认知因素的交互作用关系，对比了不同听力水平的老年人及青年人对主、宾语关系从句结构的理解加工，揭示了语言理解中认知因素、感官因素、生理年龄和语言因素之间的复杂互动规律。研究发现，年龄、听觉敏感性、听觉刺激呈现的声音水平等因素仅影响句法结构相对复杂的英语宾语关系从句，工作记忆是影响句子理解准确性的最重要因素。研究结果说明，工作记忆等一般性的认知资源因素在语言加工和感知加工中均发挥着重要的作用。

原文献研究发现，该聚类的研究涵盖了助听器康复效果研究、老年言语感知障碍研究等。助听器康复效果研究集中在康复医学领域，研究内容包括人工耳蜗和相应的听力康复训练方法在缓解老年人句子理解困难、词汇识别障碍等方面的效果。言语感知障碍研究考察老年人在非理想的听力环境（具有背景噪音、混响或经过时间扭曲处理的听力材料）中出现的各种困难，如词汇识别困难、音位识别困难、句子理解困难等。此外，此类研究也关注词频、语境等因素对言语感知障碍的影响。

第二个聚类标签是口语产出。该聚类的研究主要围绕老年人的语言产出困难展开，涉及健康老年人或者老年痴呆症患者的找词困难、命名障碍、语误等。这些问题是传统的语言衰老研究关注较多的话题。这一聚类的节点呈现出较高的中心性，与其他聚类节点之间具有较密切的联系，是语言衰老研究的核心领域。关键节点文献为 Logan 和 Balota（2003）发表于 *Psychology and Aging* 的论文“Conscious and unconscious lexical retrieval blocking in younger and older adults”。这项研究通过残词补全任务对比分析了老年组和青年组在词汇提取时对干扰词的抑制能力。研究发现，干扰词对老年组词汇提取的阻断效应比青年组更强，说明老年人出现词汇提取障碍的重要原因是他们对于无关词汇的抑制能力受损。原文献研究发现，这一聚类研究可以大致分为词汇产出研究、句子产出研究和老年发音的生理性退化研究三个主要层面。口语词汇产出研究的内容主要包括健康老年群体或者患病老年群体的图片或物体命名障碍，聚焦于老年人从大脑词库中提取词汇时表现出的准确性降低和速度下降问题。句子产出研究关注伴随生理衰老而产生的句法结构变化现象及其背后的认知心理机制。老年发音生理退化研究包括老年人在构音、呼吸、振动、共鸣等方面的生理衰退现象和机制。

第三个聚类标签是帕金森症。帕金森症是在老年群体中较为常见的中枢神经系统变性疾病。帕金森症患者的语言功能障碍包括音调变低、构音障碍、音质改变、节律改变等，患者通常吐字不清、发音困难、语速缓慢等，导致交流和沟通出现障碍。从文献的时间分布可看出，帕金森症语言障碍研究属于相对新兴的研究领域。该聚类的首次共被引时间是 2006 年，中心度最高的节点文献是 Troche 和 Altmann（2012）发表于期刊 *Applied Psycholinguistics* 的论文“Sentence production in Parkinson disease：effects of conceptual and task complexity”。该研究考察了认知能力缺损对于帕金森症患者句子产出表现的影响。研究发现，虽然认知能力对患者的句子产出表现具有显著影响，但是，当对认知因素加以控制后，患者仍表现出明显的句子产出障碍。目前，针对帕金森症患者语言障碍的研究主要包括词汇加工障碍（Boulenger et al.，2008；Fernandino et al.，2013a）、语法能力缺损（Fernandino et al.，2013b；Angwin et al.，2006；Walsh & Smith，2011；Johari et al.，2013）、发音障碍（Cheang & Pell，2007；Skodda et al.，2011）和语篇阅读障碍（Murray & Rutledge，2014）。

第四个聚类标签是话语分析。话语分析属于较为成熟的研究领域。中心度最高的节点文献为 Johnson et al.（2003）发表于 *Neuropsychology* 的论文“Discourse analysis of logical memory recall in normal aging and in dementia of the Alzheimer type”。该文采用散文回忆任务对阿尔茨海默病患者的话语产出进行了命题分析。此外，Dijkstra et al.（2002，2004）围绕老年痴呆症患者的话语特征开展了大量研究，将老年会话话语特征归纳为话语建构特征和话语损伤特征。话语建构特征包括话语的连贯性、一致性和简洁性。话语损伤特征包括重述、干扰性话题偏离、修正、插话、空洞短语等。近年来，老年话语分析也是国内语言衰老研究中最为活跃的研究领域，学者们围绕中国健康老年群体和患病老年群体的各类话语特征进行了大量的研究（刘红艳，2011，2014；Lai et al.，2009；Lai & Lin 2012；赵俊海，2012；Lai，2014；刘楚群，2015）。此外，针对老年群体的多模态话语分析也正在成为老年话语研究的新趋势（黄立鹤，2015；吴国良等，2014）。

第五个聚类标签是神经活动。语言的神经活动指的是大脑在接收、存储、加工和产出语言时大脑皮层的神经活动。随着科学技术的发展和语言衰老研究的深入，神经影像学、电生理等研究方法被引入了语言衰老研究，正电子发射电层扫描术（PET）、事件相关电位（ERP）和功能性核磁共振成像（fMRI）成为研究语言衰老神经机制的重要手段。这也让语言衰老研究从传统的行为实验研究转向语言老化的大脑神经基础研究。该聚类的首次共被引时间是2002年，和很多其他聚类都具有较为密切的联系，如语言产出、听觉敏感性、fMRI研究等，且表现出明显的网络重叠。这表明，多个研究领域都热衷于探讨不同语言老化现象背后的神经机制。中心度最高的文献为Snyder和Alain（2005）发表于期刊*Cognitive Brain Research*上的论文“Age-related changes in neural activity associated with concurrent vowel segregation”。这项研究通过开展ERP实验考察了老年人在同步元音切分过程中的大脑神经活动，指出老年人在复杂语音环境下言语加工能力下降，而同步语音切分能力下降是造成这一问题的关键因素。

为了进一步厘清语言衰老研究的知识结构，我们采用CiteSpace提取了该领域具有影响力的高被引文献。图2-2为关键文献的可视化共引图谱。

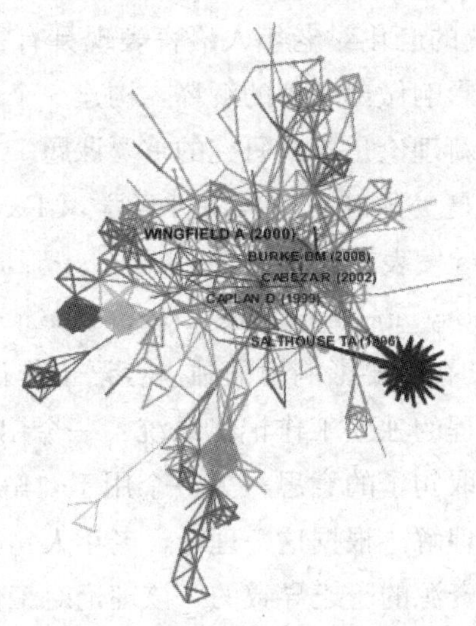

图2-2 语言衰老研究关键节点论文的可视化共引图谱

图中每个节点代表一篇被引用的文献，节点大小与文献被引用频次成正比，节点大的文献通常被认为是在该领域知识发展过程中具有重要地位的关键文献。我们提取了语言衰老领域中排名前五位的关键文献。

排名第一位和第二位的文献均收录于 *The Handbook of Aging and Cognition*（《老龄与认知手册》），该书由 Fergus I. M. Craik 和 Timothy A. Salthouse 主编，围绕记忆、语言、注意和推断等主题对老龄化研究中的最新理论和实证研究进行了全面的综述，是认知老化研究领域的权威参考书目之一。

排名第一位的文献是美国布兰迪斯大学教授 Arthur Wingfield 和新罕布什尔大学教授 Elizabeth A. L. Stine-Morrow 合作撰写的文章“Language and Speech”，位于该手册 2000 年版的第六章。Wingfield 和 Stine-Morrow（2000）介绍了语言理解和产出的基本理论模型，从加工资源的角度论述了老龄化对词汇加工、句子加工和阅读理解加工的制约机制，并阐述了老年语言在认知功能与社会功能方面的特征。Wingfield 和 Stine-Morrow（2000）在对老年人语言能力的变化进行了全面分析和回顾的基础上，指出语言衰老呈现出选择性缺损的复杂特征。老年人在词汇提取、词汇识别等涉及加工资源的语言活动中呈现出明显的衰退迹象，而在语义记忆结构、情景模式建构和更新等语言加工的知识基础或结构方面却保存完好。

排名第二位的文献为美国波莫纳大学教授 Deborah M. Burke 和英国剑桥大学的 Meredith A. Shafto 博士共同撰写的文章“Language and Aging”，位于该手册 2008 年版的第八章。文章概括了主要的语言衰老理论，并从词汇、语义、句法和语用层面对现有研究进行了系统的梳理和分析。Burke 和 Shafto（2008）指出，感知系统的老化对老年人语言表现具有重要影响，但现有的认知老化理论难以对这一影响做出合理的解释，构建一个对老年语言的非对称性缺损现象更具阐释力的新理论是未来研究的重要课题。

排名第三位的文献是美国麻省总医院神经学家 David Caplan 和波士顿大学教授 Gloria S. Waters 发表在期刊 *Behavioral and Brain Sciences* 上的论文“Verbal Working Memory and Sentence Comprehension”。Caplan 和 Waters（1999）在文中提出了具有重要影响力的独立言语工作记忆资源理论，认为存在两个负责不同言语过程的独立工作记忆系统：一个用于“解释性加工”，利用句法、韵律等信息提取句子的意思；另一个用于“解释后加工”，利用句子的命题内容完成句子的理解。根据这一理论，老年人句子理解障碍主要是由解释后加工阶段工作记忆资源的匮乏导致的。该理论对工作记忆在语言理解中的具体作用进行了深入的探讨，为后续大量的老年人句子加工研究提供了重要的理论基础。

排名第四位的文献为美国杜克大学的 Roberto Cabeza 在 2002 年发表的文章“Hemispheric Asymmetry Reduction in Older Adults: The HAROLD Model”。该文提出了用于解释老化过程中脑功能变化特征的 HAROLD 模型。这是认知老化功能神经成像领域的重要综合性理论。HAROLD 现象指的是，在完成认知任务时，年轻人的大脑激活呈现出显著的单侧化优势（非对称性），而老年人的大脑激活却呈现出双侧化（非对称性减弱）现象。Cabeza（2002）指出，老年人大脑非对称性减弱是为了补偿老化而带来的神经认知衰退。该模型一经提出便对语言衰老研究产生了重大的影响。学者们针对语言衰老过程中是否存在 HAROLD 现象这一争议问题开展了大量理论和实证研究（e. g. Herrmann et al.，2006；Fridriksson et al.，2006）。

排名第五位的文献是美国弗吉尼亚大学的 Timothy A. Salthouse 教授于 1996 年发表于 *Psychological Review* 的论文“The processing-speed theory of adult age differences in cognition”。该理论是用于解释年龄对语言能力影响的重要理论之一。根据这一理论，加工速度是众多认知操作得以实现的关键要素，在各种认知任务中都起着非常重要的作用，而成人的加工速度本身会随着年龄的增长而减缓，从而影响人们在认知任务中的表现。加工速度是年龄与语言能力之间的中间因素，老年人语言力表现下降在很大程度上是由加工速度的下降导致的。该理论对词汇提取舌尖现象等常见的老年语言现象具有较强的解释力。

第二节　国内语言衰老研究的现状

近年来，随着生活水平的提高和人均寿命的增长，人口老龄化也成为困扰我国的主要问题。事实上，从 20 世纪 90 年代末期开始，我国就已经开始步入老龄化社会，但是，近年来，由于出生人口的快速下降，我国人口老龄化的程度正在加速。根据国家统计局提供的统计数据，2018 年，我国人口的年龄构成中老年人口所占比例明显增加，16 至 59 周岁的人口数量为 89729 万人，占总人口的 64.3%；60 周岁及以上的人口数量为 24949 万人，占总人口的 17.9%，其中，65 周岁及以上人口为 16658 万人，占总人口的 11.9%。老龄化问题给我国经济社会的发展造成了空前的压力。随着年龄的增长，老年人的免疫系统也会逐渐衰退，各项生理机能开始发生自然的退化，老年痴呆症、帕金森症等神经退行性疾病的发病率升高，成为老年群体中常见的疾病，相应的语言障碍也会变得更加严重。根据民政部公布的《2015 年社会服务发展统计公报》，截至 2015 年，我国 60 岁及以上人口达到 2.22 亿，占总人口的 16.1%；其中 65 岁及以上人口 1.44 亿人，占总人口的 10.5%。我国 65 岁以上老年人群的老年痴呆症患病率为 3.2%~9.9%（Jia et al.，2014），以此推算我国老年痴呆症患者约有 460 万~1425 万（霍丽娟等，2018）。随着年龄增长，老年人的语言功能会出现衰退，其中患有老年痴呆症等神经系统退行性疾病的人群语言功能的下降更为明显。语言障碍容易导致患者产生悲观、抑郁、孤独和焦虑等一系列不良心理和情绪，从而严重损害他们的心理和身体健康。

虽然老龄化问题是困扰中国社会的首要问题，但是，老年人的语言问题长期以来并没有得到充分的重视。目前，我国的语言衰老研究尚处于起步阶段，但是，近年来，语言衰老问题已经越来越多地受到语言学、心理学、医学等诸多领域的关注和重视，正在逐渐成为热门的研究课题。现有针对老年人语言的语言学研究主要集中于老年痴呆症患者的语言障碍问题和健康老年人口语产出的话语特征（刘楚群，2015，2016a，2016b，2018；刘红艳，2011，2014a，2014b；刘建鹏，赵俊海，杜惠芳，2017；赵俊海，2012；赵俊海，龙惠慧，2014），部分研究对不同层面语言衰老的认知心理过程进行了实证考察（黄韧，张清芳，李丛，2017；柳鑫淼，2019；杨群，张清芳，2015a；He，Xu & Ji，2017；Xu et al.，2017；Zhu et al.，2017；Zhu，Hou & Yang，2018），也有研究对语言衰老的相关问题进行了系统的综述性研究（何文广，2017；黄立鹤，2015；柳鑫淼，2018；吴国良等，2014；杨群，张清芳，2015b）。在上述诸多研究中，针对老年人话语特征的分析是国内语言衰老研究中最多的，学者们围绕健康老年群体和患病老年群体的各类话语特征进行了大量的研究（刘红艳，2011，2014a，2014b；Lai et al.，2009；Lai & Lin，2012；赵俊海，2012；Lai，2014；刘楚群，2015，2016a，2016b，2018；赵俊海，2012；赵俊海，龙惠慧，2014；刘建鹏等，2017），研究内容涵盖重述、干扰性话题偏离、修正、插话、空洞短语等。刘红艳（2014b）基于正常老年人与老年痴呆症患者的即席话语语料库，实证对比分析了两类群体的五类找词困难（使用冗长、迂回话语，找错词，使用语义相关词，使用模糊、空洞词汇，杜撰词）。研究发现，所有五种类型的找词问题在轻度、中度和重度老年痴呆症患者的自然话语中均有分布，且重度患者各类找词困难频率明显高于轻、中度患者。此外，健康老年人的话语中也出现了少量的冗长、迂回话语、语义相关词及模糊、空洞词汇问题，但是，未出现找错词和杜撰词问题。也就是说，杜撰词和找错词现象是区分健康老年人和老年痴呆症患者的最显著标记。研究结果揭示了正常老年人和老年痴呆症患者在大脑认知加工能力方面的重要差异，这一发现为老年痴呆症的早期诊断提供了重要的实证依据。刘楚群（2015）采集了50名65岁至90岁的老年男性的口语语料，并分析了口语产出的流利度，该研究发现，语言流利表述能力呈现出抛物线式的弧形变化特征，从青年到中年是上升的，中年到达抛物线的顶点，之后则开始下降，从中年到老年是一个下降的过程。据此，作者认为，70岁是语言流利表述能力下降的关键转折点，这一研究揭示了老年期阶段语言表达能力发生衰退的重要时间轨迹和关键节点，为后续的实证研究奠定了基础。刘楚群（2016）聚焦于老年人的口语非流利性特征，归纳和分析了老年话语中的词语缺损、固定结构缺损、句子成分缺损以及篇章结构缺损等多种类型的缺损现象。研究发现，老年人的话语缺损表现出明显的右边界倾向性。这项研究显示，话语缺损的出现频率与年龄因素具有正相关性，年龄越大的老人出现话语缺损的频次越高。年老化会导致口语流利表述能力下降。研究指出，70岁到74岁是老年人口语流利度下降的重要转折点。上述研究揭示了我国健康老年人语言能力自然发展变化的重要规律，对针对母语为汉语的老年群体的语言衰老研究具有重要的参考价值。

此外，黄立鹤（2015）和吴国良等（2014）指出，针对老年群体的多模态话语分析正在成为老年话语研究的新趋势。这些研究多从语言交际与使用的视角出发，考察老年人的言语交际障碍特征和规律。也有一些学者实证探讨了老年人语言产出中表现出的各种衰退问题（何洁莹，张清芳，2017；杨群，张清芳，2015；赵瑞瑛等，2019）。近年来，老年人的语言衰退问题已经开始得到越来越多学者的关注和重视，2018年，同济大学正式成立了老龄语言与看护研究中心。该中心整合多学科资源，致力于老龄化及老年人语言蚀失、老年人神经疾病、老年心理健康、老年看护等老龄化相关问题的专项研究。2019年，同济大学主办了首届全国老年语言学讲习班，吸引了来自全国各地百余名从事老年语言学和老龄化相关问题研究的学者积极参与学习，学界对老年人语言问题的研究表现出了极大的兴趣和热情，越来越多的学者投身到语言衰老的相关研究中。相信在不久的将来，我国的语言衰老研究将会呈现出飞速发展的新局面，大量具有交叉学科性质的基础研究和应用研究将不断推陈出新，从而进一步深化我们对于母语为汉语的老年人语言自然老化和病理性退化过程、机制及规律的认识，为解决我国人口老龄化过程中出现的实际问题做出切实的贡献。

第三节 章节结语

本章对国内外语言衰老领域的相关文献进行了系统的梳理和综述，运用

CiteSpace 软件，对 2003 年至 2017 年间国际期刊上刊登的语言衰老研究文献的引文数据进行了分析，对文献的年度分布、学科分布、国家分布进行了定量分析，总结了该领域的研究现状。通过绘制近十五年语言衰老研究的科学知识图谱，厘清了核心研究领域，识别和界定了研究热点与前沿，呈现了语言衰老研究的最新动态。研究发现，语言衰老研究近年来不断增加，且展现出跨学科发展的趋势，主要涉及老年听觉语言理解、老年口语产出、帕金森症患者语言障碍、老年话语分析和语言衰老神经机制五大核心研究领域。相关研究呈现出研究对象多元化、研究内容纵横化和研究手段科学化的动态发展趋势。双语能力对语言衰老的影响以及语言衰老的认知神经机制是该领域的前沿和热点课题。在国内，语言衰老问题正开始成为学界普遍关注和重视的热门话题，学界开始关注老年痴呆症患者和健康老年人的言语交际障碍特征和规律、语言衰退的认知心理机制等问题，相关研究成果正在不断涌现。

第三章　认知老化与句子理解

认知老化是指伴随着年老化而产生的工作记忆、感知能力、反应速度等逐渐衰退的现象，是随着年龄的增长而发生的机体自然老化过程。认知老化对老年群体的生活质量具有较大影响，会导致老年人反应速度下降，心理加工和认知加工出现困难。语言能力是一种涉及记忆、注意、反应速度、抑制控制等多种认知能力的复杂认知活动，是以一般认知能力为基础的高级认知活动，因此，认知老化会不可避免地对语言能力产生重要的影响。语言能力本身包括词汇识别、句子理解、语篇理解与产出等多个环节，其中，句子理解是一个涉及句法结构识别、题元角色分配、语义整合等多个环节的复杂认知行为，需要记忆、注意等多种认知资源的参与，与认知老化密切相关。在探讨句子理解与认知老化之间的关系之前，我们首先对认知老化的基本概念以及相关研究进行了简要的介绍，并基于相关研究成果对认知老化的主要理论进行详细的阐释和分析。然后，本章将重点介绍句子理解加工的相关内涵、实证研究与理论阐释。最后，我们聚焦于认知老化对于句子理解的影响，详细介绍国内外现有的句子理解认知老化研究，对关键的文献进行梳理和分析。

第一节　认知老化概述

成年期以前，认知能力随着年龄的增长而逐渐增强，而成年期过后，认知能力则出现随年龄增长而减退的趋势，心理学中用认知老化来说明这一现象。认知老化是老年心理学研究中的一个重要领域，指的是机体到达成熟期后，认知能力随着年龄的增长而不断发生衰退的现象（余华，2014）。具体表现为工作记忆下降、感官加工速度下降、抑制无关信息的能力下降等。在日常生活中，老年人通常会表现出一系列的认知老化迹象，如视觉或听觉衰退、反应迟钝、健忘等。传统的认知老化观点认为，由于老年人的生理机能衰退，他们的智力水平也会随之呈现出逐步下降的趋势，这是机体自然老化所导致的必然结果。但是，事实上，人类的认知能力是一个由多个组成部分所构成的复杂系统，这一单向随龄减退的观点随着后续研究的深入很快受到了许多学者的质疑。从20世纪60年代开始，学者们认识到，智力可以进一步细化为不同的组成部分，各个成分也会呈现出不同的发展变化轨迹。总体上，智力水平虽然呈现出下降的趋势，但是，也有部分高级认知功能不仅不会受到老龄化的影响，反而保存相对良好，甚至会出现随着年龄的增长而不断强化的趋势。在这方面，最具有代表性的理论是由Cattell（1963）、Horn和Cattell（1967）提出的晶体－流体智力理论。这一理论将人类的智力能力划分为晶体智力（Crystallized intelligence，又称固定智力）和流体智力（Fluid intelligence，又称流动智力）两种类型。流体智力是一种以生理为基础的认知能力，具体包括记忆能力、推理能力、对外界事物的感知、运算能力等，流体智力与年龄之间具有非常密切的关系，会随着年龄的增长而发生相应的退化。流体智力主要同个体对物体、图形、空间关系的感知及记忆等思维过程有关系，通常在个体20岁左右时达到巅峰，30岁以后会随着年龄的增长而逐渐衰退，到50岁时逐渐过渡到加速衰退期。流体智力是与生俱来的，受后天因素的影响比较有限。晶体智力是一种基于后天学习经验的认知能力，是指通过教育培养，运用所学到的知识和技能来学习更多知识或者解决问题的能力，以往的研究通常通过测量词汇知识、社会知识或社会文化适应等指标来量化和评估个体的晶体智力。晶体智力是从社会文化背景中学习而来的。因此，晶体智力通常受认知老化的影响并不明显，反而会出现随着知识和经验的积累而逐渐增强的趋势。也就是说，随着年龄的增长，流体智力和晶体智力会呈现出不同的发展变化轨迹。

如图3－1所示，从20岁开始，所有的流体智力指征均随着年龄的增长而发生衰退（Pack & Bischof，2013），其中包括情境记忆、加工速度、执行功能控制、长时记忆等多种认知能力，但是，同时晶体智力（世界知识）不仅没有受到年老化的影响，反而表现出逐渐增强的趋势，其中包括各种类型的词汇知识，如同义词、反义词知识等。一方面，工作记忆、长时记忆等认知能力会不可避免地随着年龄的增长而下降；另一方面，学习经验、社会知识等也会不断累积和提升。由此可见，认知功能的变化并不是简单地随龄减退，而是呈现出此消彼长的复杂变化趋势。

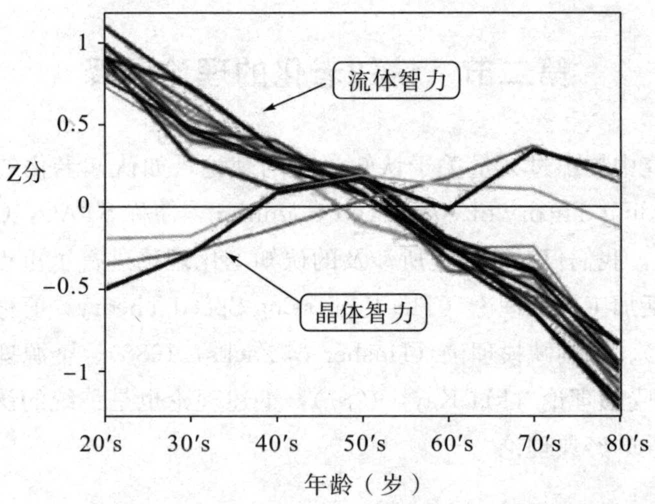

图 3-1　认知老化的横断研究数据（Pack & Bischof，2013）

近年来，大量研究开始从积极老龄化的视角探究大脑和认知能力的可塑性问题。持这一观点的学者认为，尽管认知老化是一个无法避免的自然老化过程，但是，由于老年人在晶体智力（世界经验）方面具有相对优势，他们可以借助这些经验，进行科学有效的认知功能训练，从而实现对认知功能的恢复和认知老化的逆转，达到延缓认知老化、提升认知健康水平的最终目标。例如，Baltes 和 Willis（1982）对 60 岁至 80 岁的老年人进行了一系列为期一个月到两年不等的短期跟踪研究，针对被试的记忆力、注意力等流体智力进行训练，并对训练效应及其持续性进行了测量。研究发现，虽然训练时间很短，老年人的流体智力水平随着训练次数的增加而显著增强，甚至几乎可以接近青年人的水平。同样，Cavallini 等（2003）对老年人进行策略性的记忆训练后也发现，被试经过认知训练后成绩较训练前有明显的提高。这些关于认知可塑性的研究成果对于认知老化不可逆转的传统观点提出了质疑。近年来，随着认知老化研究的不断深入，研究人员已经基本达成共识，认为认知老化虽然属于难以避免的自然老化过程，但是，由于各种教育程度、生活环境、职业、健康状况等非认知因素的影响，认知老化过程具有很大的个体差异性，在不同的个体中，认知老化的过程起始的时间早晚不同、认知老化的速度快慢不同、认知老化的程度也是轻重有别。对认知可塑性的研究突破了长期以来我们对于认知老化不可逆转的思维定式，让我们可以从积极老龄化的视角来主动地应对认知能力的年老化现象。

第二节　认知老化的理论阐释

前人研究中提出过大量关于认知老化的理论，如认知老化的脚手架理论（The Scaffolding Theory of Aging and Cognition，简称 STAC，Goh & Park，2009）。在此，我们仅对本研究所涉及的认知老化理论进行了重点介绍，这些理论主要包括加工速度理论（The Processing Speed Theory，简称 PST，Salthouse，1996）、抑制缺损理论（Hasher & Zacks，1988）、资源理论（Miller，1956）、传输受损理论（MacKay，1987），上述理论也是传统的认知老化研究中最具代表性的经典理论。

一、加工速度理论

加工速度是流体智力的一个重要组成部分，也是受到年老化影响较大的认知功能。加工速度理论从加工速度下降的角度来解释流体认知能力的年龄差异现象，基本观点是认知操作的速度会随着年龄的增长而放缓，这是流体认知能力发生退化的主要原因（Salthouse，1996）。加工速度指的是感觉速度和中枢加工速度。其中，中枢加工速度受到年老化的影响尤其明显。导致加工速度下降的因素很多，包括认知任务的复杂程度较高、注意力和记忆力的下降、过于墨守成规或过于注重准确性等。根据这一理论，加工速度是一种心理结构，对包括语言活动在内的各种认知活动均具有一般性的加工限制。由于认知加工具有共时机制和有限时间机制，加工速度的下降会导致多种认知活动受到限制。一方面，受到加工速度过慢的影响，认知加工过程可能无法完成；另外一方面，加工速度放缓会导致在后续加工环节完成时，前面加工的信息由于无法长时间存储而丢失。加工速度理论的一个核心观点是：老年期加工速度放缓是一个普遍性的现象，而不是由某些特定的加工障碍导致的（Salthouse，1996）。Salthouse（1996）发现，当将加工速度的效应从年老化的效应中剔除后，年老化效应会显著减弱，虽然仍有其他与年龄相关的因素在发挥作用，但是，加工速度这一变量至少解释了 50%以上的变异，这表明年老化效应在很大程度上与加工速度下降有关系，加工速度是年老化与认知加工表现之间的重要中介变量。李德明等（1999）的研究同样发现，在控制加工速度的影响后，多种认知测验结果的年龄差异明显缩小。年老化对各种加工速度的指征和测量结果都具有普遍影响。这一理论得到了实证研究的广泛支持。例如，李德明和刘昌（2001）的研究发现，老年人与青年人和中年人相比，加工速度普遍变慢，加工速度的下降会随着年龄的增长而不断加快，70 岁过后加工速度下降得更加迅速。加工速度理论被广泛应用于认知老化领域中，用来解释老年人在从事各种认知加工活动中所表现出的速度缓慢现象。

对于句子理解加工过程而言，句法、语义和语用因素通常是在一瞬间完成提取和整合等多项认知操作，是一项具有高度复杂性和自主性的认知活动，因此，受到加工速度因素的影响较大。老年人在句子理解中的表现与加工速度具有非常密切的联系，加工速度下降会导致信息提取困难，进而影响后续的一系列操作。但是，加工速度理论在解释句子理解老化现象时也存在一些局限性。例如，同一位老年人对于不同的句型结构的理解加工也经常会出现不同的表现，如加工句法复杂程度较高的句型通常比加工简单的句型结构更加困难，加工速度理论提出的一般性加工限制观点无法解释不同类型句法结构之间的不对称现象。因此，仅考虑加工速度因素较难对老年人的句子理解表现做出全面的解释。

二、抑制缺损理论

抑制缺损理论（Inhibition Deficit Theory，Hasher & Zacks，1988）主要关注语言理解和产出中抑制控制能力发挥的作用。这一理论认为，如果要顺利完成认知任务，就要对无关信息或干扰信息进行有效的抑制，从而将注意力集中于认知任务本身（Awe，Matsukura & Serences，2003）。抑制指的是阻挡与核心加工任务无关的信息对加工任务的干扰，具体包含“通达”“删除”与“压抑”三个功能（Lustig，Hasher & Zacks，2007）。其中，“通达”功能用于阻止与核心加工活动不相关的信息进入注意的中心，“删除”功能指将已经进入注意中心的不相关干扰信息剔除的能力，而“压抑”功能是指限制心理内部优势反应的能力（彭华茂，毛晓飞，2018）。但是，随着年龄的增长，这种抑制无关信息的能力会发生减退，使得大量的干扰信息无法得到有效的抑制，从而争夺有限的注意力资源（Hasher & Zacks，1988；Yoon，May & Hasher，2000），导致核心认知活动所需的认知资源无法得以满足。Hasher et al.（1991）通过负启动实验发现，老年组与青年组相比负启动效应量尤其是特性负启动效应量明显降低。也就是说，老年人的抑制控制能力降低。此外，眼动研究也显示，老年人跟青年人相比眼球抑制运动的能力明显衰退。抑制缺损理论不仅可以用来解释执行功能、视觉注意等方面的认知老化问题，也可以用来解释语言产出和语言理解中的认知老化现象，如舌尖效应。抑制控制能力的缺损也会影响句法加工的表现。在句法加工中，加工器需要将多个单词提取整合，形成对句子意义的建构，这一过程中，需要抑制那些处于激活状态的不相关词汇，将合适的单词整合到已有的信息中。如果词汇之间的句法或者语义特征具有相似性，就需要耗费更多的资源来抑制无关信息。对于老年人来说，抑制控制能力的缺损会导致句子理解加工中对无关词汇的抑制变得更加困难，从而导致句子理解加工的效率降低。抑制缺损理论能够解释老年人句子理解中的由词汇语义或语法范畴信息的相似性而导致的干扰效应。

三、资源理论

资源理论认为，个体能够用于认知活动的资源是有限的（Miller，1956），各种认知过程共同竞争有限的认知资源（Kahneman，1973）。认知资源包括加工速度、工作记忆、注意力和抑制能力等（Light，1991；Salthouse & Craik，2000；Wingfield & Stine-Morrow，2000）。在认知资源充足的情况下，各种认知过程都能够获得所需要的资源。但是，当认知资源不足时，一些对资源需求较高的认知过程就会受到影响。这一理论认为，老年人出现认知老化的一个主要原因就是认知资源减少，在从事一些对资源需求较高的认知活动时，老年人由于无法获得足够的认知资源，和青年人相比更容易出错，效率也更低。和青年人相比，老年人更容易出现认知资源不足的问题（Craik & Byrd，1982；Hasher & Zacks，1979；McCoy et al.，2005；Murphy et al.，2000）。

有学者对资源理论提出质疑，认为这一理论对于认知资源的界定不够具体和明确，较为空泛（Light & Burke，1988；MacKay，Hadley & Abrams，2006；McDowd & Shaw，2000；Navon，1984；Salthouse & Craik，2000）。因此，很多认知老化的相关理论更加关注具体的认知功能，如加工速度、工作记忆等，并在此基础上提出了相应的理论，这些理论从不同的视角阐释了认知老化的机制。

四、工作记忆理论

由于工作记忆属于认知资源，认知老化的工作记忆理论可认为是在资源理论基础上进一步细化而提出的理论，主要关注工作记忆的存储和加工功能（Baddeley，1986；Engle et al.，1999；Just & Carpenter，1992）。根据Baddeley和Hitch（1974）的经典工作记忆模型，工作记忆主要包括中央执行系统、语音环路和视觉空间工作记忆，其中，中央执行系统是工作记忆的核心组成部分，协调、控制和监督其他子系统的运行。关于工作记忆在认知任务中发挥的作用，主要有以下几种代表性的观点：以Baddeley（1986）为代表的欧洲传统观点以多成分和双重任务为基础考察工作记忆对认知任务的影响。Ericsson的长时工作记忆模型主张经验在认知任务中发挥着重要的作用。Just和Carpenter（1992）的工作记忆模型强调语言理解中工作记忆资源的个体差异。也有很多研究以神经生理学研究成果为基础，将工作记忆的相关研究成果运用到高级认知活动的研究当中。现有的研究多从工作记忆的多成分性角度来探讨老年人的认知功能减退现象。在句子理解加工领域中，相关研究则主要从工作记忆资源个体差异的角度出发来探讨老年人的加工表现下降现象。

老年人的工作记忆能力减退是导致他们在理解复杂句法结构和语义内容时出现困难的主要原因（Kemper & Kemptes，1999）。老年人在加工复杂的英语左分支结构时，通常需要耗费更多的工作记忆资源，因此，他们的理解准确率也更低。又如，在语言产出中，老年人更倾向于产出英语的右分支句型结构，左分支结构相对较少。Kemper和Kemptes（1999）认为，这一现象主要是由于工作记忆的限制造成的，因为右分支结构所需的工作记忆资源相对较少。老年人会通过刻意地简化句法结构来降低工作记忆资源的消耗。关于工作记忆资源在句子加工中的分配和使用，现有研究存在两种主要的不同观点。Just和Carpenter（1992）指出，语言活动和认知活动都依赖于相同的工作记忆资源，不存在专门用于句子加工的工作记忆资源。而Caplan和Waters（1999）则认为，存在一个专门用于句子加工的工作记忆系统，负责处理句法结构和句子意义的建构，这种工作记忆系统独立于心理学研究中常规界定的工作记忆系统。通常意义上的工作记忆能力主要由数字广度测试、言语工作记忆资源测试等工具来测量。Caplan和Waters（1999）指出，用这些测量工具所测得的工作记忆资源并非是句子加工所采用的工作记忆资源。Caplan和Waters（1999）认为，在线语言加工和离线过程采用不同的工作记忆系统，在线语言加工不受一般工作记忆容量的制约和影响，只有离线过程才受工作记忆资源制约。上述的工作记忆理论不同于前文介绍的资源理论，这些理论认为认知加工受制于一个容量有限的工作记忆系统，但不受语言系统加工效率的影响和制约。也就是说，这些理论主要从容量限制的角度来考察语言加工中的年龄差异问题。但是，也有不少学者持不同的观点，认为语言系统的加工效率取决于传输的速度，受语言经验和年老化的影响，但不受工作记忆的影响（MacDonald & Christiansen，2002；Saffran et al.，2000）。

五、传输受损理论

传输受损理论（MacKay，1987）是以联结主义思想为基础的理论，主要观点认为，网络中的各个表征单位之间存在普遍性的联系，这些联系的强度会随着使用频率的增加而得到增强，也会随着年龄的增长而逐渐减弱。当单位之间的联系减弱后，对于其他单位的启动就会变弱，从而不足以激活网络中与之相联系的其他单位。年老化会导致各个表征单位之间的联系减弱，从而造成认知加工的困难（Burke & MacKay，1997；MacKay & Abrams，1996；MacKay & Burke，1990）。传输受损理论主要聚焦于加工单位之间的动态连接关系，而不考虑工作记忆资源因素的影响（Dell et al.，1997；MacDonald & Christiansen，2002）。这一理论体现了认知老化的神经生理特征。例如，年老化会导致大脑的脑白质减少，白质纤维的总长度下降，神经元的连接性和传导性减弱（Marner et al.，2003；Tang et al.，1997）。电生理指征同样显示，老年人神经系统的外周传导时间和中央传导时间显著增长（Shaw，1992；Tanosaki et al.，1999）。年老化引起的传输缺损会影响到整个表征系统，但是，对于语言而言，传输缺损产生的影响与不同的语言系统有关。例如，语义系统包含很多复杂的连接关系，涉及词汇表征和语义表征多个层次，目标词汇可以从多个层级上得到激活，不易受到认知老化的影响。相比之下，语音系统的连接关系较为单一，更加容易受到激活不足的影响。这一理论主要被应用于解释老年人语言产出的舌尖现象，在句子理解加工研究中的应用相对较少。

除上述的主要认知老化理论以外，也有学者从外在感官系统老化的角度出发，试图解释认知老化现象。感知系统的老化会导致感知外界语言信号的失误，从而影响词汇提取和其他后续的语言加工过程（Brown & Pichora-Fuller，2000；Murphy，McDowd & Wilcox，1999；Pichora-Fuller & Singh，2006；Schneider，et al.，2000；Schneider et al.，2005；Schneider & Pichora-Fuller，2000）。在日常生活中，很多老年人都发觉自己在不理想的听力环境下会出现听力理解下降的现象。例如，当语速过快或处于噪音的环境下，老年人的听力理解严重受到影响；当看不到交流对象时（如电话环境下），老年人的听力理解能力也会受限。根据这一理论可以推断，如果老年人的外在感知能力没有下降，那么，他们的词汇感知等能力应该保存完好。在感知系统严重衰退的情况下，语言能力也不可避免地会受到影响（Madden & Whiting，2004；Schneider & Pichora-Fuller，2000；Wingfield et al.，2005）。但是，也有不少学者认为，单纯的感官系统老化并不能解释全部的语言老化现象，语言老化可能不完全是由感官系统老化导致的，其他认知过程的老化也会导致语言能力的衰退。感官系统老化是影响语言衰退的因素之一，但是，也不能因此而否认其他因素的重要影响（Humes，1996；Schneider & Pichora-Fuller，2000；

Scialfa，2002；Tun et al.，2002）。

上述理论从不同的角度对认知老化现象做出解释，理论的侧重点各不相同。事实上，由于语言系统本身具有复杂性，语言老化也是一个非常复杂的过程，难以由单一的因素加以解释，不同的认知因素可能都会对语言能力的退化产生不同程度的影响。

第三节 句子理解概述

虽然国内学者从语用等层面对老年人的语言产出进行了探索，但是，针对我国汉语老年人语言理解加工能力衰退的研究并不多见。针对语言衰老研究的文献分析显示，句子理解加工的年老化问题已经成为西方学界关注的主要课题之一，但是，针对我国老年人句子理解能力发展变化的研究仍数量较为有限。下面，我们将主要针对句子理解的认知老化问题对相关文献进行回顾和梳理。

句子是指由词汇构成的能够表达完整意义的语言单位。句子加工是心理语言学研究中的重要概念，指的是个体在语言理解过程中通过整合句法、语义等多种因素来建构句子整体意义的过程，是将头脑中接收到的句子转化为思维的过程，通常涉及句法加工、语义加工及其相互关系。句子理解加工是一个高度自动化的过程，人们听到相关的语言或者阅读文字时，信息的加工过程就会自动开启（Plinkering，2006）。因此，我们可以在无意识的情况下高效地完成大量语言单位的快速整合，从而完成句子的意义建构。当然，句子理解也需要一些有意识地认知控制才能实现。下面的例句是英语句子理解加工研究中最常提到的两个例句，分别是主语关系从句（1）和宾语关系从句（2）。通过对这两个例子进行分析可以帮助我们理解句子加工的过程。

（1） The reporter who attacked the senator admitted the error.（主语关系从句）

攻击了议员的记者承认了错误。

（2） The reporter who the senator attacked admitted the error.（宾语关系从句）

议员攻击了的记者承认了错误。

主语关系从句（1）和宾语关系从句（2）的词汇信息相同，但意义有别。现有的研究发现，主语关系从句的理解加工难度低于宾语关系从句（King & Kutas，1995）。在线句子理解的过程中，每个词的句法和语义信息会快速通达，并以层级性的方式整合成为整体片段。造成两类关系从句加工难度差异的一个原因可能是施事和受事呈现的顺序不同所致。在主语关系从句中，施事在前，受事在后，属于常规的语序结构；但是在宾语关系从句中，受事在前，施事在后，属于非常规的语序。与常规的语序相比，非常规的语序会耗费更多的资源。在句（1）的理解过程中，当加工者听到动词“attacked”时，已经可以明确句子的施事是 reporter，而后面出现的名词“senator”是受事。但是，在句（2）的理解过程中，由于动词是在名词之后出现的，因此，加工者无法为名词分配题元角色，因此，需要把词汇的语音形式暂时留存在听觉言语短时记忆中，这个过程需要多项认知控制过程的参与，例如执行功能、监控和注意等。此外，在句（2）中，由于名词的施事和受事呈现顺序逆反，加工者需要进行视角的转换才能完成对句子意义的理解。从上述的例子可以看出，句子理解加工是一个非常复杂的过程，需要多项认知操作来协同完成，例如词汇通达、短时记忆以及自上而下的加工策略。

句子理解加工能力是人类最基本的语言能力之一，是语言理解的关键环节。句子理解加工能力与年龄、工作记忆等多种因素密切相关。随着年龄的增长，个体的工作记忆、注意力、抑制控制能力等一般认知能力会发生衰退，句子理解加工能力也随之减退。针对句子理解加工能力认知老化的研究有助于我们了解人类基本的语言过程如何随着年龄的增长而发生变化。

第四节　句子理解的理论阐释

句子理解的年老化问题是一个跨学科的研究话题，涉及心理学的认知老化理论，也涉及心理语言学中的句子加工理论。这些理论从不同的角度对语言老化现象进行阐释。下面，我们将以句法加工为核心对与本研究相关的理论做详细的说明和阐释。

句法分析是心理语言学中的重要研究课题之一。在相当长的时间里，句法加工研究主要围绕着如何进行初始阶段的句法加工决策这一问题。关于句法加工的初始决策问题，现有的研究存在较大的争议。这一争议主要表现为模块化理论和交互理论之争。一些观点主张句法加工具有模块化的特点，语言理解中的句法加工过程具有相对独立性，句法加工优先于语义加工过程。也有研究认为，句法加工和语义加工具有平等的地位，不具有优先性，无论是句法加工还是语义加工都可以被及时地利用。下面将对这两种观点进行详细的介绍和阐述。

一、模块化理论

模块化理论是一种序列加工模型。该理论的基本思想可以用“胶囊”（encapsulation）来进行比喻，指的是不同的信息来源之间具有清晰的界线，可以明确地进行分离；也就是说心理过程是由不同的成分构成的，具有模块化的突出特性。模块化理论认为，大脑的认知加工呈现模块化分布趋势，每个模块都承担特定的加工过程（Fodor，1983）。这些模块中的信息具有封闭性，只有模块内部的信息才可以被调用，并参与到加工过程中。不同维度的信息是由大脑中不同的功能性组块来负责完成的。句法加工、语义加工和语用加工等分属于不同的模块，在句子理解中单独参与加工过程，不会互相影响和制约。这种观点认为，句法加工独立于语义加工和语境加工。典型的代表性理论为Franzier 和 Rayner（1982）的花园小径模型。这一理论认为，在句子加工的初始决策阶段，只有句法结构信息才会被考虑，加工器仅依据句法分析原则进行决策，并不会考虑其他的可能性。语义信息和语用信息在后续加工阶段才会发挥作用，其主要功能是验证初始阶段句法加工的输出结果，而不参与初始决策的过程。因此，句法加工和其他加工过程相比具有优先性和独立性。关于花园小径模型，学界提出了两个不同的句法分析原则，即最小附加（Minimal attachment）原则和延迟关闭（Late closure）原则。最小附加原则的主要观点是，在句子加工中，句法加工器会在第一遍句法分析中构建最简单的可能结构，尽量减少对节点的假设，也就是说，会尽可能不假设存在任何没有必要的节点。Frazier（1979）提出了顺序加工的思想，认为句法树结构的原则是加工器进行句法加工的基本依据，在加工歧义结构的过程中，人们总是根据句法树上节点最少的原则进行意义的解读。虽然句法分析具有即时特征，但是，如果第一遍分析的结构与实际的结构存在冲突，就需要对最初的结构进行重新分析，导致加工困难。延迟关闭原则的不同之处在于加工器是基于对语言结构的预测来判断句子的结构，总是把新的信息尽可能地附加到预测的结构上，提高了句法加工的准确性，这样可以把重新分析的可能性大大降低，从而节省了工作记忆资源，将工作记忆资源超出限度的可能性降低。最小附加原则和延迟关闭原则的相同之处在于两者都需要基于某个原则来进行预测，例如特定的句法原则。

二、交互性理论

交互性理论，又称为语言理解的互动模型，是在联结主义思想的基础上提出的观点。交互性理论与模块化理论所持的观点不同，该理论认为，语义加工、语用加工和句法加工都会同时参与到句子加工的过程中来，不同的加工过程之间不存在限制条件（Britt et al.，1992；MacDonald et al.，1994；Taraban & McCleelland，1988；Trueswell et al.，1994；Tyler & Marslen-Wilson，1977）。交互性理论认为，句子加工是这些不同来源的信息互相影响、互相制约的过程，所有的加工过程都在不间断地与其他的加工过程之间进行信息互动和联系，每个过程中一方面吸收其他过程所提供的信息，另一方面也为其他的过程提供信息。各个加工过程之间的交互作用是句子加工的核心和基础。因此，句法加工并不是独立于其他加工活动的，而是受到语义信息和语用信息的影响，语义和语用信息会抑制或者阻止不合理的句法表征。也就是说，句法加工过程必须要满足语义加工和语用加工的制约条件，才能够得以顺利地进行。反之亦然，语义加工和语用加工也需要满足句法加工的限制条件，不同加工过程之间互相制约、互相影响、不可分割。整个句子加工过程呈现出明显的整体性和系统性。交互性理论的代表性观点就是 MacDonald 等的词汇主义观点。在句子加工的过程中，词条信息平行激活，激活水平取决于词汇出现的频率。此外，句子加工也受到超句子的语境信息影响和制约。语境信息和词汇信息均会影响句子的理解加工。该理论有助于我们对一个句子的不同句法解读做出不同的解释，这得到了很多实证研究的支持。但是，交互性理论也存在一些问题，例如，这一理论对句子加工的动态时间进程不能提供合理的阐释，此外，很多实证研究发现词汇信息与句法结构是相对独立的，这并不符合交互性理论对句子加工做出的预测。模块化理论和交互性理论都有各自的优势和弊端。模块化理论认为，句法加工优先于语义加工，而交互性理论认为两者之间互相影响。关于句法加工到底是一个并行加工过程还是序列加工过程，目前还存在争议，仍没有定论。

研究老年人的句法加工年老化问题有助于我们从语言衰老的视角来重新审视现有的句法加工理论。关于在线句子加工过程是否受到年老化的影响存在一些争议。不同的理论做出了不同的预测。模块化理论和交互性理论对在线句子加工的认知老化做出的预测并不相同。此外，部分西方学者从认知科学、心理学等学科的视角出发，试图通过抑制缺损理论（Hasher & Zacks，1988）、工作记忆理论（Baddeley，1986；Engle et al.，1999；Just & Carpenter，1992）、加工速度理论（Salthouse，1996）等其他理论视角来对老年人的句子理解加工能力衰退现象进行解释。但是，这些理论均是基于西方语言研究提出的，在多大程度上能够解释母语为汉语的老年人的句子理解加工现象仍有待于进一步探讨。此外，这些理论均从心理学和认知科学的视角出发对语言老化过程进行解释，对于影响句子加工的语言学因素考量较少。由于汉语句子的句法特征和语义特征与印欧语相比具有明显的区别性特征，对于汉语句子理解的认知老化研究可以在一定程度上检验和评估现有的西方理论的解释力和适用性。

第五节 句子理解的认知老化研究

自20世纪70年代末以来，西方学者对老年人语言理解和产出中的句子加工能力衰退现象进行了详细的描写和解释（Bayles & Kaszniak，1987；Kemper，1986；Kemper，1987；Odler et al.，1991；Kemper，Herman & Liu，2004；Gao & Stine-Morrow，2014），针对这一问题开展了大量的横断研究和跟踪研究。这些研究显示，老年人的句子理解加工能力变化较为复杂，并非所有句法结构的理解加工都受到认知衰老的影响，呈现出衰退不均的态势。Feier 和 Gerstman（1980）考察了老年人和青年人在理解四类关系结构上的差异，发现老年人的句子理解能力发生了显著的下降。此外，这项研究还发现，受教育程度、词汇能力和记忆广度影响，测试结果无法对两个年龄组之间的差异做出合理的解释。因此，该研究认为，老年人语言能力本身随着年龄的增长而发生了下降。Obler et al.（1991）考察了30岁至79岁年龄段内的四个年龄组在理解主动句、被动句、否定句、双重否定句、双重嵌套句和比较句这六个句型结构时的表现差异。研究发现，所有句型结构的理解错误率都随着年龄的增长而呈现出上升的趋势，在所有年龄组中，双重否定句、双重嵌套句和被字句的错误率均高于主动句、否定句和比较句。主动句的下降轨迹较为均匀，双重否定句、双重嵌套句、否定句和比较句在60岁至70岁间发生显著下降，而被动句在50岁到60岁之间下降幅度更加明显。这项研究对不同句型结构的退化轨迹进行了较为细致的描述。此外，Kemper（1986），Kynette 和 Kemper（1986），Waters 和 Caplan（2001，2005）等多项研究都发现，和青年组相比，老年组在加工英语关系从句、左分支结构等复杂句法结构时均呈现出明显的衰退，准确率显著降低，反应时间变短。但是，也有研究认为，并非所有的句型结构都受到年老化的影响。老年人理解某些句型结构时没有显著衰退，而是保存相对完好。例如，Kemtes 和 Kemper（1997）通过实验研究发现，老年组和青年组在加工花园小径句型等复杂句型结构时没有呈现出显著的差异。来自语言产出的证据显示，总体上，随着年龄的增长，口语产出和书面语产出的句法复杂性均出现了显著的下降。但是，不同句型结构受损情况并不相同。例如，Kemper，Herman 和 Liu（2004）指出，老年人在产出句法结构复杂的句型时频繁出现错误，而且他们能够产出的句式范围较为有限。Glosser 和 Desser（1992）比较了老年组、中年组和青年组产出的简单句法结构异同，发现三个不同年龄组的被试在主语、动词和功能词的缺失数量方面没有显著的差异。Kynette 和 Kemper（1986）的研究发现，老年组和中年组在冠词、领属标记、语法词素的缺失方面呈现出显著差异。此外，老年组在过去式曲折变化方面错误数量相对更多。由此可见，老年人的句子理解和产出能力的衰退表现出一定的选择性和非对称性，不同句型结构呈现出的发展变化规律并不相同，句子理解加工的认知老化具有一定的复杂性，需要充分考虑到句型结构变化轨迹的多样性，应当结合不同的句型结构来对句子加工认知老化进行更加细致而深入的探讨。

总体上，现有的研究对老年人句子理解加工能力退化持两种不同的观点。一种观点认为，老年人句子理解加工能力衰退的主要原因是工作记忆容量的减退。工作记忆下降使老年人没有充足的认知资源来理解加工复杂的句法层级结构，如关系从句。根据这种观点，左分支结构等嵌入小句对工作记忆产生更高的负荷，超出了老年人心理资源的容量，因此，会导致句法加工表现的下降（Kemper & Kemptes，1999）。这一观点主要从认知资源的限制入手来思考句子加工的认知老化问题，得到了大量实证研究的数据支持。在理论上，这一观点主要依托于 Just 和 Carpenter（1992）提出的句子理解容量限制理论。此外，还有一些学者持不同的观点，认为存在一种专门用于自动化解释加工的工作记忆资源，这种工作记忆资源独立于常规测量工具所测量的工作记忆资源（Caplan &Waters，2003）。根据这一观点，在视觉或听觉句子加工过程中，句法和语义的在线加工是一个强制性和高度自动化的过程，不会因为年龄的增长而发生衰退。但是，合乎语法性判断和可接受度判断等离线加工是一个受意识控制的加工过程。因此，如果我们采用数字广度测试等常规的工作记忆测量工具，就会发现工作记忆会对语言加工产生影响。所以，我们通常在离线加工中更容易观察到显著的年龄差异（Caplan & Waters，1999；Waters & Caplan，2001，2005）。在心理学和认知科学领域中，学者们围绕在线与离线语言加工表现与认知年老化和工作记忆之间的关系进行了大量的研究。其中，离线研究大都要求被试在阅读文本之后完成一些实验任务，如回答相关的问题。这些研究一致发现，老年人句子加工的能力发生了显著的退化（e. g.，Kemper & Sumner，2001；Van der Linden et al.，1999），而且，这一趋势在老年人理解加工复杂句法结构时更加明显（Waters & Caplan，2001，2005）。

然而，在线加工范式下的研究得出的结论存在一定的分歧。早期的在线加工研究主要通过移动窗口技术测量逐词阅读或听辩的时间，被试通过按键来控制句子各部分呈现的时间。当句法结构较为复杂时，通常需要分配的加工时间较长，加工速度减慢。已有的研究发现，老年人和青年人在加工时间分布的总体趋势上较为类似，但是，在句法复杂的句子区段上均出现了加工速度变慢的趋势（Stine-Morrow et al.，1996；Waters & Caplan，2001，2005）。此外，Waters 和 Caplan（2001，2005）的研究发现，离线加工的表现与工作记忆容量有显著的相关性，但是，在线加工的表现与工作记忆没有显著关系。在控制了工作记忆容量因素后，离线加工中的年龄效应就会显著降低。DeDe et al.(2004）采用结构方程方法验证了这一结论，结果发现，虽然句法复杂性对在线加工时间的影响效应与年龄有关，但是，句法复杂性效应与工作记忆容量无关。离线加工的准确性与年龄和工作记忆相关。在既往的研究中，带有临时句法歧义的花园小径句（如 The experienced soldiers warned about the dangers conducted the midnight raid.）通常被作为考察老年人句子加工中句法复杂性效应的理想结构。如果被试想要正确解读花园小径句，那么就需要对句法模糊的区域进行多种解读，这样才能灵活地将动词 warned 的句法成分从主句谓语动词转换成为关系从句的谓语动词来进行解读（Kemper，Crow & Kemptes，2004），从而避免花园小径效应。如果句法加工与工作记忆容量相关，那么老年人应该没有足够的资源来储存对句子的多种解读，因此，跟青年人相比，老年人更有可能会出现花园小径现象。但是，Kemptes 和 Kemper（1997）的研究发现，在探测问题作答环节，青年人对句法模糊句的理解准确率显著高于老年人，但是，老年人和青年人在非句法模糊句的理解准确率上没有显著差异。两组中，句法歧义对阅读时间的影响没有显著的差异。Kemper et al.（2004）采用眼动技术考察了老年人和青年人在加工花园小径句中的阅读行为差异，研究发现，在首次注视时间上，两组被试没有显著差异。首次注视时间代表阅读过程中的即时语义加工和句法加工。这一发现与 Caplan 和 Waters（1999）的工作记忆单一资源模型做出的预测一致。回视时间代表解释后（post-interpretive）加工过程。在花园小径句中老年人的回视次数显著多于青年人，这说明老年人没有足够的认知资源来记忆前面已读过的句子区段（Kemper et al.，2004）。上述研究提供的证据表明，在线句法加工中年龄的差异并不明显，而离线句子加工中的年龄效应较为显著。这一发现支持 Caplan 和 Waters（1999）的工作记忆单一资源模型，即在线语言加工与工作记忆容量没有明显的关系。

目前，针对母语为汉语的老年人句法加工能力衰退的研究数量相对较少。

He，Xu和Ji（2017）通过三个自定步速阅读实验考察了年龄和关系从句的修饰位置对汉语关系从句加工的影响。实验1考察了汉语儿童和成年人加工汉语关系从句的差异。研究发现，主语关系从句比宾语关系从句更难加工，宾语位置的关系从句比主语位置的关系从句更难加工，5岁至6岁半是儿童理解关系从句的关键期。实验2考察了老年人和青年人加工主语位置关系从句的差异。结果发现，同青年人相比，老年人加工汉语主语关系从句的准确率更低，阅读时间更长，且主语位置主语关系从句对两个群体而言难度均显著高于宾语关系从句。实验3考察了老年人和青年人加工宾语位置关系从句的差异。研究发现，宾语位置两类关系从句的加工难度没有显著差异。这项研究为语言老化的工作记忆假说提供了证据。虽然这项研究并非专门针对老年人的语言加工能力，但是，该研究在一定程度上揭示了母语为汉语的老年人关系从句理解加工的规律。

Xu et al.（2017）采用事件相关电位（ERP）考察了老年人理解加工汉语简单句的认知神经机制，该研究控制了句子加工中一些潜在的影响因素，如智力因素、言语流利性和受教育年限，从而试图揭示语言能力本身是否随着年龄的增长而发生退化。实验采用了语义正确句（“猴子很聪明”）和语义违反句（“猴子很艳丽”）两种结构，被试阅读句子，并进行语义可接受度判断。研究发现，在老年人中，反映语义加工的N400效应减弱，且潜伏期增长，在时间窗口分布上也与青年人显著不同，仅在老年组中发现了语义违反条件下较语义正确条件下波幅更大的晚期正波。这些发现说明，跟青年人相比，老年人句子加工中的语义加工过程发生了衰退。研究揭示了老年人句子理解中语义加工的重要神经认知机制。

Zhu，Hou和Yang（2018）同样采用事件相关电位（ERP）方法，考察了母语为汉语的老年人理解加工汉语把字句和被字句时，句法加工和语义加工的神经机制。和Xu et al.（2017）的研究一样，该研究也控制了工作记忆、智力因素等潜在的干扰因素。实验材料包括三种类型的句子：正确句（“妹妹把窗户擦洗完了”）、语义违例句（“妹妹把窗户抄袭完了”）和双重违例句（“妹妹把窗户茶叶完了”）。行为数据的分析结果发现，老年人句子理解的平均准确性显著低于青年人。脑电数据的分析发现，语义加工的N400效应在老年组中显著更弱，潜伏期更长。和青年人相比，老年人句法加工的P600峰值潜伏期更长，但是P600效应的波幅数值在青年人和老年人中没有显著的差异，P600效应的波幅值仅在老年组中与加工表现呈现出显著的负向相关，在青年组中没有发现显著的关系。这说明，虽然老年人和青年人在P600成分波幅值上没有显著差异，但是，老年人神经加工活动的有效性更低。以上发现表明，汉语老年人的句法加工和语义加工均随着年龄的增长而发生了显著的退化，老年人汉语句法加工的有效性下降。

现有的三项研究均是针对不同的句型结构，研究显示，不仅在句法结构复杂的关系从句中发现了加工表现下降的现象，在句法结构相对简单的句型中也出现了神经加工效率降低的现象。这些研究为揭示母语为汉语的老年人句子理解的认知老化规律提供了一定的证据。但是，由于关于此问题的研究数量较为有限，我们对于汉语句子理解认知老化的问题仍然缺乏全面而系统的了解，仍需要进一步的深入探索。

句子理解加工是一个极为复杂性的认知过程，既包括了句法结构的建构、语义和语用信息的整合加工过程，又包括语音和正字法的解码、题元角色的配置等多个环节，受到多种因素的作用和影响，其中既包括语言学因素，也包括非语言学因素。现有的句子加工认知老化研究发现了大量影响老年人加工表现的语言学因素（如句法复杂性、词汇语义和词汇语法因素），以及多个非语言学的认知心理变量（如工作记忆、抑制控制或视角转换）。这些因素之间通常会发生交互作用，共同影响老年人的语言理解表现。上述因素对于句子加工认知老化的影响并不是孤立的，例如，很多研究认为，句法复杂性对老年人句子理解的影响是由于工作记忆减退导致的，老年人由于工作记忆衰退而在加工复杂句法结构时出现了较大的困难。也有研究将词汇语法因素对于句子加工的影响归结于抑制控制能力的减退。语言学因素与非语言学因素之间存在交互作用。因此，在考察句子加工认知老化的过程中应当充分考察不同变量的交互作用关系。

第六节 章节结语

关于句子理解能力是否会随年龄增长而发生衰退仍是一个具有争议的问题。一些研究认为，老年人的句子理解能力不会随着年龄的增长发生退化，而是会保存完好（Campbell et al.，2016；Hardy，Messenger & Maylor，2017；Samu et al.，2017；Shafto & Tyler，2014）。也有研究发现，老年人的句子理解能力在一定程度发生了退化，老年人在理解和产出复杂的句型结构时出现错误率增加、加工速度变慢等现象（Kemper，1986；Kynette & Kemper，1986；Waters & Caplan，2001，2005）。因此，句子理解加工能力究竟是否随着年龄的增长而发生衰退仍有待于进一步深入探讨。来自汉语的少量研究似乎表明，汉语老年人在句子理解加工方面出现了较为显著的变化，即使剔除工作记忆等总体认知变量的影响，年龄仍然是预测加工表现的重要指标（Zhu, Hou & Yang, 2018）。但是，目前的研究仍然有待于在以下几个方面继续完善。首先，针对汉语老年人句子理解能力的研究仍处于起步阶段，还远远不够系统和深入，现有的研究仅关注了少量几个句型结构，对于可能影响句子理解的各种语言学要素仍然缺乏考察，如句法复杂性、词汇语义因素、词汇语法因素等。研究这些因素如何影响句子理解的认知老化可以帮助我们深入了解汉语语言衰老的机制和规律。其次，目前的研究对老年人汉语语言加工衰退的认知心理机制缺乏深入的探讨和分析，现有的研究均将工作记忆等总体认知变量排除在外。事实上，这些因素在语言认知老化中发挥着至关重要的作用，来自西方语言老化的证据已经表明，语言能力的老化与认知能力的衰退密不可分，甚至有学者认为，语言能力衰退的本质就是认知能力的衰退。因此，在探讨语言能力年老化的过程中，也应当充分认识到总体认知因素的重要性。最后，现有的研究主要针对健康老年群体的句子理解问题展开，对于老年痴呆症患者的汉语句子理解障碍关注仍然较为不足。由于我国老年痴呆症患者数量逐年增加，针对老年痴呆症患者的句子理解障碍研究具有重要的实践价值。因此，我们需要针对这一特殊群体的语言障碍进行系统的研究，应当采用在线加工实验和离线加工实验相结合的多元化研究手段，在更大的样本中考察汉语老年人句子理解能力退化的规律，针对老年人句子理解的自然老化和病理性退化过程进行系统和深入的探索。

鉴于此，本研究采用自定步速阅读实验、句子图片匹配实验等多种研究方法全方位考察了汉语老年人理解加工不同句型结构的规律，既考察了句法复杂性、词汇语义因素、词汇语法因素等语言学因素对句子理解认知老化的影响，也考察了工作记忆等认知因素对老年人句子理解加工的作用。本研究测试了来自北京市各城区的多位健康老年人、健康青年人和老年痴呆症患者，从句法复杂性、词汇语义相似性、词汇语法范畴相似性等角度全方位对比分析老年人和青年人，健康老年人和老年痴呆症患者的句子理解能力，以期揭示老年人汉语句子理解能力的发展变化规律。研究结论不仅有利于我们从语言老化的角度重新审视现有的认知老化理论和句子理解加工理论，也为老年群体语言认知障碍的早期诊断、临床干预治疗等提供了重要的实证参考。

第四章　老年人汉语关系从句加工的句法复杂性效应研究[①]

句法复杂性是影响老年人句子理解的重要因素之一，也是衡量老年人语言能力退化的主要指标。语言老化的主要表现形式之一是句法复杂性的下降。既往的语言衰老研究均将句法复杂性作为一个反映语言能力退化程度的重要因素。关系结构属于句法复杂程度较高的语言结构，老年人在加工这一复杂句法结构时较容易出现失误，考察关系从句的理解加工有助于揭示年老化对语言理解加工所带来的影响。很多考察句子理解认知老化的研究均以关系从句作为切入点，通过对比分析老年人和青年人的加工表现来探讨在线和离线句子加工的年龄差异问题（Caplan et al.，2011；DeDe，2015；Stine-Morrow，Noh & Shake，2010；Waters & Caplan，2005）。本章主要聚焦于老年人对汉语关系从句的理解加工，通过操控关系从句的句法复杂性来考察了老年人句子理解中的句法复杂性效应。关系结构是各类语言中普遍存在的一种语言现象，同时也具有语言的特异性。汉语关系从句是典型的中心语后置结构，与英语、法语等中心语前置的西方语言显著不同，因此，汉语关系从句加工的年老化研究有助于我们从跨语言的视角来审视语言的衰老问题。

第一节　研究目的与意义

句子理解是指利用头脑中的句法、语义或语用知识获取句子结构的深层表征，从而理解句子的心理过程。在语言理解研究领域中，多项研究表明，随着年龄的增长，老年人理解句子的速度减缓，准确性降低（Kemtes & Kemper，1997；Waters & Caplan，2005；Stine-Morrow，Noh & Shake，2010；Cap-

---

① 本章的部分观点在中国语文现代化学会神经语言学研究会成立大会暨第一届年会上进行了汇报和交流，得到与会专家和学者的反馈和指导，在此笔者深表谢忱。

lan et al.，2011）。个体的句子理解能力随着年龄的增长而发生衰退。句法复杂性是影响老年人句子理解加工表现的重要因素之一。语言衰退现象在老年人加工句法复杂性较高的语言结构中表现得尤为明显（Kemper，1997）。关系从句因其特殊的句法结构和在语言学理论中的重要地位而被广泛应用于句子加工的相关研究中。采用关系从句结构作为实验材料，可以在操控句法复杂性这一变量的同时，对句子的词汇特征进行有效的控制。因此，关系从句也一直是句子加工认知老化研究关注的焦点。学者们针对老年人对关系从句的理解加工开展了大量研究（Caplan et al.，2011；DeDe，2015；Feier & Gerstman，1980；Stine-Morrow，Noh & Shake，2010；Waters & Caplan，2005）。研究发现，老年人加工关系从句时通常会遇到较大障碍（Feier & Gerstman，1980）。来自语言产出的证据同样表明，随着年龄的增长，老年人言语产出的句法复杂性显著下降，产出英语宾语关系从句等复杂句法结构的能力明显的下降（Kemper，1987；Kemper et al.，1989）。

关系从句指的是在句中充当定语的主谓短语或者动词短语。关系从句是指被修饰的核心名词在从句内部占据着一个句法位置，如从句的主语或者宾语（刘丹青，2005）。按照中心词在从句中充当的句法成分可以将关系从句分为主语关系从句（Subject relative clause，简称 SRC）和宾语关系从句（Object relative clause，简称 ORC）。既往的研究通常通过考察主语关系从句和宾语关系从句的加工表现差异来探讨句子理解的句法复杂性效应。相关研究发现，老年人在加工主语关系从句和宾语关系从句时表现出的加工困难并不相同。研究普遍认为，老年人加工英语主语关系从句的难度相对低于宾语关系从句（Baum，1993；Waters & Caplan，1996a，1996b，1997，2001；Kemper，Crow & Kemtes，2004；Kemper & Liu，2007；DeDe，2015）。在下面两个例句中，句（1）a 为主语关系从句，句（1）b 为宾语关系从句，关系从句部分用中括号表示，被提取成分留下的空位用（t_i）表示。

（1）a. The man_i [who (t_i) attacked the driver] ran away.

b. The man_i [who the driver attacked (t_i)] ran away.

被提取成分 the man 在两句中均充当主句的主语。不同的是，the man 在句（1）a 中充当关系从句的主语，而在句（1）b 中充当关系从句的宾语，从老年人的语言加工表现中可以发现，句（1）a 比句（1）b 更容易理解。Baum（1993）考察了老年人加工主、宾语关系从句的表现，发现老年人在宾语关系从句上表现出更大的障碍。Zurif et al.（1996）通过跨模态启动实验考察了老年人对关系从句的理解加工情况。研究发现，老年人和青年人在加工主语关系从句时没有显著差异，但老年人加工宾语关系从句时不能像青年人一样有效地进行填充语-空位依存关系的加工。事实上，来自青年人语言加工的研究同样发现了英语宾语关系从句更难加工的现象。现有的多项研究认为，老年人加工英语宾语关系从句的难度高于加工主语关系从句的难度，且老年人的加工难度不对称性比青年人更加明显。也就是说，句法复杂性效应在老年人中可能更强。

然而，上述研究主要针对英语、德语等中心语前置的语言，针对汉语关系从句加工认知老化的研究尚不多见。语言类型学通常将人类语言中的关系从句分为前置关系从句和后置关系从句。几乎所有 SVO 语言的关系从句都属于后置关系从句，SOV 语言的关系从句既可以位于中心语之前，也可以位于中心语之后。虽然汉语也属于 SVO 语言，但是汉语的关系从句却位于中心语前面的位置上，这种现象在类型学上并不常见（Jäger，2015）。这些显著的语言结构差异是否会使老年人加工汉语关系从句时产生不同的表现？另外，汉语关系从句必须采用虚词“的”来进行标记，在逐词在线加工的过程中，这一标记词在关系从句之后、中心语名词之前才呈现，发挥提示作用的时间相对较晚，那么，标记词的延迟出现是否会增加老年人对汉语关系从句的理解难度？上述问题还有待于实证研究的进一步明晰。

近十年来，学界围绕汉语主、宾语关系从句加工的难易程度问题开展了大量研究，但研究结果还存在很多争议。一些研究发现，汉语主语关系从句的加工难度大于宾语关系从句的加工难度（Hsiao & Gibson，2003；Lin & Garnsey，2010；Qiao，Shen & Forster，2012；Gibson & Wu，2013）。也有很多研究持相反观点，认为汉语宾语关系从句的加工难度更高（Lin & Bever，2006；Li，Zhang & Yue，2010；Vasishth et al.，2013）。根据前一种观点，老年人加工汉语主语关系从句时会遇到更大的障碍；而根据后一种观点，老年人更难理解汉语宾语关系从句。那么，哪种类型的汉语关系从句对老年人来说加工难度更大？老年人加工汉语关系从句的障碍分布呈现出哪些特点？关系从句加工认知老化研究或可从语言老化的视角为现存的汉语关系从句加工优势争议提供更多有价值的实证数据。本书以母语为汉语的老年人作为研究对象，通过自定步速阅读实验考察汉语关系从句加工的句法复杂性效应，旨在探索老年人对汉语复杂句法结构的加工规律。针对老年群体汉语句子理解的研究具有重要的理论意义和实践价值，不仅有助于我们从语言衰老的视角重新审视语言加工的普遍性问题，也有助于我们了解老年人句子理解能力的变化过程。

第二节 理论框架与研究假设

关于关系从句的理解加工问题，心理语言学界目前主要持两种不同的观点：基于工作记忆的句子加工假说（Working memory-based hypothesis，以下简称"工作记忆假说"）与基于经验的句子加工假说（Experience-based hypothesis，以下简称"经验假说"）(Gibson & Wu，2013；Vasishth et al.，2013)。工作记忆假说和经验假说虽然不是直接针对句子理解认知老化的问题而提出的理论，但是，我们可以基于这两个理论对关系从句加工认知老化做出预测和推断。下面分别介绍这两种假说对于汉语关系从句加工认知老化现象所做出的预测。

一、工作记忆假说的预测

工作记忆假说主要是基于乔姆斯基的转换生成语法理论框架所提出的假说。根据转换生成语法理论，关系从句是由移位生成的复杂句法结构，由从句和中心语名词两个部分构成。中心语（或填充语）从关系从句内部的一个语法位置移出，并在该位置留下一个与中心语同标的语迹（或空位）。填充语和空位之间的关系称为填充语-空位依存关系。句法分析器在加工关系从句过程中需要预留出空位，并将后续出现的中心词填回到空位中，从而完成题元角色的分配过程。填充语-空位依存关系是工作记忆假说的思想基础。根据工作记忆假说可以推断，受工作记忆、加工速度等总体认知能力减退的制约，老年人对句法结构的加工能力呈现衰退趋势，句法结构所需要的计算资源越多，老年人理解加工该结构的难度越大，加工速度越慢，准确性越低。工作记忆假说的代表性理论为 Gibson（1998，2000）的依存局域理论（Dependency Locality Theory，简称 DLT)。依存局域理论从计算资源的角度考察语言加工，聚焦于大脑的工作记忆负荷对句子理解加工的制约作用，提供了量化句法复杂性的具体标准，有助于预测个体加工复杂句法结构的差异。

依存局域理论认为，句子的复杂性主要取决于句法依存跨度的大小。填充语和空位之间的线性距离越长，介入的话语指涉越多，句子整合加工的难度越高，句法复杂性也就越高。根据依存局域理论，相对于汉语主语关系从句，宾语关系从句存储在记忆中的不完全中心语更少，即存储成本更低，句法复杂性也更低。此外，宾语关系从句中心词与空位之间的线性距离更短，介乎其间的新话语指涉更少，即整合成本更低。表 4-1 汇总了不同类型汉语关系从句加工成本的详细计算结果。可以发现，对于汉语关系从句而言，主语关系从句的加工成本高于宾语关系从句。对于老年人而言，在工作记忆衰退的情况下，语言结构的加工成本越高，越容易出现失误。因此，该理论预测，汉语主语关系从句对于老年人来说加工难度更高。

表 4－1　汉语关系从句的逐词计算加工成本

		主语位置的主语关系从句（SS）					
		攻击	议员	的	记者	承认了	错误
存储成本	所需中心词	N，DE，V	DE，V	N，V	V	N	
	MU	3	2	2	1	1	0
整合成本	话语指涉	1	1	0	1	1	1
	结构整合	0	0	0	2	0	0
	EU	1	1	0	3	1	1
		主语位置的宾语关系从句（SO）					
		议员	攻击	的	记者	承认了	错误
存储成本	所需中心词	V	N	N，V	V	N	
	MU	1	1	2	1	1	0
整合成本	话语指涉	1	1	0	1	1	1
	结构整合	0	0	0	0	0	0
	EU	1	1	0	1	1	1
		宾语位置的主语关系从句（OS）					
		警察	抓住了	联系	毒贩	的	老板
存储成本	所需中心词	V	N	N，DE	N，DE	N	
	MU	1	1	2	2	1	0
整合成本	话语指涉	1	1	1	1	0	1
	结构整合	0	0	0	0	0	2
	EU	1	1	1	1	0	3
		宾语位置的宾语关系从句（OO）					
		警察	抓住了	毒贩	联系	的	老板
存储成本	所需中心词	V	N		DE，N	N	
	MU	1	1	0	2	1	0
整合成本	话语指涉	1	1	1	1	0	1
	结构整合	0	0	0	0	0	0
	EU	1	1	1	1	0	1

注：表中部分统计数据参考吴芙芸（2009）的研究。

将表 4－1 中四类关系结构的整合成本和存储成本合并统计后可以发现：对于主语位置的关系从句而言，宾语关系从句的加工优势主要分布在关系从句（区段 1，2）和中心语部分（区段 4）；对于宾语位置的关系从句而言，宾语关系从句的加工优势主要分布在关系从句（区段 3）和中心语（区段 6）。根据依存局域理论可以预测，主语位置关系从句的1、2、4区段和宾语位置关系从句的3、6区段是老年人句子加工障碍分布的关键区域。这些区段也就是老年人关系从句加工中句法复杂性效应最为明显的关键区段。

二、经验假说的预测

经验假说并不是基于句法复杂性对老年人的句子加工表现做出预测，而是根据语言结构的分布频次和概率。该假说认为，句法结构的加工难度与句法、语义、语用层面的信息统计概率因素有关。环境中频繁共现的输入模式将会强化大脑网络对相关结构的记忆。语言结构出现的频次越高，个体加工该结构的经验越丰富，加工熟练程度越高，难度也就越低。因此，老年人加工出现概率较低的语言结构时遇到的障碍更大。支持经验假说的理论包括出现频次理论（Realis & Christianism，2007）、惊异度理论（Hale，2001）、预期理论（Levy，2008）及名词短语可及性层次模型（Keenan & Comrie，1977）等。经验假说通常通过考察主语关系从句和宾语关系从句在语料库中的分布频次来判断两种句型的加工难度。Reali 和 Christiansen（2007）通过大规模语料库研究发现，当关系从句包含人称代词时，宾语关系从句的出现频次高于主语关系从句；当关系从句包含非人称代词时，主语关系从句的出现频次高于宾语关系从句。Reali 和 Christiansen（2007）进而通过自定步速实验考察了被试对这四类关系从句加工的表现，发现被试阅读包含人称代词的宾语关系从句的从句区段显著快于阅读主语关系从句的相应区段，而当从句包含非人称代词 it 时，被试阅读主语关系从句的速度更快。由此可见，关系从句的加工难度与其在语料库中的分布频次有关。

关于汉语主、宾语关系从句的分布，大多数语料库调查研究认为汉语主语关系从句的分布比宾语关系从句频次更高（Hsiao，2003；Kuo & Vasishth，2006；Pu，2007；唐正大，2007），因此，汉语的主语关系从句具有加工优势。Hsiao（2003）对 Chinese Treebank 语料库中的主、宾语关系从句分布数据进行了统计，语料分析共计识别出 882 个汉语关系从句，其中主语关系从句占 57.5%，宾语关系从句占 42.5%，主语关系从句的出现频次显著多于宾语关系从句。Kuo 和 Vasishth（2006）对 Sinica Corpus 语料库中的 164 个汉语关系从句进行了分析，同样发现，主语关系从句的出现比例为 72%，宾语关系从句的出现比例是 27%，主语关系从句的出现频次显然更高。周统权（2009）对 Lancaster语料库汉语书面语材料中关系从句的统计分析显示，汉语主语关系从句的出现频次高于宾语关系从句。唐正大（2007）考察了《骆驼祥子》《四世同堂》

《过把瘾就死》《京语会话》及叶永烈传记散文 35 种等真实的书面语料，共计发现 398 个关系从句，其中主语关系从句 321 个（占 81%），宾语关系从句 77 个（占 19%），主语关系从句的出现频次显著多于宾语关系从句。此外，Pu（2007）建立了一个由四篇短篇小说和口语描述短片组成的小型语料库，发现了 271 个关系从句，其中主语关系从句占 74%，宾语关系从句占 26%。吴芙芸（2011）统计了大型新闻语料库 Chinese Treebank Corpus 5.0 的第三期语料的前 1000 篇文章中各类关系从句的分布频次。研究发现，主语关系从句共占 61.33%，宾语关系从句占 38.67%。无论是从总体分布趋势上看，还是从修饰主句主语、修饰主句宾语位置的关系从句来看，主语关系从句的分布频次总是显著高于宾语关系从句。结论再次印证了语言使用中主语关系从句的优势。上述研究均显示，汉语主语关系从句的出现频次高于宾语关系从句。由于老年人的语言经验与青年人相比更加丰富，语言结构的分布频次差异会在老年人中表现得更加明显，因此，根据经验假说可以推测，老年人加工汉语宾语关系从句的难度高于加工主语关系从句的难度，且这一趋势可能比青年控制组更加明显。

虽然两种假说均能够合理预测老年人加工英语关系从句时出现的主语关系从句加工优势现象（吴芙芸，盛亚楠，2016），但是，对老年人汉语关系从句加工表现的预测却截然相反。我们可以通过考察老年人对汉语关系从句的加工来验证和评估这两大备受争议的理论派系。鉴于此，本研究采用自定步速阅读实验任务考察了老年人加工汉语主、宾语关系从句的难易程度，测量逐词阅读时间和整句理解的准确性，通过与青年控制组进行对比分析来识别老年人句子加工困难的具体形式和特点。

第三节　主语位置关系从句的理解加工研究

一、实验预期

如前文所述，根据工作记忆假说，一个句子的复杂程度会随着句法依存关系跨度的增加而增加。由于汉语主语位置主语关系从句填充语与空位之间的线性跨度更长，其整合成本和储存成本也更高，因此，主语关系从句的句法复杂性高于宾语关系从句。老年人加工汉语主语关系从句的难度大于加工宾语关系从句的难度。而经验假说做出相反的预测，由于汉语语料库中主语关系从句的出现频次高于宾语关系从句，根据这一理论可以预测，老年人加工主语位置汉语宾语关系从句的难度大于加工主语位置主语关系从句的难度。虽然两个假说均预测老年人中的关系从句加工难度差异更加明显，但是，两类关系从句加工难度的不对称性趋势相反。

二、被试

共计60位被试参与了实验一（和实验二），包括实验组30位老年人和控制组30位青年人。青年组被试的平均年龄为19.2岁，老年组被试的平均年龄为76.8岁。所有被试母语均为汉语，视力或矫正视力正常。根据爱丁堡用手测试量表（Oldfield，1971），所有被试均为右利手。实验前采用中文版简易精神状态量表（CMMSE）对参与实验的老年人进行了认知缺损筛查，所有被试均无认知功能障碍。被试实验前被告知了实验任务，每名被试都签署了知情同意书。所有参与实验的被试都在实验结束后获得一定的报酬。

三、实验材料

首先选择95个动作性凸显的单宾语及物动词组成两组句子，共190句。两个实验条件分别为：主语位置提取主语的关系从句（SS）和主语位置提取宾语的关系从句（SO）。所有句子均采用SVO结构，每个句子包含一个单一嵌套的关系从句，全部句子长度相同，均切分为6个区段，谓语动词后面的“了”为时态标记，与动词划为同一个区段。关系从句的主语和宾语都采用生命性特征典型的名词，如演员、战士、老虎等，以控制名词生命性特征对句子加工可能造成的影响。为了保证实验材料的可接受度，将所有190个句子进行伪随机排序处理后制成一份汉语句子可接受度调查问卷，邀请107名各年龄段的成年人按照5点量表的评分要求对全部句子的可接受度进行打分，选择每类句型中分数最高的30个句子作为实验句，共计60句。所有参与评分的被试不参加后续的正式实验。两组句子的可接受度分数平均值分别为4.21（SS）和3.91（SO）。方差分析显示，两组句子的可接受度没有显著差异。另外选取60个句子作为填充句，加上两组实验句各30句，共计120个句子。将全部句子进行伪随机排列后呈现给两组被试。实验一样本句如表4-2所示。

表4-2　实验一样本句

从句类型	句子区段					
	1	2	3	4	5	6
SS	尊敬	老师	的	学生	获得了	褒奖
SO	领导	推荐	的	专家	出席了	会议

SS—修饰主语位置的主语关系从句；SO—修饰主语位置的宾语关系从句

四、实验流程

所有被试按要求完成一项自定步速阅读任务，利用移动窗口技术进行逐词阅读（Aaronson & Ferres，1984），窗口呈现以切分好的句子区段为单位。实验采用 E-Prime 软件完成。所有实验材料通过分辨率为 1024 × 768 的电脑显示器呈现给被试。实验由练习任务和正式实验任务两部分组成，被试首先完成练习任务（8 个练习句），反复练习直至熟练为止，熟悉相关操作后开始正式实验。先以下划线形式呈现句子，每个下划线代表句中相应位置上词的长度。被试按下反应键，屏幕上出现一个注视点“+”，提示被试句子即将出现的位置。被试每次按下反应键后，呈现一个词，取代相应位置上的下划线，同时前一个词变成仅有下划线的空白。每个句子呈现完毕后出现一个问题，要求被试尽快判断问题的答案是“是”还是“否”。如果答案为“是”，按下“1”键；如果答案是“否”，按下“0”键。一半问题的正确答案为“是”，另一半问题的正确答案为“否”。

五、研究结果

下面对老年组和青年组加工主语位置两类关系从句的准确性和反应时间进行对比分析。在回答问题环节，被试回答正确记 1 分，回答错误记 0 分。图 4－1显示了两组被试理解判断四类关系从句的准确率。青年组作答的平均准确率为 93.9%，老年组作答的平均准确率为 58%。虽然老年组作答准确率大幅低于青年组，但是其作答准确率仍然显著高于随机水平（$p<0.05$）。

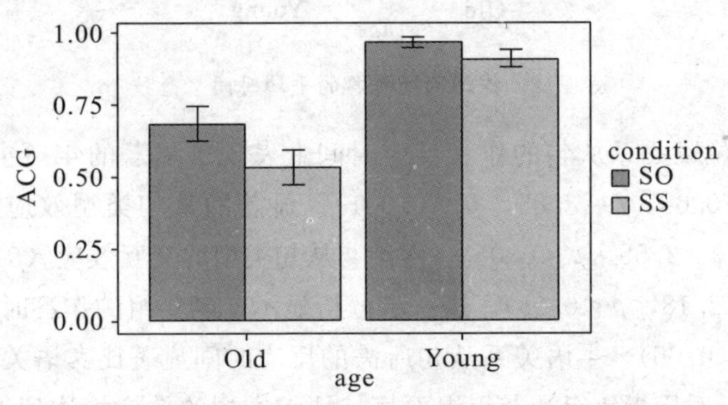

图 4－1　探测问题作答的平均准确率

本研究采用 R 语言（R Core Development Team，2008）对采集的数据进行了统计分析。对被试作答的准确性进行了混合效应模型分析（Baayen，Davidson & Bates，2008），将年龄和从句类型作为固定变量，被试和实验材料作为随机变量，共同进入回归模型。数据分析的结果显示，句法复杂性（从句类型）的主效应显著（$\beta=-0.14$，$SE=0.04$，$z=4.71$，$p<0.001$），年龄的主效应显著（$\beta=0.32$，$SE=0.04$，$z=8.22$，$p<0.001$），两者的交互效应显著（$\beta=0.08$，$SE=0.04$，$z=2.07$，$p<0.05$）。进一步统计检验的结果显示，主语关系从句的回答正确率显著低于宾语关系从句的回答正确率（$p<0.05$），老年组的准确率显著低于青年组的准确率（$p<0.05$）；主语关系从句准确率低于宾语关系从句准确率的趋势在老年组被试中更加明显。

本研究对于时间的分析包括两部分：第一部分分析正确回答问题的反应时间，第二部分在第一部分的基础上分析两组句子各区段的阅读时间。在对回答问题反应时间数据进行统计分析前，剔除与平均值偏差两个标准差之外的离群值数据。然后，对四类关系从句的问答反应时间分别进行了线性混合效应模型分析，将自变量作为固定变量，被试和实验材料作为随机变量，共同进入回归模型。数据分析前，对反应时间数据进行了对数转换处理。两组被试回答四类关系从句相关理解问题的平均反应时间如图 4－2 所示。

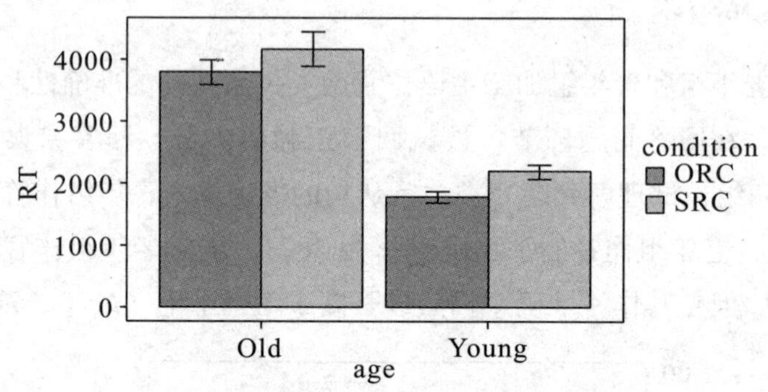

图 4－2　探测问题作答的平均时间（毫秒）

在主语位置关系从句的作答反应时间上发现了显著的年龄主效应（$\beta=0.74$，$SE=0.08$，$t=8.85$，$p<0.001$）、显著的从句类型效应（$\beta=0.10$，$SE=0.04$，$t=2.55$，$p<0.05$）、年龄与从句类型的交互效应（$\beta=0.10$，$SE=0.05$，$t=2.18$，$p<0.05$）。进一步分析显示，老年组的作答时间显著长于青年组（$p<0.05$），主语关系从句所需的反应时间显著比宾语关系从句更长（$p<0.05$）。对于青年组和老年组而言，从句类型的效应均达到了显著水平，主语关系从句的作答时间显著长于宾语关系从句的作答时间。但是，在老年组中，主语关系从句比宾语关系从句作答时间更长的趋势更加明显。

接下来，我们在对句子各区段的阅读时间进行了数据统计分析。分析前，首先剔除与平均值偏差两个标准差之外的离群值数据。然后，对四类关系从句中的六个区段的对数阅读时间分别进行了线性混合效应模型分析，将自变量作为固定变量，被试和实验材料作为随机变量，共同进入回归模型。线性混合效应模型的分析结果如表 4-3 所示。

表 4-3　主语位置汉语关系从句各区段阅读时间的混合效应模型分析结果

	Estimate	St. Error	t−value	Pr（>｜z｜）
主语关系从句的动词/宾语关系从句的主语				
年龄	−0.643	0.078	−8.198	<0.0001＊＊＊
从句类型	0.069	0.026	2.633	0.0086＊＊
年龄×从句类型	−0.089	0.032	2.772	0.0057＊＊
主语关系从句的宾语/宾语关系从句的动词				
年龄	−0.615	0.076	−8.01	<0.0001＊＊＊
从句类型	0.029	0.024	1.177	0.239
年龄×从句类型	−0.006	0.030	−0.20	0.840
关系从句标记词“的”				
年龄	−0.538	0.070	−7.621	<0.0001＊＊＊
从句类型	0.032	0.023	1.388	0.166
年龄×从句类型	−0.004	0.028	−0.164	0.870
主句主语				
年龄	−0.584	0.074	−7.801	<0.0001＊＊＊
从句类型	0.016	0.028	0.580	0.562
年龄×从句类型	0.019	0.035	0.539	0.590
主句谓语				
年龄	−0.593	0.076	−7.807	<0.0001＊＊＊
从句类型	−0.006	0.030	−0.217	0.828
年龄×从句类型	0.013	0.038	0.339	0.735
主句宾语				
年龄	−0.642	0.119	−5.359	<0.0001＊＊＊
从句类型	0.067	0.049	1.361	0.174
年龄×从句类型	−0.054	0.061	−0.877	0.381

＊＊＊ $p<0.001$；＊＊ $p<0.01$；＊ $p<0.05$

在主语位置关系从的第 1 区段（主语关系从句的动词，宾语关系从句的主语），发现了从句类型的显著主效应（$\beta=0.07$，$SE=0.03$，$t=2.63$，$p<0.01$）、被试年龄的主效应（$\beta=-0.64$，$SE=0.08$，$t=-8.20$，$p<0.001$），以及两者的交互效应（$\beta=-0.09$，$SE=0.03$，$t=-2.77$，$p<0.01$）。进一步分析显示，老年组阅读区段 1 的时间显著长于青年组。对于两组被试而言，从句类型的效应并不相同。在青年组被试中，主语关系从句和宾语关系从句的阅读时间没有显著差异；在老年组中，主语关系从句区段 1 的阅读时间长于宾语关系从句的阅读时间。

在主语位置关系从句的第 2 区段（主语关系从句的宾语，宾语关系从句的动词），仅发现了年龄的主效应显著（$\beta=-0.62$，$SE=0.08$，$t=-8.01$，$p<0.001$）。老年组阅读该区段的阅读时间比青年组更长。从句类型的主效应和年龄与从句类型的交互效应不显著。

在第 3 区段（标句词“的”）发现了年龄的主效应显著（$\beta=-0.54$，$SE=0.07$，$t=-7.62$，$p<0.001$）。老年组阅读区段 3 的时间显著长于青年组。从句类型的主效应和年龄与从句类型的交互效应不显著。

在第 4 区段（主句主语）上同样发现了年龄的主效应显著（$\beta=-0.58$，$SE=0.07$，$t=-7.80$，$p<0.001$）。老年组阅读主句主语所花的时间比青年组更长。从句类型的主效应和年龄与从句类型的交互效应不显著。

在第 5 区段（主句谓语）和第 6 区段（主句宾语）上均发现了年龄的显著主效应（$\beta=-0.59$，$SE=0.08$，$t=-7.81$，$p<0.001$；$\beta=-0.64$，$SE=0.12$，$t=-5.36$，$p<0.001$）。老年组的阅读时间均显著长于青年组，但是，从句类型对阅读时间没有显著的影响。

第四节　宾语位置关系从句的理解加工研究

一、实验预期

与主语位置关系从句加工相比，关注宾语位置关系从句加工的研究相对较少。实验二主要考察老年人对汉语宾语位置关系从句的理解加工，以期进一步揭示老年人汉语关系从句加工的规律。如前文所述，根据工作记忆假说可以推断，汉语宾语位置主语关系从句填充语和空位之间线性距离更长，因此，整合成本和储存成本更高，老年人加工主语关系从句的难度也更大。根据经验假说可以推断，老年人加工宾语位置宾语关系从句的相对难度更高。

二、被试

参与实验二的被试与实验一相同，但是，因电脑故障，两名被试未能顺利完成实验。最后有 58 名被试的数据用于统计分析。

三、实验材料

实验材料的设计和选取方法同实验一。选择 95 个动作性凸显的单宾语及物动词组成两组句子，共 190 句。两个实验条件分别为：宾语位置提取主语的关系从句（OS）和宾语位置提取宾语的关系从句（OO）。所有句子均采用 SVO 结构，严格控制两组句子的句长、区段数量、名词生命性特征。为了保证实验材料的可接受度，将所有句子进行伪随机排序处理后制成一份汉语句子可接受度调查问卷，邀请 107 名各年龄段的成年人按照 5 点量表的评分要求对句子的可接受度进行打分，选择每类句型中分数最高的 30 个句子作为实验句，共计 60 句。两组句子的可接受度分数平均值分别为 4.27（OS）和 4.23（OO）。方差分析显示，两组句子的可接受度无显著差异。另选取 60 个句子作为填充句，加上两组实验句各 30 句，共计 120 个句子。将全部句子进行伪随机排列后呈现给两组被试。实验样本句如表 4−4 所示。

表 4−4　实验二样本句

从句类型	句子区段					
	1	2	3	4	5	6
OO	警察	抓住了	毒贩	联系	的	老板
OS	老板	惩罚了	欺骗	员工	的	经理

OO−修饰宾语位置的宾语关系从句；OS−修饰宾语位置的主语关系从句

四、实验流程

本实验的操作流程与实验一相同，具体步骤请参见实验一的实验流程。为了避免练习效应，实验一和实验二间隔三周时间。

五、研究结果

图 4−3 显示了两组被试理解判断宾语位置关系从句的平均准确率。青年组作答的平均准确率为 89.3%，老年组作答的平均准确率为 62.1%。虽然老年组作答准确率显著低于青年组，但是，老年组和青年组的作答准确率均显著

高于随机水平（$p<0.05$）。

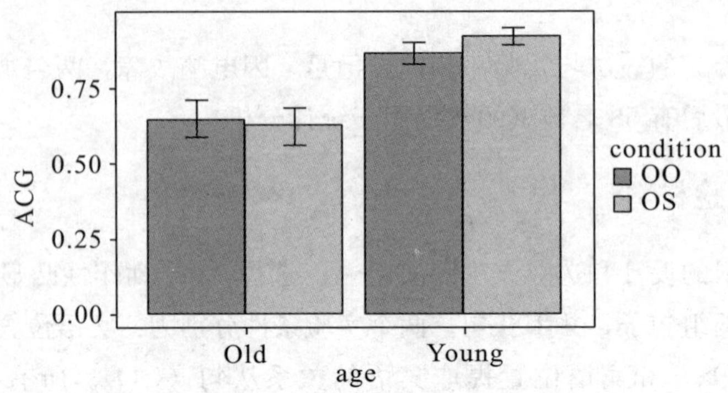

图 4-3 探测问题作答的平均准确率

接下来，我们对作答准确率进行了混合效应模型分析，将年龄和从句类型作为固定变量，被试和实验材料作为随机变量，共同进入回归模型。结果显示，年龄的主效应显著（$\beta=0.22$，$SE=0.04$，$z=6.01$，$p<0.001$），年龄和从句类型的交互效应显著（$\beta=0.10$，$SE=0.04$，$z=2.33$，$p<0.05$）。从句类型的主效应不显著。进一步分析发现，老年组的作答准确率显著低于青年组的准确率。在青年组的作答表现中发现了从句类型的显著效应（$p<0.05$），青年组加工宾语位置宾语关系从句的准确性显著低于主语关系从句的准确性。而老年组理解宾语关系从句的准确性高于主语关系从句的准确性，但是，从句类型效应未达到显著水平。主、宾语关系从句加工的非对称趋势仅在青年组中有所体现。

下面对回答问题反应时间数据进行统计分析。首先，剔除与平均值偏差两个标准差之外的离群值数据。然后，对四类关系从句的对数反应时间分别进行线性混合效应模型分析，将自变量作为固定变量，被试和实验材料作为随机变量，共同进入回归模型。两组被试回答四类关系从句相关理解问题的反应时间如图 4-4 所示。

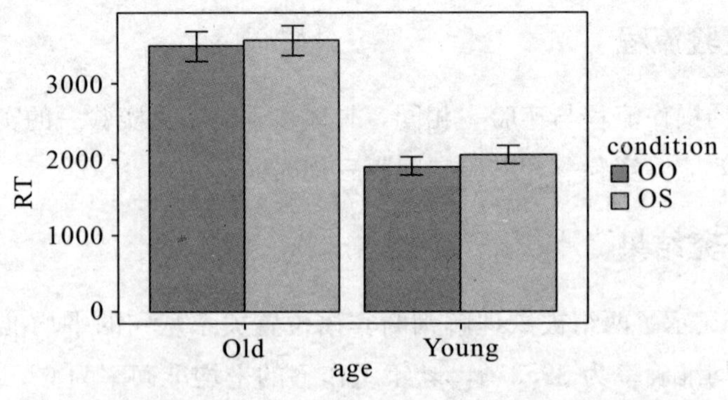

图 4-4 探测问题作答的平均时间（毫秒）

在宾语位置关系从句的作答反应时间上仅发现了年龄的主效应（$\beta = -0.66$，$SE = 0.08$，$t = -8.80$，$p < 0.001$），老年组的作答时间显著长于青年组。从句类型的主效应以及年龄和从句类型的交互效应均未达到显著水平，两组被试回答两类关系从句探测问题的反应时间均没有显著差异。

接下来，我们对宾语位置关系从句各区段的阅读时间进行了分析。首先剔除了与平均值偏差两个标准差之外的离群值数据。然后，对四类关系从句中的六个区段的对数阅读时间分别进行了线性混合效应模型分析，将自变量作为固定变量，被试和实验材料作为随机变量，共同进入回归模型。表 4−5 汇总了混合效应模型分析的输出结果。

表 4−5 宾语位置汉语关系从句各区段阅读时间的混合效应模型分析结果

	Estimate	St. Error	t−value	Pr (> | z |)
主句主语				
年龄	−0.613	0.077	−7.890	<0.0001 * * *
从句类型	0.034	0.024	1.420	0.1561
年龄×从句类型	−0.057	0.030	−1.889	0.0592
主句谓语				
年龄	−0.629	0.079	−7.878	<0.0001 * * *
从句类型	0.037	0.023	1.566	0.1177
年龄×从句类型	−0.055	0.029	−1.889	0.0593
主语关系从句的动词/宾语关系从句的主语				
年龄	−0.616	0.081	−7.614	<0.0001 * * *
从句类型	0.018	0.027	0.703	0.483
年龄×从句类型	−0.019	0.033	−0.574	0.566
主语关系从句的宾语/宾语关系从句的动词				
年龄	−0.570	0.077	−7.322	<0.0001 * * *
从句类型	0.008	0.028	0.266	0.790
年龄×从句类型	0.000	0.036	0.001	0.999
关系从句标记词“的”				
年龄	−0.486	0.062	−7. 813	<0.0001 * * *
从句类型	0.006	0.026	0.025	0.980

续表

	Estimate	St. Error	t-value	Pr (>|z|)
年龄×从句类型	−0.015	0.033	−0.480	0.631
主句宾语				
年龄	−0.714	0.112	−6.363	<0.0001 * * *
从句类型	−0.011	0.043	−0.256	0.798
年龄×从句类型	−0.026	0.054	−0.468	0.640

* * * $p<0.001$；* * $p<0.01$；* $p<0.05$

在宾语位置关系从句的第 1 区段（主句主语）上发现了显著的年龄主效应（$\beta=-0.61$，$SE=0.08$，$t=-7.89$，$p<0.001$），年龄与从句类型的交互效应达到边缘显著水平（$\beta=-0.06$，$SE=0.03$，$t=-1.89$，$p=0.059$）。老年人的阅读时间比青年人更长（$p<0.05$）。进一步分析表明，老年组中，主语关系从句的阅读时间显著长于宾语关系从句（$p<0.05$），但是，在青年组中，两类关系从句的阅读时间没有显著差异。对于这一研究发现中的交互效应应当谨慎解读，因为四个实验条件下的句首区段完全相同，并不能体现出从句类型之间的差异。被试的加工决策和行为并未受到从句类型的影响。

在第 2 区段（主句谓语动词）上，年龄的主效应显著（$\beta=-0.63$，$SE=0.08$，$t=-7.87$，$p<0.001$），年龄与从句类型的交互效应达到边缘显著水平（$\beta=-0.06$，$SE=0.03$，$t=-1.89$，$p=0.059$）。分析表明，老年人的阅读时间比青年人更长（$p<0.05$）。老年组中，主语关系从句的阅读时间显著长于宾语关系从句（$p<0.05$），但是，在青年组中，两类关系从句的阅读时间没有显著差异。该区段的发现与区段 1 较为接近，由于在这一区段上，词汇信息在四个实验条件之间仍没有显著差异，对于交互效应的解读仍需慎重。

在宾语位置关系从句的第 3 区段（主语关系从句的动词，宾语关系从句的主语）发现了年龄的主效应显著（$\beta=-0.62$，$SE=0.08$，$t=-7.61$，$p<0.001$）。老年人比青年人的阅读时间更长，阅读速度更慢。

在宾语位置关系从句的第 4 区段（主语关系从句的宾语，宾语关系从句的动词）发现年龄的主效应显著（$\beta=-0.57$，$SE=0.08$，$t=-7.32$，$p<0.001$）。同样，老年人比青年人的阅读时间更长，阅读速度更慢。

在关系从句的第 5 区段（关系从句标记词“的”）和第 6 区段（主句宾语）上同样发现年龄的主效应显著。区段 5：$\beta=-0.49$，$SE=0.06$，$t=-7.81$，$p<0.001$。区段 6：$\beta=-0.71$，$SE=0.11$，$t=-6.36$，$p<0.001$。这说明，

在这两个区段上，老年组的阅读时间都显著长于青年组的阅读时间。但是，从句类型效应和交互效应均不显著，说明宾语位置上两类关系从句的加工难度差异在老年组和青年组中没有显著差异。

第五节 综合讨论

一、关系从句加工年老化的总体趋势分析

大量句子理解认知老化方面的文献都表明，宾语关系从句对于老年人来说加工难度更高。但是，如前所述，此类研究大都针对英语等中心语前置语言，研究结论还有待于来自不同类型语言的进一步验证。本研究采用自定步速阅读实验考察了老年人加工汉语主、宾语关系从句的障碍分布特征。对探测问题的作答结果分析显示，老年组对四类关系从句的理解准确率均显著低于青年组，作答时间显著长于青年组，说明随着年龄的增长，关系结构的理解能力总体上呈现出衰退趋势。来自汉语关系从句习得的研究发现，儿童对关系从句理解的准确率显著高于本研究中的老年人。Lee（1992）考察了 4 岁到 8 岁的儿童对四类汉语关系从句的习得，发现 8 岁儿童对汉语关系从句理解的平均准确率达到 70%以上，4 岁儿童理解主语位置关系从句的正确率达到 75%以上。相比之下，本研究中老年人理解各类关系从句的正确率均低于 70%。这说明老年人对关系从句的理解能力已经出现了非常严重的退化。这一发现与针对英语关系从句的同类研究得出的结论基本一致（Kemper，1986，1988；Baum，1993）。由此可见，句子理解加工能力衰退现象具有跨语言的普遍性。

对关系从句各区段阅读时间的分析显示，在所有句子区段上，老年人的阅读时间均显著长于青年人，探测问题的作答时间也显著长于青年人，老年人对关系从句的加工时间总体上呈现出减缓的趋势。这与老年人的认知加工速度变慢有关。根据 Salthouse（1996）提出的认知老化加工速度理论，速度是与老龄化相关的一般性加工限制，成年期年龄的增长会导致认知操作速度放缓，从而进一步导致认知功能障碍。本研究的结果表明，加工速度限制对老年人的语言加工具有关键性的影响。这种语言加工速度放缓的现象也得到了其他同类语言衰老研究的支持。加工速度作为一种一般性加工限制，对老年人语言加工具有普遍性的影响，无论是在线加工还是离线加工阶段，老年人均表现出加工速度放缓的趋势。研究发现支持 Salthouse（1996）的认知老化加工速度理论。

二、主语位置关系从句加工的实验结果分析

对探测问题作答结果的分析发现，老年组和青年组在阅读主语位置关系从句时，主语关系从句的准确率均显著低于宾语关系从句的准确率。更重要的是，主语关系从句比宾语关系从句加工困难的现象在老年组中更加明显，句法复杂性对加工表现的影响在老年组中更明显。这表明，同青年人相比，老年人对句法结构的复杂性更加敏感。这一结论符合依存局域理论关于汉语关系从句加工难度的推断，支持工作记忆假说对汉语句子加工的预测，不支持经验假说。如例（2）所示，对于汉语主语关系从句（2）a来说，中心词与其依存成分之间的线性距离更长，介入的话题指涉更多，因此句子结构整合的难度也更大。被试建构填充语-空位依存关系所需的工作记忆资源更多，记忆负荷也更重。

（2）a.（t_i）尊敬老师的学生$_i$获得了褒奖。

b. 领导推荐（t_i）的专家$_i$出席了会议。

这一发现与英语关系从句的加工优势正好相反。多项研究表明，老年人加工英语宾语关系从句的难度更大（Waters & Caplan，1996a，1996b，1997，2001；Kemper，Crow & Kemtes，2004；Kemper & Liu，2007）。这主要是汉语和英语关系从句中心词的位置差异导致的。如例（1）所示，英语同汉语相反，主语关系从句（1）a比宾语关系从句（1）b的线性依存距离更短，话题指涉更少，记忆负荷更少，整合难度也更低。可见，依存局域理论不仅能够解释老年人英语关系从句的加工非对称性，而且能够预测老年人汉语主语位置关系从句的加工表现。该理论对于老年人主语位置关系从句加工具有跨语言的理论阐释力。

在主语位置关系从句第1区段的阅读时间上，句法复杂性的效应达到了显著。在其他区段上没有显著效应。这与依存局域理论的预测基本一致。如表4-1所示，依存局域理论认为，第1区段上主语关系从句的加工总成本为4个单位，而宾语关系从句相应位置的加工成本都是2个单位。主语关系从句的加工成本显著高于宾语关系从句的加工成本。这个区段也是两种关系从句加工成本差异最大的位置。本研究结果显示，在这两个区段上，在老年组中，主语关系从句的阅读时间均显著高于宾语关系从句的阅读时间，而在青年组中，主语关系从句和宾语关系从句的阅读时间并没有显著差异，这说明主语关系从句这两个区段给老年人造成了更大的加工困难。这一发现与He，Xu和Ji（2017）的研究基本一致。He，Xu和Ji（2017）的研究将区段1和2的阅读时间进行

了合并分析，这两个区段的阅读时间与本研究难以直接比较，但从区段1阅读时间的均值分布中仍然可以发现老年组两类从句阅读时间差异总体上呈现出大于青年组的趋势，这一整体趋势与本研究较为相近。

依存局域理论预测，在关系从句的3，5和6区段上，两类从句的加工成本相等，均为2个单位。我们的研究也印证了这一点，两组被试在这三个位置的阅读时间均没有从句类型（句法复杂性）的显著效应。He，Xu和Ji（2017）的研究在区段3和5上同样未发现显著的从句类型效应和年龄与从句类型的交互效应。由于区段6的语法结构在两项研究中不同，计算结果不具备可比性。在区段2上，主语关系从句的加工成本比宾语关系从句高出一个单位，而我们的研究中没有发现从句类型（句法复杂性）的显著效应。这可能是因为该区段的加工成本差异相对较小，没有达到能够使阅读时间呈现出显著差异的阈值。在第4个区段上，主语关系从句的加工成本显著高于宾语关系从句的加工成本两个单位，但是，我们的研究中并没有发现两类关系从句在这一区段上的阅读时间具有显著的区别。这一点与依存局域理论对于加工成本的预测并不相符，其具体原因仍有待于明晰。总体上，上述分析的结果显示，除了主句主语位置以外，依存局域理论能够对主语位置关系从句的在线加工的表现做出较为精确的预测。依存局域理论不仅能够解释老年人英语关系从句的加工非对称性，而且能够预测汉语主语位置关系从句的加工表现，对于老年人主语位置关系从句加工具有一定跨语言的理论阐释力。

在句首的区段1上，我们发现老年组和青年组阅读时间的从句效应并不相同。老年组阅读主语关系从句区段1的阅读时间长于宾语关系从句相应区段的时间。然而，青年组阅读时间在两种句型上的分配并没有显著差异。对探测问题作答时间的分析同样表明，青年组对主语关系从句和宾语关系从句问题的回答时间没有显著差异，而老年组理解主语关系从句所用的时间显著长于宾语关系从句所用的时间。我们发现，对于老年组而言，关系从句加工的计算资源需求与被试实际提供的资源在分布上是一致的，均为主语关系从句多于宾语关系从句。而青年组却出现了资源分配的“错位”，两种关系从句的阅读时间没有显著的差异。这表明，老年人对于句子加工的资源需求敏感性更高，当句子所需的认知资源增加时，老年人的加工表现也会相应地受到很大影响。这一点也得到了前人研究的支持。Zurif et al.（1995）的研究发现，受工作记忆的限制，老年人建构长距离填充语－空位依存关系时遇到很大困难。记忆容量限制了老年人对关系结构的在线加工，尤其是题元角色的分配。Zurif et al.（1995）的实验发现，老年人跟青年人相比，对在线加工中句法结构的复杂性更加敏感，当填充语–空位之间的线性距离更长时，老年人就会出现更大的加工困难。对于青年组的加工表现，有如下两种可能的解释。首先，青年人由于认知资源相对充裕，能够根据句子加工的难度合理调度和分配计算资源，从而增加句子理解的准确性，句子加工的资源需求对于青年人来说影响并不明显。另外，青年人加工两种关系从句的差异相对较小也可能与其完成实验任务的方法有关。本研究采用的是自定步速阅读实验，由被试自主操控阅读进程来完成，由于青年人工作记忆能力较强，他们可能会通过尽快按键来将整个句子完整地呈现出来，在此过程中将不完整的区段暂时储存在工作记忆中，等句子全部呈现出来以后再一次性地完成全句的整合加工，这种策略会导致各种实验条件之间的差异在在线加工中变得不明显。由于老年人工作记忆能力下降，他们可能不会倾向于采用这种策略，而是通过即时的整合加工来减轻记忆的负担，不同区段的认知负荷也会在其加工过程中得以即时的体现。因此，除对句子加工认知负荷的敏感性不同之外，加工策略差异可能也是导致老年组和青年组之间加工表现不同的原因。但是，无论哪种原因，老年人的加工困难归根到底都与工作记忆下降有关。Stine（1995）也指出，语言加工能力的衰退与老年人工作记忆减退密切相关，具体表现为：老年人在阅读文本时，难以满足建构文本意义表征的资源需求。

三、宾语位置关系从句加工的实验结果分析

既往研究大多针对主语位置汉语关系从句，对宾语位置汉语关系从句的研究相对较少。本研究发现，汉语宾语位置关系从句的加工与主语位置关系从句并不完全相同。对阅读时间和作答时间的分析发现，在句子区段的加工以及探测问题的作答环节中，老年人的阅读时间和作答时间都普遍长于青年人。这与实验一的结论基本一致，支持 Salthouse（1996）的认知老化加工速度理论，说明老年人关系结构加工速度变慢具有一定的普遍性，不受关系从句的类型和从句位置的影响。对探测问题作答准确率的分析发现，老年组加工两类关系从句时没有表现出显著差异。青年组在理解宾语位置关系从句时，主语关系从句的准确率均显著高于宾语关系从句的准确率。对探测问题作答时间和各区段的阅读时间分析发现，句法复杂性对被试的阅读时间的影响均没有达到统计学意义上的显著水平。这一结果与实验一的结论不一致，不支持工作记忆假说或者经验假说。

对于汉语关系从句而言，从句位置对加工难度有影响。对印欧语关系从句加工的研究发现，主语位置关系从句和宾语位置关系从句的加工难度并没有显

著差异，主语关系从句比宾语关系从句加工更加容易。这种英、汉语关系从句加工的差异与两种语言关系结构中心语位置的不同有密切关系。我们认为，这一结果主要是由宾语位置关系从句的临时性句法歧义导致的。由于汉语关系从句属于左分支结构，从句标记词“的”以及中心语均位于关系从句的右边，这导致关系从句的左边界缺少标记词，因此，在句法分析的第一阶段会导致临时性句法歧义。对于宾语位置的宾语关系从句而言，第三区段的从句主语会被当作主句的宾语，而主语关系从句第三区段的从句动词会被当作双及物动词。在第四区段出现后歧义才能得以消解，在此之前，关系从句被作为其他结构进行分析和加工，而第四区段的歧义消解过程是句法分析器的重新加工过程，歧义消解本身会耗费被试的认知资源，也会对关系从句的正常加工过程产生干扰。在本研究中，两组被试加工第四区段的阅读时间都显著长于前三个区段的平均阅读时间（青年组：$t=24.12$，$p<0.05$。老年组：$t=2.47$，$p<0.05$）。刘涛等（2011）指出，句法临时歧义导致的主、宾语关系从句加工难度差异其实难以真正揭示关系从句自身的加工性质。因此，这项研究中发现的宾语位置关系从句的加工情况可能仅反映了老年人对临时歧义结构的加工能力，而不是关系从句本身的加工能力。这是导致实验二的结果与实验一不一致的重要原因。在探测问题作答环节，主、宾语关系从句的作答准确率在青年组中呈现显著差异，而在老年组中差异不显著，这说明宾语关系从句的临时句法歧义对青年组造成了更大的干扰，而老年组在处理临时句法歧义方面比青年组表现更好。

从上述分析可以看出，同实验二相比，实验一提供的数据可能更适合用来检验工作记忆假说和经验假说对汉语关系结构加工的阐释力。总体上，本研究的结论更倾向于支持以依存局域理论为代表的工作记忆假说，从语言衰老的角度为工作记忆假说提供了证据。值得注意的是，一些研究质疑了依存局域理论对汉语关系从句加工的解释力，发现该理论（尤其是存储成本假说）在解释汉语关系结构时面临挑战（吴芙芸，2012；吴芙芸，盛亚南，2016）。我们认为，研究对象和侧重点不同可能是导致本研究与其他研究结论不一致的主要原因。依存局域理论对本研究的结论具有更强的解释力，这可能与老年被试的特殊认知特点有一定的关系。既往的研究发现，老年人的主要认知障碍是工作记忆的减退，句子加工中出现的困难通常是由工作记忆资源不足导致的（Kemper，1988）。同其他理论相比，以工作记忆为主要考量因素的依存局域理论对于老年语言加工问题具有更强的适用性，有助于对老年人汉语关系从句的加工表现做出更加有效的预测。在工作记忆资源储备不足的情况下，老年人对于语言结构的认知资源需求变化更加敏感。虽然老年人语言经验更加丰富，语言技能更加娴熟，但是，这似乎仍然无法弥补工作记忆衰退对语言能力造成的损伤。这项研究从语言衰老的角度证明，记忆资源对句子加工具有关键的制约作用。这一观点得到了老年人英语关系从句加工研究的支持（Stine-Morrow et al.，2000；Zurif et al.，1995）。Stine-Morrow et al.（2000）对比分析了老年人和青年人加工英语关系从句的差异，发现在加工资源需求更高的宾语关系从句时，老年人不能像青年人一样有效分配认知资源。工作记忆衰退是导致老年人关系从句加工资源分配有效性下降的主因。

句子加工理论的建构应当充分考虑到记忆因素。目前的语言加工理论对记忆资源是否影响句法加工仍然颇有争议。现有句子加工理论大致划分为模块化理论和交互作用理论两大派系。模块化理论认为，句子理解是一个模块化的信息输入过程。句法加工独立于语义加工和语境加工，任何句子的加工都始于句法结构的建构，随后语义和语用信息才参与句子加工的过程。工作记忆分配时，句法加工具有优先权，工作记忆资源在充分满足句法加工的需要以后，才会被分配给后续的语义加工、语用加工或句法再分析过程。按照这种观点，句子理解表现的年龄差异主要源自解释后（post-interpretive）加工阶段的工作记忆资源匮乏，而句法加工本身并不受工作记忆的影响。而交互作用理论认为，从句子加工的初始阶段开始，句法加工、语义加工和语用加工彼此互相作用，共同竞争有限的工作记忆资源，因此，句法加工在工作记忆分配时不再具有优先权。根据这种观点，老年人句法加工衰退的主要原因是句法运算未能获取足够的认知资源。本研究的结论表明，老年人的句法运算能力受到认知资源有限的制约。研究结论支持句子加工的交互作用理论，对模块化理论中句法加工的资源自足观点提出了挑战，从语言老化的角度证明了句子加工是一个耗费认知资源的复杂运算过程。

在个体语言发展变化的过程中，语言能力、语言知识与一般认知能力三者之间具有密不可分的重要关联。在老年期阶段，语言知识（如词汇知识、句法知识）通常保存完好，且随着年龄的增长和经验的积累，有不断提升的空间（Salthouse，1988）。但是，语言能力却随着年龄的增长逐步衰退，具体表现在词汇提取、句子理解、话题维系等多个方面。本研究从句子理解加工的视角入手，考察了老年群体对复杂句法结构的在线加工，发现老年人句法加工能力受记忆资源的限制，呈现出衰退的趋势。研究结论说明了一般认知能力对语言能力的发展变化具有重要的制约作用。随着工作记忆等一般认知能力的退化，语言加工能力也会随之逐步衰退。但是，需要注意的是，本研究仅考虑了语言能力与一般认知能力之间的互动关系。然而，语言能力的发展变化是语言知识和认知能力共同作用的最终结果，语言知识的增长和一般认知能力的衰退对语言能力发展的影响并不相同，两者如何通过此消彼长的方式协同作用于语言能力是一个值得深入探讨的问题。

第六节　章节结语

本研究采用移动窗口技术实时考察了老年人理解加工汉语关系从句的过程，对比分析了老年人和青年人对不同修饰位置、不同提取成分的汉语关系从句的句法复杂性效应差异。研究发现，年龄对汉语关系从句的加工具有显著影响。同青年人相比，老年人理解加工汉语关系从句的准确性和效率均显著降低。此外，句法复杂性对老年人汉语关系从句加工具有显著影响。汉语主语位置主语关系从句的难度大于宾语关系从句的难度。汉语宾语位置主、宾语关系从句的加工难度没有显著差异。总体上，研究结论支持以依存局域理论为代表的工作记忆假说。与经验假说相比，以依存局域理论为代表的工作记忆假说对老年人汉语关系从句加工具有更强的解释力。工作记忆能力下降可能是导致老年人句子加工能力衰退的重要原因。

本研究通过自定步速阅读实验考察了老年人对汉语主、宾语关系从句的理解加工。但是，我们也发现，该研究方法对于考察老年人语言衰退问题而言具有一定的局限性。由于本研究中有少数 80 岁以上的高龄老年人，这些老年人的肢体控制能力较差，运动反应速度较慢，实验操作过程中难免会出现按键滞后的现象，容易造成阅读时间数据的偏差。因此，本研究的发现还有待于来自神经认知科学研究的进一步证实或证伪。

第五章　老年人关系从句加工的生命性效应研究[①]

句子理解加工是句法加工和语义加工交互作用的复杂过程。句法信息和语义信息通常共同发挥作用，影响句子加工的表现。名词生命性信息是影响句子理解的词汇语义信息，为句子理解提供了重要的词汇语义线索。在以往的研究中，生命性信息通常被视为句法和语义整合加工研究的重要切入点。随着年龄的增长，个体加工和运用名词生命性、指称性等词汇语义信息的能力也会发生相应的变化。能否有效利用生命性信息对于句子理解加工的准确性和效率都具有重要影响。本章中，我们将通过考察名词生命性信息在句子理解中的作用，来探讨老年人在句子理解中的生命性信息效应，主要目的在于阐释词汇语义因素对老年人句子理解可能产生的影响，从而揭示词汇语义因素在语言老化中发挥的作用。

第一节　研究目的与意义

生命性是指事物处于活动或存在状态的性质，属于名词所具有的概念范畴。生命性是世界上大多数语言中都普遍存在的特征（Dahl & Fraurud，1996；Nieuwland et al.，2013）。在心理语言学研究中，名词生命性是句子理解加工领域中的一个主要的词汇语义范畴，很多学者针对名词的生命性问题开展了大量的研究（Hoekse et al.，2004；Kuperberg et al.，2003；Mak et al.，2002，2006；Philipp et al.，2008；Weckerly & Kutas，1999），这些研究主要涉及名词生命性信息在各类句型结构加工中发挥的作用，如句法复杂句、歧义句、简单句等。根据 Comrie（1989）对名词生命性的等级分类，名

① 本章部分内容引自柳鑫淼：《关系从句加工中生命性效应的年老化研究》，《北京科技大学学报（社会科学版）》，2019 年第 2 期，第 25～31 页。

词的生命性可以分为人类、动物和无生命物体三个级别。生命性等级最高的是人类，最低的是无生命的事物。在句子加工中，名词的生命性等级与题元角色的指派过程密切相关（Buckle et al.，2017）。多项实验研究和语料库研究均发现（Bock & Loebell，1990；Clark，1966；Dahl & Fraurud，1996；Hale & Keyser，2002；McDonald et al.，1993），生命性等级越高的名词越倾向于充当施事的角色；反之，生命性等级越低的名词越倾向于充当受事的角色。例如，Dahl 和 Fraurud（1996）的研究发现，人们在语言产出中更偏好将有生命的名词作为句子的主语，将无生命的名词作为句子的宾语。这一倾向性体现在各种句型结构的产出中。在主动句中，有生命的施事通常出现在无生命的受事前面，充当句子的主语（Bock，1986）。然而，如果句子的受事名词是有生命的名词，人们更倾向于产出被动结构，将有生命的受事放在句子的主语位置上（Gennari et al.，2012）。这一现象不仅出现在英语中，也出现在西班牙语和塞尔维亚语中（Gennari et al.，2012）。此外，生命性信息也与格结构的产出有关（Bresnan et al.，2007；Bresnan & Hay，2008）。双宾语结构通常将有生命的名词置于无生命的名词前面，而介词与格结构则相反，将无生命的名词置于有生命的名词之前。语料库研究发现，当受施对象是无生命名词时，人们更多地采用介词与格结构，而当受施对象为有生命名词时，人们则更多地使用双宾语结构。同样，名词生命性信息也会影响我们对语言的理解加工。在句子加工中，我们能容易将有生命的名词解读为句子的主语或动作的施加者，将无生命的名词解读为动作的承受者或句子的宾语，董燕萍和蔡振光（2007）将这种现象称之为句子理解的生命性效应。生命性效应体现了生命性这一词汇语义信息对句子意义建构所产生的影响，也是既往研究中受到重点关注的句子加工现象。

在句子理解加工研究中，关于句子加工生命性效应的研究多数都以关系从句结构作为研究对象（Betancort et al.，2009；Mak et al.，2006；Traxler et al.，2002；Wu et al.，2010；何文广，陈宝国，2016；周统权等，2010），少数研究也关注了被动句、主动句等其他句型结构。关系从句可以按照中心语在从句中充当的句法角色而划分为主语关系从句和宾语关系从句。两类关系从句的加工难度差异一直是句子加工研究关注的重要问题。在前面的章节中，我们已针对这一问题开展了相应的研究。生命性信息对于关系从句理解加工的影响主要体现在对两类关系从句加工难度的调节方面。生命性信息也因此被很多研究作为探讨句法和语义界面问题的切入点。例如，现有的研究普遍认为，英语宾语关系从句比主语关系从句的理解加工难度更高，在主句核心动词和嵌入从句的位置上表现出主语关系从句更容易加工的现象（Traxler et al.，2002）。

根据 Gibson（1998，2000）的依存局域理论，英语宾语关系从句更难加工是因为宾语关系从句的填充语和空位两者的线性距离更长，介于两者中间的新话语指涉数量更多，整合成本也更高，另外，宾语关系从句存储在记忆中的不完整句法依存关系更多，因此，存储成本也更高。Gibson（1998，2000）的依存局域理论得到了来自英语、法语、意大利语、德语等多种语言的广泛支持（Schwartz，2007；Domenico &Matteo，2009），但是，也有学者指出，该理论过于强调句法因素在语言加工中的作用，而相对忽视了语义因素的重要功能（Traxler et al.，2002）。随着后续研究工作的深入，研究人员开始意识到词汇语义因素在关系从句加工中的重要性，生命性信息开始得到大量的关注。Fedorenko 和 Gibson（2008）认为，关系从句的理解加工过程受到句法和语义信息的双重影响和制约，两种信息交互作用，共同影响个体句子加工的表现。同时，Fedorenko 和 Gibson（2008）也指出，名词短语的生命性特征是一个影响关系从句加工的关键性因素。在后续的一段时间里，关系从句加工的生命性效应成为句子加工领域的热点话题。Traxler，Morris 和 Seely（2002）针对英语关系从句加工的研究发现，主语关系从句的核心名词是有生命名词时更具有加工优势，而宾语关系从句的核心名词是无生命名词时更具有加工优势。

（1）The actor that the movie pleased received prize.（宾语关系从句-有生命名词）

（2）The actor that liked the movie received prize.（主语关系从句-有生命名词）

（3）The movie that pleased the actor received prize.（主语关系从句-无生命名词）

（4）The movie that the actor liked received prize.（宾语关系从句-无生命名词）

在上面的四个例句中，（2）和（3）句为汉语主语关系从句，（1）和（4）句为宾语关系从句。其中，（1）和（2）句的核心名词为有生命的名词 actor，（3）和（4）句的核心名词为无生命的名词 movie。Traxler，Morris 和 Seely（2002）的研究表明，在有生命名词充当关系从句核心名词的情况下，宾语关系从句（1）比主语关系从句（2）更难加工。无生命名词充当关系从句核心名词的情况下，两类关系从句（3）和（4）之间的加工难度差异变得不再明显。该研究的发现说明生命性信息对主语关系从句和宾语关系从句的加工优势具有调节作用。无生命名词充当核心名词时，宾语关系从句的加工难度有所下降，这就使得主、宾语关系从句的加工难度差异减小。很多研究在其他语言中也发现了类似的生命性效应，如汉语、荷兰语和西班牙语等（Mak et al.，2006；Betancort et al.，2009；Wu et al.，2010；何文广，陈宝国，2016；周统权等，2010）。

现有句子加工生命性效应的相关研究多数都以儿童被试、青年被试或者脑损伤病人作为考察的对象，但是，专门针对健康老年人语言加工的研究尚不多见（DeDe，2015；Oh，Sung & Sim，2016），老年人语言加工中的生命性效应问题还没有得到关注。年老化会导致老年人在一般认知能力方面具有和儿童、青年人等不同的特点，例如，老年人在记忆、注意、加工速度、视角转换、抑制控制能力等方面通常会出现随龄减退的趋势（Altmann & Kemper，2006），而这些因素常与生命性信息的认知加工过程相关，因此，在句子加工的生命性效应方面，老年人可能会表现出相应的年老化特征和规律。到目前为止，我们仅发现了少数几项研究实证探讨了名词的生命性信息对老年被试句子理解的影响。DeDe（2015）通过开展自定步速听力实验考察了母语是英语的老年人在理解关系从句时的生命性效应。如下所示，该研究考察了四种类型的关系从句，分别为中心语是有生命名词、从句内名词是无生命名词的主语关系从句（1），中心语是有生命名词、从句内名词是无生命名词的宾语关系从句（2），中心语是无生命名词、从句内名词是有生命名词的主语关系从句（3），中心语是无生命名词、从句内名词是有生命名词的宾语关系从句（4）。

（1） The musician that witnessed the accident angered the policeman a lot.
（主语关系从句－核心名词为有生命名词）

（2） The musician that the accident terrified angered the policeman a lot.
（宾语关系从句－核心名词为有生命名词）

（3） The accident that terrified the musician angered the policeman a lot.
（主语关系从句－核心名词为无生命名词）

（4） The accident that the musician witnessed angered the policeman a lot.
（宾语关系从句－核心名词为无生命名词）

这项研究对比分析了老年组和青年组被试在线关系从句加工的生命性效应。DeDe（2015）发现，在老年组中，中心语是有生命名词的宾语关系从句（2）在关系从句谓语动词和主句主语区域所花时间长于中心语是无生命名词的宾语关系从句（4），但是，在主语关系从句（1）和（3）加工中未发现显著的生命性效应。这说明，跟青年人相比，老年人对名词的生命性特征更加敏感，并且会更多地利用生命性信息提供的加工线索进行预测。在研究发现的基础上，DeDe（2015）提出了老年人句子加工的冒险策略假说。DeDe（2015）认为，老年人借助其更加丰富的语言经验，利用名词短语的生命性特征作为线索对即将出现的内容进行预测，这可以认为是老年人采用的一种补偿性句子加工策略，目的是弥补句子加工能力的衰退。虽然这种预测策略可以有效帮助老年人提升句子加工的表现，但是也伴随着一定的风险。当老年人的判断与实际的句子成分不一致时，就会产生惊异，从而导致更大的加工困难。

但是，也有研究发现，随着年龄的增长，老年人采用生命性信息进行句子理解和产出的能力发生了下降，无法像青年人一样有效利用生命性信息（Altmann & Kemper，2006；Oh，Sung & Sim，2016；Kurthen et al.，2019）。一些研究发现，由于老年人工作记忆衰退，老年人在句子加工中利用生命性信息的能力也发生了相应的衰退。Oh，Sung 和 Sim（2016）采用 ERP 实验手段考察了老年人句子加工的生命性效应，对比分析了老年组和青年组被试理解加工 SOV 和 OSV 两种不同语序的韩语简单句的生命性效应差异。结果发现，在青年组中，在 SOV 句式的宾语位置上，有生命的名词比无生命的名词诱发了更大波幅的 N400 成分；在 OSV 句型结构句首的宾语成分上，无生命名词比有生命名词诱发了更大波幅的 N400 成分。相比之下，在老年组中，句首宾语的位置上并没有观察到明显的波幅增大现象，而是观察到了潜伏期滞后现象。Oh，Sung 和 Sim（2016）的研究说明，论元名词生命性信息的呈现顺序和生命性效应有关系，如果名词短语的生命性特征分布违背了施事名词有生命、受事名词无生命的偏好格局，句子理解的难度就会显著增加。老年人跟青年人相比利用生命性信息的能力下降，因此，名词生命性信息与句子加工的生命性效应之间的关系在老年组中并不明显。Kurthen et al.（2019）开展的一项 ERP 研究同样发现，生命性信息对老年人和青年人句子理解加工的影响不相同。此外，来自语言产出的证据也发现，老年人对名词生命性信息的敏感性更低。Altmann 和 Kemper（2006）考察了老年人在组词成句过程中对于名词生命性信息的偏好。研究发现，老年组和青年组被试在组词成句时都偏好把有生命名词作为句子的主语，这一偏好不受动词的生命性偏好影响。老年组跟青年组相比受名词生命性信息的影响相对较小，名词先后顺序是老年组句子产出的主要决策依据。这一发现说明，和青年人相比，老年人对名词生命性特征的敏感性更低，很难和青年人一样充分运用名词的生命性特征进行语言的产出。总而言之，上述多项研究的结论并不完全一致，一些研究发现老年人由于语言经验更加丰富而在运用生命性信息方面更具优势；而也有研究认为，老年人运用生命性信息的能力发生了衰退。因此，语言加工中生命性效应是否存在年老化问题仍有待于进一步明确。

人类自出生时就具备了辨识有生命事物和无生命事物的能力，这也是我们最早具备的认知能力。生命性认知是人类认识世界和感知世界的基本认知技能，属于人类最早具备的认知能力之一，也是社会认知、情感认知等诸多高级认知能力的基础。那么，在生命的晚期阶段，这一能力是否会随着老龄化而发生减退，这是一个值得深入探索的问题。前面一章中，我们主要聚焦于句法复杂性这一句法特征在句子加工认知老化中的作用。对于语言加工研究来说，生命性信息是重要的词汇语义信息，探讨生命性效应的年老化过程可以从句法和语义互动的视角进一步揭示老年人语言加工的特征和规律，从而帮助我们了解句法和语义因素如何共同影响老年人的句子理解加工过程，从而为我们深入了解老年人语言加工规律和特征提供了一扇窗口。在本章中，我们以母语为汉语的老年被试为研究对象，采用自定步速阅读实验探讨了名词短语的生命性特征对汉语关系结构加工认知老化的影响，旨在明确生命性认知对语言加工认知老化的影响。

第二节 生命性效应年老化的理论阐释

在现有的研究中，主要有三个假说能够对句子理解中生命性效应的年老化现象做出理论上的阐释：①冒险策略假说（Risky Strategy Hypothesis，DeDe，2014，2015）；②基于资源的生命性效应假说（Resource-based Account of Animacy Effect，Fedorenko & Gibson，2008）；③容量限制理解理论（Capacity Constrained Comprehension Theory，Just & Carpenter，1992）。其中，冒险策略假说聚焦于语言经验这一因素，而基于资源的生命性效应假说和句子理解的容量限制理论主要从认知资源的视角出发来阐释生命性效应。这三个理论的侧重点不相同，对于句子加工中生命性效应的年老化现象做出的预测也并不相同。

冒险策略假说是由DeDe（2014，2015）提出的老年人句子加工理论。这一理论聚焦于语言经验这一因素，考察老年人的语言加工策略和行为。根据冒险策略假说的观点，老年人的语言经验和世界知识比青年人更加丰富，在词汇知识方面具有更多的积累，因此，他们能够借助自身在语言经验和词汇知识方面的优势，通过进行大胆的预测来补偿年老化对于句子加工产生的不利影响。这一加工策略能够缩小老年人与青年人之间在句子理解表现上的差异（Kemtes & Kemper，1997）。句子理解加工中，老年人会倾向于运用大胆的预测性加工策略（DeDe，2015），借助自身丰富的语言经验和词汇知识对句子中将要出现的成分进行预测和推断。但是，这一策略的使用既能够帮助老年人降低句子加工的难度，也会产生一定的代价。如果老年人做出了正确的预测，将会促进句子的理解加工，有效降低句子加工的难度。但是，如果做出的预测不正确，就会干扰正常的句子加工，导致更大的加工困难。DeDe（2015）的实证研究发现，当英语宾语关系从句的核心名词是有生命名词、从句内名词是无生命名词的时候，由于老年人根据主语名词有生命、宾语名词无生命的常规生命性格局所做出的预测与实际的句子不符，导致了更大的加工困难，表现为句子加工的时间显著增长。该假说认为，由于老年人对生命性信息的敏感度更高，句子加工中表现出的生命性效应也会比青年人更强；也就是说，名词生命性对主语关系从句和宾语关系从句加工难度非对称性的调节作用在老年人中会更明显。

基于资源的生命性效应假说（Fedorenko & Gibson，2008）从句法复杂性和生命性信息互动的视角做出解释。该理论认为，生命性信息和句法信息共同决定句子加工的资源成本。当无生命的名词充当主语时，工作记忆成本会增加（Pearlmutter & MacDonald，1995）。由于英语主语关系从句的句法结构相对简单，对工作记忆资源的需求较低，被试有充足的资源来加工所有生命性信息，因此，对生命性格局的差异并不敏感，上文中的句（2）和句（3）的加工时间没有显著差异。因此，不同生命性格局下的关系从句加工难度差异并不显著。相比之下，英语宾语关系从句的句法结构更加复杂，资源需求较高，因此，被试加工从句主语名词无生命，主句主语有生命的宾语关系从句（1）时容易出现资源不足，加工难度将显著高于从句主语名词有生命，主句主语无生命的宾语关系从句（4）。也就是说，在资源不足的情况下，被试对生命性格局的差异更加敏感。为了进一步验证不同资源条件下的生命性效应差异，Fedorenko 和 Gibson（2008）让被试在加工关系从句的同时完成一项数字广度任务，从而达到消耗工作记忆资源的目的。该研究在主语关系从句和宾语关系从句加工表现中均发现了显著的生命性效应，即偏好生命性格局下的关系从句阅读速度均快于非偏好生命性格局下的阅读速度。由于老年人工作记忆显著衰退，基于上述研究可推断，同工作记忆充裕的青年人相比，老年人对生命性格局差异将会更加敏感。在记忆资源匮乏的情况下，老年人的生命性效应可能比青年人更加显著。

容量限制理解理论（Just & Carpenter，1992）从加工资源限制的角度出发对句子理解加工中的句法和语义信息交互作用进行阐释。该理论认为，工作记忆是句子理解加工的重要限制。该理论基本的假设是句子理解中句法信息和非句法信息（语义、语用等）共同竞争有限的工作记忆资源。因此，当工作记忆资源不足时，句法和语义信息的整合加工就会出现困难。被试的工作记忆容量越高，越能够顺利完成非句法信息和句法信息之间的整合加工。Just 和 Carpenter（1992）的研究考察了工作记忆容量较高的被试和工作记忆容量较低的被试在理解加工省略式关系从句时的生命性效应差异。该研究采用眼动追踪技术记录了被试的注视时间等指标。这项研究发现，在第一遍加工时间上，工作记忆容量较高的被试表现出了比工作记忆容量较低的被试更强的生命性效应。这说明，工作记忆容量对被试句子加工的初期阶段生命性信息的利用具有显著的影响。对于老年人而言，工作记忆容量下降是最主要的认知衰退特征。工作记忆的衰退将会导致老年人对生命性信息的敏感性下降，无法充分采用名词的生命性线索来建构句子的意义。因此，容量限制理解理论预测，生命性效应在老年人中将相对较弱。在关系从句加工中，生命性信息对关系从句加工难度的调节作用在老年人中将会削弱。

通过上述分析可以发现，冒险策略假说、基于资源的生命性效应假说和容量限制理解理论对于老年人关系从句加工中生命性效应做出了不同的预测。因此，有必要通过开展实证研究评估和检验以上三个理论在汉语句子理解加工中的适用性。

第三节　研究方法

本研究主要采用汉语主语关系从句作为实验材料，通过操控关系从句内部的宾语名词和核心名词的生命性特征（有生命、无生命）来探讨名词的生命性特征在老年人句子加工中发挥的作用。这与既往的研究有所不同。前人的研究一般都采用宾语关系从句与主语关系从句两种不同类型的句型结构作为实验材料，来考察句子加工的生命性效应（e. g. DeDe，2015）。事实上，主语关系从句和宾语关系从句虽然在词汇层面较容易进行实验操控，但是两者在句法结构、分布频次等方面都具有显著的差异。这些干扰变量在实验设计中通常很难得以控制。对于句子加工的年老化研究而言，句型结构的分布频次和句法复杂性等都会导致年龄的差异，从而对研究结果产生干扰。由于本研究主要针对名词生命性效应的认知老化现象展开，应尽量将无关变量的干扰最小化，因此，在本研究中，我们仅采用了主语关系从句。这项研究采用了 2（年龄：老年，青年）× 2（主句主语名词的生命性：有生命，无生命）× 2（从句宾语名词的生命性：有生命，无生命）的三因素实验设计。其中，从句宾语的生命性和主句主语的生命性是被试内变量，年龄是被试间变量。句子区段的在线阅读时间和句末探测问题作答的准确率是因变量。

一、被试

参与本实验的被试是来自北京市社区的30名老年人和30名青年人。被试的视力或矫正视力正常，母语均为汉语，均无阅读障碍和神经性疾病史。所有参与实验的老年被试均接受了认知缺损筛查，筛查工具为简易精神状态量表，老年被试的得分均在26分以上，说明所有老年被试的精神状态良好，均无明显的认知功能障碍。老年组和青年组被试在性别比例、受教育年限、认知健康状况上都没有统计学意义上的显著差异。除此之外，两组被试还接受了工作记忆水平测试。测量结果显示，老年组被试的工作记忆水平显著低于青年组（$p<0.01$）。两组被试的基本信息情况如表5-1所示。

表5-1 参与实验的被试基本信息

组别	性别	年龄	教育水平（年）	工作记忆
青年组	男8，女22	19.48（2.67）	13.93（1.13）	17.03（1.82）
老年组	男7，女23	66.42（3.81）	13.41（2.87）	15.84（1.81）

二、实验材料

本实验采用的实验材料包括四种类型的汉语主语关系从句，分别是从句宾语名词有生命、核心名词有生命的汉语主语关系从句（下文简称“有生命-有生命”），从句宾语名词有生命、核心名词无生命的主语关系从句（下文简称“有生命-无生命”），从句宾语名词无生命、核心名词有生命的主语关系从句（下文简称“无生命-有生命”），从句宾语名词无生命和核心名词同样无生命的汉语主语关系从句（简称“无生命-无生命”）。实验句如下例所示。

（1）曝光内幕的记者引起了公众的注意。（无生命-有生命）

（2）曝光贪官的新闻引起了公众的注意。（有生命-无生命）

（3）曝光内幕的新闻引起了公众的注意。（无生命-无生命）

（4）曝光贪官的记者引起了公众的注意。（有生命-有生命）

本研究共采用了24组实验句。采用拉丁方设计将实验句分成了四组，每组包括24个实验句，另选取72个结构和长度不同的汉语句子充当填充句，共96个句子。将全部句子进行伪随机排列后呈现给被试。所有实验句的长度相同，都切分为六个句子区段。四种类型关系从句结构的从句宾语和核心名词的笔画数和词频没有显著的差异，从而保证各实验条件下的词汇特征没有明显的差异。所有的实验句都是主谓宾结构的句型，均包含单一嵌套的关系从句，谓语动词后面的时态标记词“了”与动词合并为同一个区段，不再单独计算阅读时间。在正式实验开始之前，我们对所有实验句进行了可接受度测评，将全部句子进行伪随机排序，形成一份句子可接受度评分问卷，然后邀请57名成年人按照五点式量表的评分形式对这些句子的可接受度进行评分。评分结果显示，四个实验条件下的主语关系从句在可接受度上没有显著的差异。

三、实验流程

本实验采用了E-Prime 2.0软件进行设计和实施。被试按照实验人员的指示完成一项自定步速阅读实验，采用移动窗口技术来逐词呈现汉语句子，每个窗口按照划分好的区段为单位来呈现。实验包括练习任务和正式实验任务两个组成部分，首先，被试按照要求完成8道练习题，被试可以反复进行练习，直至熟悉实验操作的流程为止。先以下划线的形式呈现句子，每个下划线体现了句中相应的位置上词的长度。首先，在屏幕的中央位置呈现一个注视点“+”，提示被试刺激即将出现的具体位置。接下来，屏幕上出现一些下划线，被试按下反应键后，相应位置的下划线会被一个词所取代，同时前面位置上的词被下划线所取代。待整个句子完整呈现以后，屏幕上会出现一个关于句子意义的一般疑问句，要求被试在规定时间内回答问题，判断答案是“是”还是“否”。若问题的答案为“是”，被试将按下键盘上的“1”键；若问题的答案是“否”，被试则按下键盘上的“0”键。“是”和“否”两种答案出现的频次相同，采用交叉平衡设计。由E-Prime软件来自动记录被试的逐词阅读时间和探测问题的作答准确性。

第四节　研究结果

为了考察老年组和青年组句子理解加工的生命性效应差异，我们对两组被试句子加工的准确性和在线句子加工时间分别进行了对比分析。

一、整句理解的准确性分析

首先，我们对句子理解的准确率进行了以从句宾语生命性、核心名词生命性、年龄为自变量的方差分析。表5-2汇总了两组被试理解关系从句的平均准确率。

表5-2 探测问题作答的平均准确率

句子类型	准确率（均值／标准差）	
	青年组	老年组
无生命-有生命	90.0%（0.30）	74.4%（0.44）

续表

句子类型	准确率（均值 / 标准差）	
	青年组	老年组
有生命-有生命	84.5%（0.36）	70.0%（0.45）
有生命-无生命	77.7%（0.42）	65.5%（0.47）
无生命-无生命	81.1%（0.39）	65.5%（0.48）

青年组的整体平均作答准确率为 83.3%，老年组为 68.9%。虽然老年组的理解准确率明显偏低，但是，理解准确率仍然在随机水平以上（$p<0.05$）。数据分析发现，年龄的主效应显著（$F(1, 58)=42.44$，$p<0.001$），主句核心名词生命性的主效应显著（$F(1, 58)=11.52$，$p<0.001$），从句宾语生命性呈现边缘显著水平（$F(1, 58)=2.83$，$p=0.091$），但是，两因素交互效应和年龄、从句宾语生命性和主句主语生命性三因素交互效应没有达到显著的水平。两两对比分析发现，老年组被试的句子理解准确率显著低于青年组（$p<0.05$）。当句子的核心名词是有生命名词时，句子理解的准确性显著高于核心名词是无生命名词时句子理解的准确性。此外，从句宾语是无生命名词的关系从句比从句宾语是有生命名词的关系从句更容易理解，准确率更高。在青年组和老年组中，均发现了主句核心名词的生命性效应，但是，生命性效应在两组被试句子理解准确性的指标上并没有出现显著的差异。

二、区段阅读时间分析

按照既往研究的做法，我们首先对阅读时间进行了数据清理，剔除了与平均值偏差 3 个标准差之外的离群值数据。然后，我们对关系从句各区段的阅读时间数据分别进行了三因素方差分析，以年龄、从句宾语生命性和核心名词的生命性作为自变量。在关系从句的谓语动词位置上，年龄的主效应显著（$F(1, 58)=49.58$，$p<0.001$），老年组被试阅读该区段所需的时间显著长于青年组。但是，该区段上没有发现显著的名词生命性主效应和交互效应。在关系从句宾语的位置上，年龄的主效应显著（$F(1, 58)=36.17$，$p<0.001$），年龄和从句宾语名词生命性的交互效应显著（$F(1, 58)=7.33$，$p<0.01$）。此外，核心名词的生命性和从句宾语生命性的交互效应呈现边缘显著（$F(1, 58)=3.18$，$p=0.074$）。核心名词生命性的主效应不显著，年龄、从句宾语生命性、核心名词生命性的三因素交互效应不显著。进一步分析发现，老年组的阅读速度比青年组更慢。在青年组中，从句宾语名词的生命性效应显著，当

无生命名词充当从句宾语名词时，区段阅读时间显著短于从句宾语是有生命名词的句型。在老年组中，从句宾语名词的生命性效应未达到显著水平。在关系从句的标句词上，年龄的主效应显著（F（1，58）＝63.27，p<0.001）。老年组的阅读时间比青年组更长，老年人阅读该区段所需的时间更长。名词生命性的主效应和相关的交互效应均不显著。在核心主语名词位置上，年龄的主效应显著（F（1，58）＝39.70，p<0.05），核心名词的生命性和年龄的交互效应显著（F（1，58）＝5.64，p<0.05）。从句宾语的生命性主效应不显著，其他交互效应均不显著。当核心名词是无生命名词时，核心名词的阅读时间显著长于核心名词是有生命名词情况下的阅读时间。在青年组中，核心名词的生命性效应达到显著水平；而在老年组中，核心名词的生命性效应未达到显著水平。在主句谓语动词的位置上，年龄的主效应显著（F（1，58）＝36.09，p<0.001），核心名词的生命性主效应显著（F（1，58）＝9.05，p<0.01），年龄和核心名词生命性的交互效应显著（F（1，58）＝8.91，p<0.01）。从句宾语的生命性主效应以及相关的交互效应均不显著。两两比较分析显示，在两组被试中，核心名词是无生命名词时，阅读时间均显著长于主句主语是有生命名词时的阅读时间。和老年组相比，青年组中生命性效应更强，两种生命性条件下的阅读时间的非对称性更明显。在主句宾语的位置上，年龄的主效应显著（F（1，58）＝16.44，p<0.001）。年龄和核心名词生命性的交互效应边缘显著（F（1，58）＝3.27，p＝0.070）。从句宾语的生命性主效应和其他交互效应不显著。进一步分析显示，老年组的平均阅读时间比青年组更长。在青年组中，核心名词是无生命的名词时，区段阅读时间显著长于核心名词有生命情况下的阅读时间。而在老年组中，核心名词的生命性效应不显著，核心名词是否具有生命性对其阅读时间没有明显影响。

第五节　讨论

一、生命性效应的年老化现象分析

既往研究主要以儿童、青年人或者脑损伤患者作为研究对象，考察句子加工的生命性效应（Betancort et al.，2009；Mak et al.，2006；Traxler et al.，2002；Wu et al.，2010；何文广，陈宝国，2016；周统权等，2010），鲜有研究考察健康老年人句子加工中的生命性效应，因此，我们尚不清楚生命性效应是否会受到年老化的影响，以及如何受到年老化的影响。为了揭示生命性认知加工在健康老年人中的变化规律，我们操控了关系从句中名词和主句核心名词的生命性特征（有生命、无生命），通过在线句子加工实验对比了不同年龄组被试对生命性信息利用的差异。研究发现，在句子理解准确率上，两组被试均表现出了显著的生命性效应，老年组和青年组在生命性效应上没有显著差异。但是，在阅读时间上，老年组和青年组的生命性效应并不相同。具体而言，生命性信息对青年人在线句子加工的阅读时间具有显著的影响，当核心名词是无生命名词时，关系从句加工的难度高于核心名词是有生命名词的关系从句。在老年组中，从句宾语和核心名词的生命性信息均对在线加工的阅读时间没有显著影响。青年人能够借助核心名词的生命性信息来促进题元角色的分配，促进句子意义的建构，提高复杂句型结构理解的准确性和效率。上述发现说明，老年人利用生命性信息进行句子加工的能力发生了衰退。老年人对名词生命性的敏感性下降，难以像青年人一样将生命性信息与句子加工进行有效的整合。也就是说，关系从句加工中出现了生命性效应年老化现象。研究发现总体上支持Just和Carpenter（1992）的容量限制理解理论，不支持基于资源的生命性效应假说和冒险策略假说。

本研究的发现得到了多项语言理解和产出研究的支持（Altmann & Kemper，2006；Oh et al.，2016）。Altmann和Kemper（2006）的研究发现，老年人在被动句、简单句等多种句型结构的产出中都出现了对名词生命性信息敏感性下降的现象，生命性效应年老化并不局限于关系从句结构，而是影响到多种句型结构的产出。Oh et al.（2016）的ERP研究也发现了生命性信息对于老年人和青年人句子理解的不同影响。DeDe（2015）的研究发现和本研究并不一致。DeDe（2015）采用了听觉实验任务考察了老年人理解加工英语关系从句的生命性效应。和本研究不同，DeDe（2015）的研究发现，老年人同青年人相比对生命性信息的敏感性更高，采用更大胆的句子加工策略预测即将出现的词汇。造成两项研究结论不一致的可能原因是研究的侧重点不同。DeDe（2015）的研究强调语言经验因素在句子加工中发挥的作用，老年人借助丰富的语言经验和词汇知识来弥补句子加工能力的下降，该研究并没有考察除了语言经验之外的因素，如工作记忆。而我们的研究考察了老年人和青年人之间的工作记忆水平差异，由于老年人的工作记忆容量显著低于青年人，工作记忆下降会阻碍名词的生命性信息在即时句子加工中的利用（Nakano et al.，2010），所以，老年人可能由于工作记忆资源的匮乏而无法有效地整合利用名词的生命性信息，也就无法实施DeDe（2015）所界定到的预测性加工策略。从这个意义上来说，我们的研究和DeDe（2015）反映了老年人句子加工中的不同影响因素。本研究体现了工作记忆因素对于老年人句子加工的制约作用。老年人是否能够充分利用语言经验来促进句子的理解加工主要取决于认知资源是否充裕，只有在具有充足认知资源的前提条件下，语言经验才能够发挥促进作用。认知资源是生命性信息加工的前提和基础。

本研究还发现，在句末的探测问题作答环节中，生命性信息对老年人和青年人的影响并没有显著差异，两组均能利用生命性信息促进句子的理解加工。这表明，生命性信息的年老化现象主要集中在在线加工的阶段。在线加工结束后，老年人仍可以采用生命性信息来促进句子的理解。这可能是因为句末探测问题作答本质上属于离线加工任务，不存在多种认知过程对有限认知资源的竞争。Just 和 Carpenter（1992）指出，在离线加工任务中，个体对生命性信息的加工受工作记忆容量的影响较小。因此，老年人在离线任务中对生命性信息的加工与青年人相比差异并不是很大。

DeDe（2015）的研究没有发现青年人在关系从句加工中的生命性效应，而本研究发现，青年人在加工汉语主语关系从句时利用了生命性信息。这一差异可能是两项研究所采用的实验范式不同所致。自定步速听觉实验对生命性信息的敏感性比其他实验范式更低（Kemper & Liu，2007），同自定步速阅读实验相比，生命性效应在自定步速听觉实验范式下会被弱化（DeDe，2015）。采用自定步速阅读实验的研究普遍发现，青年人在英语和汉语关系从句加工中均存在显著的生命性效应（何文广，陈宝国，2016）。其中，何文广和陈宝国（2016）针对汉语关系从句生命性效应的研究同样发现，当主、从句中的核心名词为“生命性-非生命性”格局时，在主句主语和谓语位置，宾语关系从句加工更容易；在“非生命性-生命性”格局下，两种关系从句加工难度差异不显著。这与本研究的结论基本一致。在“非生命性-生命性”格局下两类句型加工难度差异消失主要是由句法和语义信息的交互作用引起的。在不考虑生命性信息影响的情况下，主语关系从句加工的存储成本和整合成本均高于宾语关系从句，加工难度更高。然而，当从句名词无生命、主句核心名词有生命时，宾语关系从句违背了“施事有生命，受事无生命”的常规生命性格局，加工难度将增大。而主语关系从句因符合这一常规格局，加工难度将减小。因此，在生命性信息的作用下，两类关系从句的加工难度差异将缩小。

二、现有理论对研究结果的阐释力

如前文所述，目前有三个主要的理论对生命性效应年老化问题做出解释，即冒险策略假说（DeDe，2014，2015）、基于资源的生命性效应假说（Fedorenko & Gibson，2008）和容量限制理论（Just & Carpenter，1992）。下面将以实证研究的发现为基础评估和检验这些理论的解释力。冒险策略假说认为，老年人的语言经验和词汇知识比青年人更丰富，因此，名词的生命性格局对他们理解加工句子的影响更大，他们对名词生命性信息的敏感性更强，也更倾向于利用生命性信息进行预测（DeDe，2014，2015）。老年人比青年人更擅长使用概率线索（Rayner et al.，2006）。本研究的发现显然与冒险策略假说相悖。关系从句加工是一个句法、语义等多因素交互作用的复杂过程。冒险策略假说由于仅关注词汇语义因素而相对忽视了其他可能的影响因素。这一理论的局限性也影响其对实证研究的阐释力。例如，DeDe（2015）仅在宾语关系从句加工中发现了生命性效应，而在主语关系从句加工中未观察到生命性效应。冒险策略假说对这一发现无法做出合理的解释。如果老年人对生命性信息的敏感性更高，那么他们应该在两种关系从句加工中都表现出生命性效应。因此，该理论在解释老年人关系从句加工的生命性效应时具有一定的局限性。但是，需要说明的是，本研究的发现并不能直接否定冒险策略假说的观点。该理论强调年老化对于句子加工策略的调节作用，体现了句子加工认知老化的补偿机制。

基于资源的生命性效应假说（Fedorenko & Gibson，2008）在一定程度上弥补了冒险策略假说孤立考虑词汇语义因素的缺陷，从句法和语义互动的视角做出解释。根据这一假说，由于认知资源匮乏，老年人在句子理解加工中会表现出更显著的生命性效应。而青年人仅在句法复杂的主语关系从句中表现出生命性效应。但是，本研究及其他多项研究（Altmann & Kemper，2006；Se Jin et al.，2016）却发现，老年人与青年人相比，生命性效应减弱。这与该假说做出的预测相反。一个可能的原因是，即使常规生命性格局的加工也会耗费有限的工作记忆资源，在工作记忆资源严重不足的情况下，两种生命性格局所需的资源均得不到满足，因此，老年人在两种条件下的表现并没有显著差异。另一个原因可能是两种生命性格局加工的资源需求差异并不像该假说预测的那样明显。该假说得以成立的重要前提是，常规生命性格局与非常规生命格局具有显著的认知负荷差异。但是，不同生命性格局的认知负荷差异问题鲜有专项的研究，缺乏实证研究的证据，该问题还有待于进一步明晰。

本研究的结论支持 Just 和 Carpenter（1992）的容量限制理解理论。容量限制理解理论认为，工作记忆影响句法和语义信息的整合加工，当个体的工作记忆容量较低时，在整合利用生命性信息时就会发生困难。由于年老化通常伴随着工作记忆能力的下降，老年人利用生命性信息的能力也会有所退化。我们通过实证研究发现，在汉语主语关系从句在线加工的过程中，生命性效应在老年人中有所减弱，老年人无法像青年人一样有效利用生命性信息进行句子意义的建构。这项研究发现支持容量限制理论理论对生命性效应年老化的预测。本研究还发现，老年人在句末探测问题的作答环节中表现出了生命性效应，这是因为句末探测问题作答本质上属于离线加工任务，不存在多种认知过程对有限认知资源的竞争，因此，老年人具有相对充足的资源来加工生命性信息。因此，研究结果总体上支持句子加工受制于认知资源容量的观点。需要指出的是，基于容量限制理解理论可以推断，本研究所发现的生命性效应年老化现象本质上是认知资源减退所造成的，也就是说，年老化对生命性效应产生的影响是间接影响，而非直接影响。那么，年老化是否会直接影响到生命性效应仍有待于进一步探讨。张强（2012）指出，生命性认知可能是人类最早获得、最晚丧失的基本认知能力，刚出生不久的婴儿就可以将有生命的人和无生命的物体区分开（Legerstee，1992）。Hodges，Graham 和 Patterson（1995）针对一名 60 岁语义型痴呆症患者的个案研究发现，在命名测试等实验任务中，患者在相当长的时间里仍然可以有效区分有生命和无生命的事物，这说明生命性认知能力保存相对较好。Takashi（2012）考察了 8 名母语为日语的布洛卡失语症患者在句子理解加工中名词生命性和语义角色信息对主格和宾格指派的影响，研究发现，轻度和中度失语症患者表现出显著的语义角色效应，而重度患者表现出生命性效应。轻度和中度患者能够将主格与施事相匹配，将宾格与受事相匹配，其语义角色分配的能力保存完好，而重度患者主要依赖于名词的生命性信息来完成格指派，他们通常将有生命的事物与主格相联系，将无生命的事物与宾格相联系。这说明，即使在重度失语症患者中，生命性信息仍能够有效引导格指派。从上述研究中可以推测，生命性认知本身可能是人类较为稳定的认知能力，不会随着语义型痴呆或失语者等疾病的进程而发生变化，其病理性的退化并不明显。当然，这些研究所关注的研究问题与本研究并不相同，主要侧重于生命性认知本身的发展特征，而本研究主要关注生命性认知在句子理解加工中发挥的作用。这些研究的结论与本研究并不矛盾，而是从语言障碍或语言习得的视角揭示了生命性认知在特定群体中呈现出的特征和规律。这些研究发现的规律有助于引导我们继续深入思考生命性认知的发展变化特点及其在语言自然老化过程中所发挥的作用。

第六节 章节结语

生命性是人脑认知活动中的一个非常重要的范畴，不仅是人类的基本认知能力之一，也和复杂的高级认知活动（如社会认知和情感认知活动）具有密切的联系，对句子加工中的多种过程（如句法加工）都具有重要的影响。本研究实证对比了老年人和青年人在线加工汉语关系从句的生命性效应。研究采用汉语主语关系从句作为实验材料，操控了主语关系从句宾语的生命性特征（有生命，无生命）和主句主语的生命性特征（有生命，无生命）。研究发现，对于老年组而言，关系从句中名词的生命性特征对在线加工的阅读时间没有显著影响，而在青年组中，核心名词是无生命名词的关系从句比核心名词是有生命名词的关系从句更难加工。主句核心名词的生命性特征对在线加工的阅读时间具有显著影响。这表明，生命性效应在老年人关系从句在线加工中减弱，老年人整合利用生命性信息的能力发生了衰退。这项研究从语言衰老的视角揭示了汉语句子理解加工中生命性信息在生命晚期阶段的作用规律和发展变化特征。研究结果为容量限制理解理论提供了证据，不支持冒险策略假说和基于资源的生命性效应假说。

当然，这项研究还存在很多不足之处。这项研究主要考察了名词生命性在汉语句子加工中发挥的作用。事实上，生命性特征也和动词类型、题元角色的可逆性、句法复杂性、论元之间的语义关联度和动词的论元结构等很多其他因素存在复杂的交互作用，因此，句子理解加工的生命性效应在句子理解中通常较为复杂。未来的研究可以从多变量交互作用的视角出发深入探索生命性效应在老年群体语言加工中发生的变化。此外，现有的影像学研究发现，有生命范畴与无生命范畴在大脑中具有不同的加工机制，其加工分布在不同的脑区，例如，生命性信息的加工分布在人脑的后侧脑区，而非生命性信息则集中在中部脑区，这一有生与无生的脑区分离的现象已在青年群体和脑损伤患者的研究中得到了证实，那么在老年群体中有生命范畴与无生命范畴会呈现出何种不同的神经加工机制？是否会和青年人一样呈现出有生和无生相分离的规律？不同的神经加工机制又会如何进一步影响到句子的理解加工？这些问题是值得后续研究继续深入探究的重要课题。

第六章　老年人句子理解的相似性干扰效应研究

句子理解中词汇信息的识别和辨认是一个重要环节。个体需要对词汇的语音和词形特征进行识别，提取词汇的语义和句法信息，并将不同词汇进行整合，从而形成对句子整体意义的理解。这一过程中，还需要对无关信息进行抑制。当句子中论元名词的句法功能具有相似性时，抑制无关信息的代价会增加，从而对句子理解过程造成更大的干扰。随着年龄的增长，抑制控制能力会逐渐衰退。因此，具有句法相似性的名词会给老年人的句子理解带来较大的挑战。本章将系统探讨论元名词的句法相似性对老年人句子理解的影响，以期揭示老年人句子理解的认知老化规律。

第一节　研究目的与意义

随着年龄的增长，老年人在加工复杂的句法结构时通常会出现困难，理解准确性和效率降低。针对英语关系从句的研究普遍发现，主语关系从句比宾语关系从句的加工难度更低。例如，在英语中宾语关系从句（The reporter who the senator attacked admitted error）比主语关系从句（The reporter who attacked the senator admitted error）更难理解。和青年人相比，老年人通常需要花费更多的时间来理解相对较难的英语宾语关系从句，同时在回答跟句子内容相关的阅读理解问题时更容易犯错。Gibson（1998）的依存局域理论认为，造成两种关系从句之间加工难度差异的原因是宾语关系从句比主语关系从句的整合成本和存储成本更高。这一理论从填充语和空位之间的线性距离入手考察关系从句的加工难度问题，主要聚焦于句子的句法结构差异所引起的加工难度差异，但没有考虑到句子中名词短语的句法或语义特征。事实上，很多研究发现，复杂句型结构的理解难度也取决于句中名词的类型和特征（Bever，1974）。最近有理论（Gordon et al.，2004）认为，英语中的宾语关系从句之所以更难理解是因为从句中包含的两个名词短语（reporter 和 senator）都属于同一个句法范畴，即普通名词。当句中的一个普通名词替换成专有名词的时候，宾语关系从句（The reporter who Bob attacked admitted error）和主语关系从句（The reporter who attacked Bob admitted error）在理解上的难度差异减小。该观点认为，来自同一句法范畴的两个名词更容易在工作记忆中造成混淆，让加工者在阅读较复杂的宾语关系从句时不能分清从句的施事和受事，从而对题元角色的分配造成了困难。换言之，正是关系从句中两个名词在句法范畴上的相似性决定了宾语和主语关系从句在阅读理解上难易的差异（Gordon et al，2004；Traxler，2005）。

大多数针对关系从句相似性干扰的假说都以青年人作为研究对象，针对老年人句子加工中的相似性干扰现象进行的专项研究并不多见。由于老年人具有工作记忆、抑制控制等认知能力衰退的显著特征，老年人与青年人的相似性干扰效应可能并不相同。目前为止，仅有一项研究专门考察了老化和句子加工过程中相似性产生的干扰效应。高雪飞和 Stine-Morrow（2014）通过眼动追踪技术考察了以英语为母语的年轻人（18～30 岁）和老年人（60 岁以上）在主语和宾语关系从句加工过程中的差异性。该研究发现，虽然老年组和青年组被试在阅读同时包含两个相似的名词短语的宾语关系从句时都遇到了障碍，但是，对于那些工作记忆容量较小的老年被试，他们遇到的困难显著大于工作记忆容量相对较大的老年被试和青年对照组。此外，和眼动数据上的发现相符，在最难的句法条件下，那些记忆较差的老年组在阅读理解的正确率上显著低于那些记忆较好的老年组及青年人。有趣的是，当从句包含两个不同语法范畴的名词短语时，宾语和主语关系从句加工过程中的年龄差异却减弱了。以上结果揭示，伴随老化，工作记忆控制着复杂句法结构中易混淆概念的加工。这项研究发现，工作记忆下降是造成老年组相似性干扰效应更强的主要原因。但是，高雪飞和 Stine-Morrow（2014）主要考察了以英语为母语的老年人句子加工中的相似性干扰效应，词汇的句法信息对于英语和汉语句子理解加工的影响并不相同，由于汉语的句法结构比英语更加灵活，建构意义的过程中对于词汇信息的依赖性也更强。因此，词汇特征的相似性对于句子加工的干扰效应可能在汉语中更加明显。我们有必要针对汉语为母语的老年人句子加工的相似性干扰效应进行专项的研究。针对老年人句子加工中相似性干扰效应的研究有助于我们深入了解老年人句子加工的认知老化机制，以及工作记忆与语言认知老化之间的关系。

第二节　理论框架与研究假设

一、句子加工的相似性干扰假说

“相似性干扰”（Similarity－based interference）这一概念主要来源于心理学，早在20世纪60年代就有学者指出，个体之间具有相似性会对被试的记忆和加工表现产生负面的影响。大量研究发现，当数字或字母之间的相似性较高时，记忆会变得更加困难（Wiklegren，1965；Hall，1971）。根据相似性干扰理论（Similarity－based Interference Theory），句子加工的实质就是不断建构句子成分的心理表征及论元关系的过程。由于英语宾语关系从句句式结构的特殊性，主句、从句中的核心名词在与其动词形成完整的论元关系前，处于分离状态，必须暂时保存在工作记忆内。因此，如果保存的成分相似性较高，容易对词汇提取造成干扰，带来句子加工的困难。为了验证该理论的正确性，Gordon，Hendrick 和 Levine（2002）让被试预先识记两到三个词汇，而后阅读主、宾关系从句，考察被试对两类从句的理解程度。结果发现，额外的记忆负荷对宾语关系从句的理解带来了显著的影响，尤其是当预先识记的词汇在句法和词性方面与从句中核心名词相匹配时，对宾语关系从句的加工干扰效应更为显著。为进一步考察干扰效应的作用模式，Gordon et al.（2006）运用眼动追踪范式对该问题进行了后续的研究。该研究认为，如果干扰效应发生在储存阶段，主、宾语关系从句中核心名词的凝视时间及回视次数预期有显著性差异，如果发生在提取整合阶段，主、宾关系从句中核心动词的凝视时间预期有显著差异性。结果显示，主、宾语关系从句的核心名词与核心动词在上述指标方面都表现出了显著差异，说明在宾语关系从句加工过程中，干扰相似性效应对句子成分的储存和整合都有影响。但也有一些研究无法支持该理论（Gennari & MacDonald，2008；Jackson & Roberts，2010；Mak et al.，2006；Traxler et al.，2002，2005）。为了降低核心名词相似性的干扰效应，上述研究有意识地操控从句中核心名词的生命性格局，结果发现，在核心名词相似性较低的情况下，依然表现出宾语关系从句加工较为困难的现象。另外，相似性干扰理论对汉语主、宾关系从句的加工是否具有预测力也仍然没有定论。与印欧语系中的主语关系从句和宾语关系从句相比，汉语的主、宾语关系从句属于中心语后置（head-final）的结构，关系从句的标记词（“的”）穿插在关系从句内部的核心名词和主句部分的核心名词之间，例如，“喜欢音乐家的作家”

和“音乐家喜欢的作家”在主句的谓语动词出现之前就已经建立起较为完整的内部论元关系，在谓语动词出现后，再与其建立整句的论元关系，这一结构在一定程度上降低了相似性干扰效应（何文广等，2012）。因此，相似性干扰假说能否有效预测汉语关系从句的加工表现仍然有待于实证研究的检验。

二、相似性干扰效应的年龄差异

老年人语言理解之所以出现困难与很多因素有关，如注意力下降、记忆力下降、反应速度下降、抑制无关信息的能力下降、对外界变化的调节适应能力下降等。其中，最主要的因素是老年人工作记忆能力下降。Just 和 Carpenter（1992）认为，个体工作记忆能力能够预测句子理解的准确性，工作记忆能力强的被试理解句子的准确性更高。由于工作记忆能力的下降，老年人通常难以同步完成句中信息的存储和加工，因此，他们在句子理解等认知活动中容易出现困难。和青年人相比，老年人句子理解的准确性更低。老年人进行文本阅读后，通常难以准确地记住文中的相关信息（Hartley，1986）。老年人的语言理解障碍不完全是由听力或视力下降等感官系统衰退因素导致的，更重要的是，他们理解语言的能力也随年龄的增长发生了减退。大量研究考察了认知年老化和句子理解之间的关系，但这些研究多以英语为母语的老年人作为研究对象，鲜有研究关注以汉语为母语的老年人。目前，国内的相关研究大都聚焦于中风或老年痴呆患者，对于健康老年人的句子理解加工的过程仍然不够关注。

句子理解是一个包含词汇、语义、句法分析的多因素交互过程，通过研究老年人句子理解可以深化我们对语言能力认知老化的了解。很多句子理解的认知老化研究都围绕关系结构等复杂句型结构开展。在句子理解过程中，加工者需要将句法和语义信息加以整合（Park & Kim，2009）。研究者可以对关系从句结构中的各类句法和语义因素进行较为精确的操控，因此，关系从句也成为学者们探究句子理解问题时采用最多的句型结构。此外，既往的研究多采用自定步速阅读实验来识别影响关系从句加工的各类因素，尤其是句法和语义因素。自定步速阅读实验是考察句子理解过程中句法加工和语义加工之间关系的有效手段，该方法主要测量被试在线阅读过程中的实时阅读时间，以此来探究在线加工过程中出现的困难，通过可以测量的阅读时间让我们能够认识句子理解这一自动化的、无意识的加工过程。既往的研究主要发现了多个因素对关系从句加工具有重要的影响，其中一个是语义因素，如名词短语语义特征的相似性。Gordon，Hendrick 和 Johnson（2001，2004）考察了青年人的关系从句加工过程，发现关系从句中名词的相似性对加工表现具有显著的影响。

a. The banker that praised the barber climbed the mountain.

b. The banker that praised you climbed the mountain.

在以上两个例句中，第二句（b）中的两个名词分别是普通名词 banker 和人称代词 you，第一句（a）的两个名词均为普通名词（banker，barber），第二个句子（b）关键词的阅读时间显著短于第一个句子（a）。两个句子的关键词是两个名词短语意义整合的部分，第一个句子的关键词是 barber 和 climbed，第二个句子的关键词是 you 和 climbed。除了阅读时间出现显著差异以外，第一个名词相似度较高的句子（a）比第二个句子（b）的理解准确性显著更低。为了理解句子，加工者需要将核心名词与主句的核心动词整合，句子理解的难易程度受到句内名词的相似性影响。阅读句子的过程中，当句子相邻的名词短语相似程度较高时，就会出现干扰效应，导致句子理解的难度增加。这一现象也称作“名词短语相似性干扰效应”。也就是说，当句子内相邻名词的属性相似时，由于名词之间存在干扰，因此，将两个名词整合的过程会耗费更多的工作记忆资源，句子会变得更难加工（Gordon et al.，2001，2004）。对于老年人而言，由于工作记忆的下降，名词短语的相似性会对他们的句子加工产生更大程度的干扰。

对于汉语关系从句而言，名词短语相似性的影响与英语关系从句略有差异。由于汉语的关系从句位于中心语之前，在一个名词短语出现之前，另一个名词短语已经和谓语动词完成了题元关系的建构，获得施事或者受事的题元角色，这在一定程度上减轻了工作记忆的负荷，因此，按照相似性干扰理论的预测和推断，名词短语的相似性信息对汉语句子加工的影响可能比英语关系从句小。但是，从另一方面来看，由于汉语的语序具有一定的灵活性，句子加工中对词汇特征的依赖性相对更强，因此，词汇的语法范畴信息仍然会在一定程度上影响汉语句子的理解加工。此外，虽然一个名词短语和谓语动词提前出现在另外一个名词短语前面，但是这并不意味着加工者就会及时地进行两者之间的整合。由于汉语的语序相对灵活，出现在句首的名词也有可能充当受事角色（如在话题结构中）。也就是说，即使句首名词和从句谓语动词都出现，加工者可能仍然无法确定句首名词是否是动词的施事。加工者可能采用的加工策略是将率先出现的名词和动词暂时存储在工作记忆中，待另外一个名词也出现后再进行三者之间的整合和题元角色的分配。在这种情况下，名词类型的相似性仍然有可能会对汉语关系从句的理解加工产生重要的影响。目前尚没有研究针对老年群体系统地考察汉语关系从句加工的相似性干扰效应。本研究的发现有助于揭示汉语句子理解加工中词汇信息发挥的作用和认知年老化对这一过程的影响。

第三节 研究方法

一、被试

共计 60 人参与了本次实验，包括实验组 30 位老年人和控制组 30 位青年人。青年组被试的年龄范围为 18 岁至 23 岁，老年组被试年龄范围为 60 岁到 81 岁。所有被试母语均为汉语，视力或矫正视力正常。两组被试的教育年限和性别比例均没有显著差异。根据爱丁堡用手测试量表（Oldfield，1971），所有被试均为右利手。实验前采用中文版简易精神状态量表（CMMSE）对参与实验的老年人进行了认知缺损筛查，用以排除有认知障碍的老年被试，筛查结果显示，所有老年被试均没有明显的认知功能障碍。被试实验前被告知了实验任务，每一名被试都签署了知情同意书。所有参与实验的被试都在实验结束后获得一定的报酬。

二、实验材料

本实验采用 2 × 2 × 2 三因素实验设计。实验的自变量分别为句子类型（主语关系从句、宾语关系从句），从句内名词类型（普通名词、专有名词）和年龄组（青年组、老年组）。其中，句子类型和从句内名词类型是被试内变量，年龄组是被试间变量。因变量包括句子理解问题的作答准确率和关键区段的阅读时间。

在实验材料方面，本实验共采用了四种类型的关系从句结构，分别为：从句内名词为专有名词的主语关系从句（P-SRC）、从句内名词为专有名词的宾语关系从句（P-ORC）、从句内名词为普通名词的主语关系从句（N-SRC）、从句内名词为普通名词的宾语关系从句（N-ORC）。所有句子均采用 SVO 结构，每个句子包含一个单一嵌套的关系从句，全部实验句的长度相同，均切分为 6 个区段，谓语动词后面的“了”为时态标记，与动词划为同一个区段。主句的主语都采用生命性特征典型的普通名词，如经理、演员、战士等，以控制名词生命性特征对句子理解加工可能造成的影响。从句内的专有名词均为人名，如老王、李明、李莉等；普通名词均为职业名称，如保安、秘书、工人、警察等。为了保证实验材料的可接受度，将所有的句子进行伪随机排序处理，形成一份汉语句子可接受度调查问卷，邀请28名各年龄段的成年人按照5点量表的评分要求对全部句子的可接受度进行打分，选择每类句型中分数最高的15个句子作为实验句，共计60句。所有28名参与评分的被试不参加后续的正式实验。统计分析的结果表明，四组句子的可接受度得分没有显著的差异。另外选取60个句子作为填充句，加上四组实验句各15句，共计120个句子。将全部句子进行伪随机排列后呈现给被试。实验样本句如表6－1所示。

表6－1　实验采用的四类关系从句结构

从句类型	句子区段					
	1	2	3	4	5	6
主语关系从句－专有名词	拜访	老王	的	经理	获得了	褒奖
宾语关系从句－专有名词	老王	拜访	的	经理	获得了	褒奖
主语关系从句－普通名词	拜访	厂长	的	经理	获得了	褒奖
宾语关系从句－普通名词	厂长	拜访	的	经理	获得了	褒奖

三、操作流程

实验由认知筛查、练习任务和正式实验任务三部分组成，采用中文版简易精神状况量表作为筛选工具进行筛查，不在正常范围内的受试者被排除在研究之外。在筛选测试后，研究人员向受试者解释了实验要求。然后，被试完成练习任务（8个练习句），反复练习直至熟练为止，熟悉相关操作后开始正式实验。研究人员观察了参与者参与实验的态度，并观察了他们回答问题的过程中是否存在问题。此外，对实验操作过程中出现错误反应的项目进行了校正反馈，帮助被试理解实验任务。然后，被试开始正式实验。逐词阅读的流程与前面章节中的实验流程相同，在此不再赘述。

四、数据分析

本研究的数据分析部分包括准确率分析和阅读时间分析两个部分。在回答问题环节，被试回答正确记1分，回答错误记0分。每个被试每个实验条件下的得分除以实验句总数，然后乘以100，所得的正确率百分比作为因变量。阅读时间为单个区段的按键反应时间，以微秒为单位，体现了被试对每个区段的阅读加工速度。首先，剔除了回答错误问题的阅读时间数据，然后计算了所有被试在每个实验条件下阅读时间的平均值和标准差，对于阅读时间数据，剔除了距离平均值三个标准差以外的离群值数据（DeDe et al.，2004）。关键区段包括核心名词和谓语动词区段。核心名词是关系从句修饰的名词短语。对于核心名词的分析非常重要，因为核心名词是连接从句和主句的关键区段。

本研究对被试作答的准确率和阅读时间数据进行了以年龄、从句类型和名词短语类型为自变量的三因素方差分析。年龄为被试间变量，从句类型和名词短语类型为被试内变量。

第四节　研究结果

下面对老年组和青年组加工关系从句的准确性和反应时间进行对比分析。

一、整句分析

图 6－1 显示了老年组和青年组被试理解判断四类关系从句的准确率。当宾语关系从句的核心名词类型相同时，老年人和青年人的平均作答准确率分别是 66.7％和 88.6％；当宾语关系从句的核心名词类型不相同时，老年人和青年人的平均作答准确率分别是 68.4％和 90.1％；当主语关系从句的核心名词类型相同时，老年人和青年人的平均作答准确率分别是 63.1％和 86.2％；当主语关系从句的核心名词类型不同时，老年人和青年人的平均准确率分别是 67.7％和 87.6％。

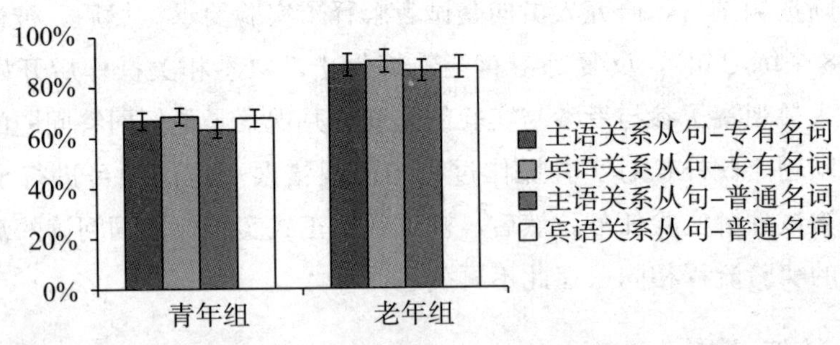

图 6－1　探测问题作答的平均准确率

在四类关系从句的加工表现中发现了年龄的主效应（F（1，58）＝131.08，p<0.001），老年人的理解准确率显著低于青年人。名词类型的主效应显著（F（1，58）＝13.12，p<0.05），从句内名词为普通名词时，准确率显著低于从句内名词为专有名词的句子。名词类型、年龄和从句类型三者的交互效应显著（F（1，58）＝5.47，p<0.05）。进一步统计检验的结果显示，在老年组中，主语关系从句的名词类型一致（均为普通名词）时，句子理解的准确率显著低于名词类型不一致（从句名词为专有名词，主句主语为普通名词）时的理解准确率。

在青年组中也发现了同样的名词类型效应，但是，老年组的效应比青年组更强。这说明，在主语关系从句加工中，在青年组和老年组中均呈现出显著的相似性干扰效应，但是，老年组比青年组更易受到名词类型的影响。当从句类型为宾语关系从句时，名词的类型效应在老年组和青年组中均不明显。

二、阅读时间分析

在对阅读时间数据进行统计分析前，我们首先剔除了与平均值偏差3个标准差之外的离群值数据。然后，对四类关系从句核心区段阅读时间分别进行了三因素方差分析。本研究的核心区段主要包括核心名词（即主句主语名词）和核心动词（即谓语动词）。我们也分析了句末宾语的阅读时间，以考察关键区域的溢出效应。核心区段不包括关系从句部分和标记词“的”，因为被试在线阅读这两个区段时只加工一个名词，并不受到名词相似性信息的影响。这两个区段的阅读时间与研究问题无直接关系，因此不纳入关键区域。

方差分析显示，在核心名词区段，年龄的主效应显著（$F(1, 58)=177.63$，$p<0.001$），老年组的阅读时间显著长于青年组。名词类型的主效应显著（$F(1, 58)=36.84$，$p<0.05$），当从句内名词和主语名词类型不同时，阅读时间更短。从句类型、年龄和名词类型的三因素交互效应显著（$F(1, 58)=6.35$，$p<0.05$）。进一步统计检验的结果显示，在宾语关系从句中，名词类型效应不显著，在主语关系从句中，名词类型效应显著（$p<0.05$）。此外，名词类型效应在老年组中比在青年组中更强，名词类型的相似性对老年组的影响比青年组更大。

在谓语动词区段，年龄的主效应显著（$F(1, 58)=253.61$，$p<0.001$），老年组的阅读时间显著长于青年组。名词类型的主效应显著（$F(1, 58)=44.43$，$p<0.05$），当从句内名词和主语名词类型不相同时，阅读时间更短。从句类型效应未达到显著水平。从句类型、年龄和名词类型的交互效应显著（$F(1, 58)=7.90$，$p<0.05$）。进一步统计检验的结果显示，在宾语关系从句中，名词类型效应不显著；在主语关系从句中，名词类型效应显著（$p<.05$），从句内名词和主语名词类型不相同情况下的句子阅读时间短于类型相同情况下的阅读时间，而且名词类型效应在老年组中比在青年组中更强，名词类型相似性对老年组的影响更大。

在主句宾语名词区段，年龄的主效应显著（$F(1, 58)=235.42$，$p<0.001$），老年组的阅读时间显著长于青年组。从句类型效应显著（$F(1, 58)=18.57$，$p<0.05$），主语关系从句的阅读时间长于宾语关系从句。名词类型

的主效应和三因素交互效应均不显著。名词类型对主句宾语名词的阅读时间未见显著影响。

第五节 讨论

本章考察了老年人汉语句子加工中的相似性干扰效应，即名词语法范畴相似性对老年人句子理解加工的影响。本研究通过自定步速阅读实验任务测量句子中每个词语的实时阅读时间，还通过句末探测问题来测量整句理解的准确性。主要有如下研究发现：

首先，在准确率数据上，我们发现老年人句子理解的整体准确率显著低于青年人。这一发现说明，老年人对复杂句型结构的理解能力随年龄的增长而发生了显著的退化，与其他相关研究的结论一致（Cohen，1979；Taub，1979；Wingfield et al.，2006；Wingfield et al.，1985）。此外，老年人句子阅读时间也比青年人显著更长，这一发现支持 Salthouse（1996）的加工速度理论。这一理论认为，随着年龄的增长，大脑对外界刺激的反应速度会下降，认知加工速度也会下降，反应速度的下降是导致老年人从事认知加工任务时出现年老化现象的主要原因。对于老年人而言，由于加工速度下降，他们和青年人相比需要更长的时间将先前识别出的信息用于后续的加工过程中（Kim & Lee，2007）。信息整合利用的效率大打折扣。

更重要的是，本研究发现句子加工中名词类型的相似性干扰效应存在年龄差异，虽然在青年组和老年组中都发现了相似性干扰现象，即名词短语类型相同时的加工难度显著大于名词类型不相同时的加工难度，但是，这种相似性效应在老年人中更加明显。也就是说，老年人比青年人更容易受到句内名词类型相似性的影响。这一发现支持 Gordon et al.（2001）的相似性干扰假说。Gordon et al.（2001）认为，信息之间的相似性会对信息的提取造成干扰，相比之下，当名词短语的类型不一致时，被试理解的准确率和加工速度都会提高。这种相似性干扰效应是造成句子理解加工困难的主要原因之一（Gordon et al.，2001，2004，2006），也会对老年人的句子加工造成更大程度的影响。与类型不相似的信息相比，辨别和区分相似的信息需要耗费更多的认知资源，老年人的认知资源通常会下降，因此，在相似性信息的加工中容易出现更大的困难。

研究还发现，相似性干扰效应在主语关系从句中更加明显，宾语关系从句加工中并未出现明显的相似性干扰现象，这可能是因为名词属性产生的干扰效应与整个句子的认知加工负荷有关系，由于主语关系从句比宾语关系从句的句法复杂性更高、工作记忆负荷更大，被试在加工工作记忆负荷较高的结构时对名词短语类型相似性带来的干扰会更加敏感，因为名词分配题元角色的过程也会耗费有限的工作记忆资源。这一发现支持加工资源理论。Craik 和 McDowd（1987）认为，年老化会导致加工资源的总量下降，使老年人在从事对加工资源需求较高的认知任务时出现更大的困难。为此，Craik 和 McDowd（1987）提出了自发加工的概念，自发加工指的是需要耗费工作记忆资源的加工活动，认知任务所涉及的自发加工过程越多，老年人和青年人之间的差异就会越发明显，自发加工与工作记忆密切相关。句法加工是典型的自发加工过程，涉及信息的即时整合和存储，对工作记忆资源的需求较高。由于老年人的工作记忆能力受损，在从事句法加工时与青年人之间的差异就会更大（Craik & McDowd，1987；Naveh-Benjamin et al.，2005）。从本研究的发现可以看出，两个年龄组的差异在工作记忆负荷更高的条件下更加明显。在句子加工中，题元角色的分配、句法成分的识别和整合、句法结构的构建都会耗费有限的认知资源，这些环节之间对认知资源的竞争呈现出此消彼长的制衡关系，当句法结构建构所需的资源增加时，题元角色的分配可以支配的资源就会相应的减少，也就会在该环节上出现相应的困难。在老年人认知资源储备本身不足的情况下，这种不同加工环节之间对认知资源的竞争关系也会体现得更加明显。

在线阅读时间分析发现，老年人阅读核心名词和核心动词的时间显著长于青年人。大多数自定步速阅读实验研究都发现，老年人在线加工的效率会下降（e. g. Caplan et al.，2011；Kemper et al.，2006）。在线阅读时间增长通常是句子加工效率降低的标志，Caplan et al.（2011）认为，老年人阅读时间增长代表着一种补偿性的加工策略，也就是说，老年人通过延长阅读时间来弥补自己在线加工过程中出现的困难，使自己能有更多的时间来加工出现的信息。多项研究认为，老年人阅读时间增长归根到底是由于工作记忆能力下降引起的（Norman et al.，1992；Stine & Wingfield，1988）。

当关系从句内名词和主句主语名词的类型不一致时，核心名词的阅读时间更短，这一发现支持 Gordon et al.（2001）提出的相似性干扰理论。其他多项研究也发现，当关系从句的名词和主句主语属于普通名词和代词两种不同的语法范畴时，关键词的阅读时间更短。名词类型效应在老年人中更加明显（Lee & Kwon，2012）。这主要是因为年老化造成了工作记忆下降，从而导致没有足够的资源来进行题元角色的分配（Norman et al.，1992；Stine & Wingfield，1988），名词的相似性导致工作记忆资源的需求增加，对于老年人而言，加工难度也显著增加。由于青年人的认知资源相对充足，名词相似性引起的工作记忆资源增加对其加工表现的影响并不明显。在谓语动词区段，当名词类型不一致时，阅读时间显著更短。在完成从句部分的理解加工后，被试开始建构整个句子的意义，而这一过程主要就是从谓语动词区段开始的。本研究发现，名词类型的相似性不仅影响到核心名词的阅读时间，也影响到谓语动词的阅读时间，关键区段意义的建构均受到名词类型相似性的影响。虽然汉语关系从句的中心语后置结构使得从句内名词和主语核心名词在主句动词之前就同时出现，但是，两者之间名词类型的相似性仍然会影响到后续的主句动词阅读时间，这说明，两个名词短语之间的题元角色分配受到的干扰可能产生了溢出效应，从而影响到后续的加工过程。

第六节　章节结语

本章主要关注词汇的语法范畴相似性对句子加工影响的年龄差异问题，采用移动窗口技术实时考察了老年人在线加工汉语关系从句的过程，对比分析了老年人和青年人加工不同类型的关系从句时对词汇语法范畴相似性的敏感程度。研究获得以下结论：老年组句子理解的准确率和效率显著低于青年组；老年组和青年组均表现出了显著的名词类型效应，以及名词类型和从句类型的交互作用，但是名词类型效应在老年组中更加明显，这说明，跟青年组相比，老年组对名词类型相似性的敏感度相对更高，这可能与老年组工作记忆下降有关。词汇语法范畴的相似性对老年组关系从句加工具有重要的影响。

本章的研究从名词的语法范畴信息出发，考察了信息相似性对于老年人句子加工所产生的干扰现象，除了语法范畴信息外，名词的语义特征相似性也会对加工过程产生干扰，例如，名词短语的生命性特征也属于词汇语义范畴，因此，名词短语在生命性范畴上的相似性也会不可避免地影响到加工表现，如果两个名词短语的生命性特征相同或相似，题元角色的分配也会变得更加困难。后续的研究可以围绕词汇的其他语义或语法特性（如事物性、自足性、指称性、动态性、时间性、动作性、有界性、复杂性等）考察不同维度的相似性对于句子加工认知老化的全面影响，从而进一步深入探索影响句子加工认知老化的语言学要素。

第七章　老年人汉语句子理解的工作记忆影响

句子加工认知老化的相关研究主要围绕两个关键问题展开：一个是在分析句法结构的基础上获取句子意义的能力是否随着年龄的增长而发生了退化；另一个问题是导致这一语言衰退现象的原因是否是其他认知功能的老化，尤其是工作记忆能力的退化（Caplan，2013）。前面的章节中主要关注第一个问题，本章将聚焦于第二个问题，即工作记忆对于老年人句子加工能力的影响。

第一节　研究目的与意义

工作记忆指的是负责信息短时存储和加工的认知系统，在人类高层次的认知活动中（如阅读、理解和推理）发挥着重要的关键作用，被视作认知功能的关键枢纽，是当今认知神经科学和心理学领域中的热门研究课题，也是认知老化研究中的重要课题之一。随着年龄的增长，大脑会自然发生萎缩，脑细胞会相应地逐渐减少，认知加工过程会变得低效，记忆力也会发生明显的减退。事实上，工作记忆是最容易受到年老化影响的一种认知能力。由于语言加工活动需要充足的工作记忆资源作为前提条件，工作记忆与老年人语言加工能力的衰退密切相关，考察工作记忆与老年人语言加工之间的关系有助于我们了解老年人语言能力衰退的认知心理机制，从而为预防和保护老年人的语言能力提供新的思路。本章将主要关注工作记忆在老年人汉语句子加工中发挥的作用，在述介相关理论假说和前人研究的基础上，通过开展实证研究来考察工作记忆个体差异对于老年人汉语关系从句加工的影响，以此来揭示汉语句子加工认知老化的心理机制。

在老年群体中，工作记忆的衰退通常伴随着句子理解能力的衰退。现有的研究均认为，两者之间具有较为密切的联系。很多学者认为，老年人语言能力衰退的本质就是工作记忆能力的退化（Kemper，1986，1987）。但是，导致句子加工表现出现差异的根本原因到底是年龄还是工作记忆，这是一个迄今为止一直没有明确答案的问题。心理学界考察老年人句子加工的初衷是关注工作记忆对语言加工的影响机制。也就是说，其根本目的并非是研究语言能力如何随年龄的增长而发生变化，而是通过语言能力的认知老化现象来了解工作记忆的性质和结构等。这些研究通常将年龄效应等同于工作记忆效应，将老年组和青年组的表现差异作为工作记忆差异来解读，事实上，工作记忆和年龄是两个独立的变量。同年龄组的被试如果工作记忆能力不同，仍然有可能出现不同的加工表现；同理，工作记忆水平相同的被试如果年龄段不同，加工表现也可能出现差异。本章中，我们将工作记忆效应从年龄效应中分离出来，以此来观察工作记忆对于老年人句子加工的影响。

第二节　理论框架与研究假设

工作记忆的概念由 Baddeley（2012）最初提出，指的是一个用于信息暂时存储和加工的认知系统。Baddeley（2012）认为，工作记忆系统主要有三个组成部分：语音环路（Phonological loop）、视觉－空间模板（Visual-spatial sketchpad）和中央执行控制系统（Central executive system）。其中，语音环路负责存储、更新和处理言语信息；视觉－空间模板主要负责处理和表达空间客体信息；执行功能系统主要负责工作记忆中的各种控制性加工活动，例如，分配注意力资源、控制和协调各组成部分之间的关系、控制和调整编码、提取策略等，主要发挥宏观协调和控制的作用。

工作记忆有随年龄增长而下降的趋势（Clapp & Gazzaley，2012），很多研究都发现，由于年老化对大脑生理结构的影响，老年人的工作记忆容量比青年人明显更低（Salthouse & Babcock，1991）。这一记忆能力的衰退对语言活动和其他多种认知加工活动都具有普遍性的影响。句子加工属于高级认知活动，涉及视觉或听觉语言信息的提取、存储和编码、句法分析、语义分析以及以上各种不同类型信息的整合加工等。因此，句子加工和工作记忆有着极为密切的关联。句子加工能否顺利进行在很大程度上取决于工作记忆容量的大小。工作记忆的下降也会不可避免地影响到句子加工能力。多数研究（尤其是早期的语言老化研究）认为句子加工的老化主要是老年人工作记忆衰退所导致（Kemper，1986，1987）。工作记忆对语言加工的影响在老年人从事复杂的语言加工任务时表现得更加突出（Copeland，Bies-Hermandez & Gunawan，2016），例如，老年人在加工句法结构较为复杂的句子时通常会出现困难。

随着老年人工作记忆能力的衰退，干扰信息的抑制、句法加工、信息的存储和调节等都会在不同程度上的受到影响。何文广（2017）指出，在不同的研究中，工作记忆能力的衰退又呈现出两种不同的表现形式，即工作记忆容量不足和抑制能力不足。其中，工作记忆容量不足假设认为，老年人语言能力发生衰退在很大程度上是工作记忆容量不足导致的。随着大脑生理结构和机能的老化，大脑的萎缩和神经元细胞的减少致使工作记忆容量急剧衰退，从而使得用于语言认知活动的资源不足，进而影响到语言理解和产出的准确率和效率。在诸多语言老化的现象中，工作记忆容量限制导致的最突出的现象就是老年人词汇产出中的“舌尖现象”（Tip-of-the-tongue phenomenon，简称 TOT）。在工作记忆容量限制的观点基础上，针对这一词汇提取失败的现象，研究人员提出了激活不充分假设（Insufficient activation hypothesis）（Burke et al.，1991）。该理论认为，由于目标词汇的激活程度过低，导致其音位特征不能被成功提取，因此在词汇信息的提取阶段会出现障碍。

工作记忆下降的另外一种表现是老年人的抑制能力不足（何文广，2017）。老年人的语言产出中经常出现冗余信息和偏题信息过多的问题（刘楚群，2015），主要原因在于他们在语言产出中难以有效抑制无关信息的干扰（Hasher & Zacks，1988）。根据抑制控制能力不足假设（Hasher & Zacks，1988），年老化会导致老年人对无关的信息抑制能力降低，因此，语言加工活动时经常会有干扰信息被激活，这些信息一旦被激活，老年人却没有足够的认知资源对其进行控制和抑制，从而影响正常的语言活动。来自神经生理学的证据表明，负责执行控制功能的脑前额皮层比其他的脑区更容易受生理老化的影响（Manenti et al.，2013；Shafto & Tyler，2014）。这说明抑制控制能力的下降本质上可能体现了大脑神经生理结构的年老化。

工作记忆衰退理论能够有效解释在词汇提取加工、语篇理解方面的很多语言老化的现象，但是，在现有的心理学理论中，关于工作记忆能力是否影响了句法加工活动仍然存在很多的争议。一些理论认为，句法加工活动是建立在单一资源假设的基础之上的，即句法加工和其他一般认识加工活动享有共同的认知资源。因此，不同的加工活动共同竞争有限的资源，当语义加工的资源耗费较高时，句法加工也会因为资源不足而受到影响（Just & Carpenter，1992）。然而，Caplan 和 Waters（1999）提出了独立工作记忆资源理论，认为句法加工表现出高度自动化的特征，很少受一般认知资源有限性的约束，因此，他们推测可能存在着一个专门应用于句法加工的工作记忆资源，即语言认知活动有其特异性资源。也就是说，句法加工活动基本不受工作记忆资源有限性的限制（Caplan & Waters，1999）。具体而言，在线加工过程中句法加工不受一般工作记忆资源的影响。我们通常采用的常规工作记忆测量工具（如数字广度测试、言语工作记忆广度测试等）测量的是一般工作记忆资源的容量，这些数据并不会影响在线加工的表现，而是仅对离线加工表现产生影响。根据这一观点，老年人句子加工表现的下降主要出现在离线加工的阶段，由于在线加工不受一般工作记忆资源的影响，这一过程不会随着年老化而发生衰退。Caplan 和 Waters（1999）通过实证研究提供了支持该理论的一系列证据。鉴于上述的理论争议，有必要开展实证研究来考察工作记忆因素对句法加工产生的影响。很多研究试图通过考察青年人和老年人的语言加工表现来发现言语工作记忆在句法加工中的实验证据。例如，Zurich et al.（1995）以老年人和青年人为被试，采用含有填充语-空位依存关系的英语主语/宾语关系从句结构考察了工作记忆和句法加工之间的联系。由于工作记忆能力会随着自然的老化过程而发生下降，采用老年人和青年人作为研究对象有助于观察到不同的工作记忆容量在句法加工中发挥的作用。该研究应用了跨模态启动实验任务和词汇判断任务两种实验手段，实验采用听觉呈现形式，实验材料是包含主语关系从句和宾语关系从句的句子，在这些实验句的关键位置（填充语或者空位的区域）上，通过视觉形式来呈现一些与填充词的语义特征相关或无关的词汇，同时让被试进行词汇判断。这个实验的基本思路是：如果被试能够正确完成空位填充的句法操作，那么，句中的空位位置就应该出现词汇启动效应。也就是说，被试对和填充词语义相关的词汇反应会更快速，对语义无关的目标词反应速度相对较慢。实验的结果显示，不同句型结构诱发的启动效应并不一样，主语关系从句的空位位置出现了词汇启动效应，而宾语关系从句的空位位置并没有发现显著的词汇启动效应。Zurich et al.（1995）进而设计了第二项实验，来继续探索没有观察到启动效应的原因。Zurich et al. 认为，有两种可能的原因导致启动效应在宾语关系从句中的缺失。一个原因是填充语和空位之间的线性距离在宾语关系从句中更长；另一个可能原因是宾语关系从句需要调整填充语和空位的先后语序，涉及更加困难的句法加工。在第二项实验中，Zurich et al.（1995）对比分析了填充语与空位之间的距离较长的宾语关系从句和填充语与空位之间的距离较短的宾语关系从句。研究发现，在填充语与空位之间的距离较短的条件下，启动效应更加明显。这个实验的结论排除了第二种原因的可能性，说明实验一之所以在宾语关系从句的空位处没有观察到启动效应，不是因为宾语关系从句的句法加工更加复杂，而是由于填充语与空位之间的距离相对更长引起的。因此，这项研究间接说明了工作记忆不会影响自动化的句法加工过程，随着年龄的增长而发生衰退的工作记忆也就不会对句法加工造成不利的影响。我们所观察到的老年人在加工关系从句等句法复杂性高的句子时所表现出的困难，可能是与在线加工结束之后的认知加工负荷（例如，同建立填充语-空位依存关系有关的存储代价）有关，而与在线的句法加工操作没有明显的关系。

工作记忆在句子加工中的作用是神经科学研究中的一个核心课题（张亚旭，蒋晓鸣，黄永静，2007）。很多学者针对句子加工的工作记忆效应开展了ERP实验研究（Fiebach，Schlesewsky & Friederici，2001，2002），其中，多项研究都支持独立言语工作记忆理论，这些研究认为存在一个专门用于句法加工的工作记忆资源，独立于语义加工和其他加工过程。Fiebach，Schlesewsky和Friederici（2001）考察了工作记忆容量高的被试和工作记忆容量低的被试在加工德语关系从句时的表现。实验采用了主语关系从句（1）和宾语关系从句（2）两种结构作为刺激材料。

（1）Thomas fragt sich，wer am Mittwoch den Doktor verständigt hat.（主语关系从句）

Thomas asks himself，who（NOM）on Wednesday the（ACC）doctor called has.

（2）Thomas fragt sich，weni am Mittwoch der Doktori verständigt hat.（宾语关系从句）

Thomas asks himself，who（ACC）on Wednesday the（NOM）doctor called has.

研究发现，从先行词 wer/ weni 到第二个名词短语的句子区段诱发了头皮前部分布的负波。这一成分的波幅值随着句子长度增加而增大。该研究认为，这一负波成分主要体现了工作记忆的存储代价（storage cost）。该研究在低工作记忆容量的被试中发现了持续前部负波（Sustained Anterior Negativity，简称 SAN）。和高工作记忆容量的被试相比，低工作记忆容量被试的 SAN 成分波幅更大，潜伏期更早，且脑区地形分布更广。研究认为，SAN 成分体现了被试在加工宾语疑问句时的工作记忆负荷。该研究还发现，句子中的第二个名词短语 Doktor/ Doktori 诱发了一个体现句法依存关系建构的 P600 成分，这一成分也反映了句法依存关系与短语结构表征的整合加工过程。更重要的是，这项研究发现仅 SAN 成分受到句子中填充语和空位之间的线性距离影响，而 P600 既不受到这一句法距离因素影响，也不受被试的工作记忆容量差异影响。这在一定程度上说明，SAN 和 P600 是两个相对独立的成分，句法加工所依靠的工作记忆资源是相对独立于其他加工过程的。该研究为独立言语工作记忆理论提供了神经科学的证据。此外，Fiebach 等（2002）的研究也发现了相似的证据。Fiebach 等（2002）认为，句法加工的工作记忆资源具有相对独立性，不存在句子加工的一般工作记忆资源。这两项研究基本支持 Caplan 和 Waters（2005）的解释性工作记忆资源假说。按照这一假说，句子加工的工作记忆资源分为两个类型，一种资源是主要用于句法加工和在线信息整合的工作记忆资源，另一种资源是用于临时存储尚未整合信息的资源。但是，也有研究的发现并不支持 Fiebach et al.（2002）的结论。例如，Münte et al.（1998）的 ERP 实验显示，工作记忆容量高的被试比工作记忆容量低的被试诱发的 SAN 更大。

综上所述，工作记忆在句法加工中发挥的作用仍然有待于进一步明晰。老年人句法加工的研究为验证现有的理论争议提供了重要的证据。现有研究采用老年被试和青年被试相对比的方式来考察工作记忆对句法加工的影响。这些研究的基本思路在于：如果工作记忆容量相对较低的老年人和工作记忆容量相对较高的青年人在句法加工中存在不同的表现，那么，工作记忆对句法加工可能存在影响；也就是说，研究发现支持单一工作记忆资源假说。反之，如果两个年龄组的被试没有表现出显著的差异，那么工作记忆可能对句法加工没有明显的影响，研究发现支持独立工作记忆资源假说。但是，此类研究在实验设计上存在问题。由于老年人和青年人除了工作记忆水平存在差异之外，年龄本身存在显著的不同。因此，我们无法确定此类研究中所观测到的加工表现差异究竟来自年龄，还是来自工作记忆。由于本研究主要探讨老年人句子加工中工作记忆影响，因此应当针对这一群体的工作记忆个体差异进行专项的研究。本研究将以老年人作为研究对象，考察了这一群体在句子加工过程中在多大程度上受到工作记忆因素的影响。针对老年人工作记忆的相关研究具有一定的实践意义。如果研究证明，工作记忆在句子加工中发挥重要的作用，那么针对工作记忆的认知能力训练就可以在一定程度上改善或缓解老年人的语言衰老问题，工作记忆训练可以作为老年人语言障碍的干预手段之一，通过记忆训练达到语言障碍的有效治疗和语言能力保护的目的。

第三节　研究方法

本实验的目的是考察工作记忆容量大小对老年人句子加工时间，理解准确率和理解速度的影响。为了控制无关变量的干扰效应，本研究对年龄这一因素进行了控制。全部被试均为同年龄段（60～80 岁）的老年人，以此来实现对年龄效应和工作记忆效应的有效分离。这样可以避免既往研究中将年龄和工作记忆同时考察所带来的互相干扰问题。本实验分成两个部分：第一部分是被试的筛选，根据言语工作记忆容量测试、韦氏成人智力量表中的数字广度测试、中文版简易精神状态量表（CMMSE）来确定受试对象。第二部分是对所选被试进行自定步速阅读测试，测试采用移动窗口技术记录句子加工的实时过程。

一、被试

共计50人参与了本次实验，工作记忆容量大的老年被试（25人）作为第一组，工作记忆容量小的老年被试（25人）作为第二组。被试的年龄范围为60到80周岁。第一组老年被试的平均年龄为66.92岁，第二组老年被试的平均年龄为67.52岁。所有被试母语均为汉语，视力或矫正视力正常。爱丁堡利手测试的结果显示，所有被试均为右利手。两组被试的基本信息如表7－1所示。

表7－1 被试基本信息表

组别	第一组 均值（标准差）	第二组 均值（标准差）	组间差异 显著性水平（p）
人数	25	25	—
年龄（岁）	66.92（5.96）	67.52（5.68）	0.717
性别（女/男）	14/11	12/13	0.571
受教育年限（年）	12.52（2.88）	12.16（2.79）	0.656
MMSE得分	27.48（1.45）	27.68（1.47）	0.633

实验前，我们采用了中文版简易精神状态量表（CMMSE）对参与实验的所有老年人都进行了认知缺损筛查，排除有认知障碍的被试，所有被试均无认知功能障碍。被试实验前签署知情同意书，实验结束后获得相应的报酬。两组老年被试的平均年龄、受教育年限和性别比例均没有显著差异。

二、实验材料

实验测试材料为30个实验句（包括15个汉语主语关系从句和15个汉语宾语关系从句），另外包括30个句子为填充句，填充句的结构和长度各异。采用汉语主、宾语关系从句作为实验句的原因是该结构是存在长距离依存关系的嵌套句型，被试加工这些句子时耗费的工作记忆资源相对较多，因此，有助于我们更清楚地观察到工作记忆容量大小对老年人复杂句加工的影响。也就是说，这些句子结构对于不同工作记忆容量的老年人加工表现的区分度更高。实验样本句的基本结构为：V1 + N1 + DE + N2 + V2 + N3（主语关系从句）和 N1 + V1 + DE + N2 + V2 + N3（宾语关系从句）。具体例句如下所示：

（1）询问｜司机｜的｜记者｜知道了｜真相。（主语关系从句）

（2）司机｜询问｜的｜记者｜知道了｜真相。（宾语关系从句）

为了控制句子长度、名词生命性特征等干扰因素对实验结果的影响，本实验采用的所有实验句均长度一致，划分为 6 个句子区段，其中，体标记“了”与主句谓语动词划分为一个区段，句中的两个关键名词（从句内名词和主句主语名词）均为有生命的名词。事实上，两类实验句所包含的词汇信息完全相同，从而排除了词汇语义、词汇语法等因素对于实验结果的影响。

接下来，我们进行了一项可接受度评分测试来保证刺激材料均为通顺易懂的汉语句子。我们让 20 名老年人来判断每个句子是否通顺地道（5. 非常通顺地道；4. 比较通顺地道；3. 无法确定；2. 较不通顺地道；1. 很不通顺地道）。所有老年人均不参与正式实验。这项可接受度测试的结果显示，两组实验句的可接受度分数没有显著的差异，主语关系从句为 4.12 分，宾语关系从句为 4.28 分。这说明两组实验句均是通顺易懂的汉语句子。

三、操作流程

所有被试按要求完成一项自定步速阅读任务，利用移动窗口技术进行逐词阅读，窗口呈现以切分好的句子区段为单位。实验的具体流程与前面章节中采用的自定步速阅读实验流程相同。除自定步速阅读实验以外，被试还进行了工作记忆容量测试，被试按照要求大声朗读每组句子（每组包括 2～5 个句子），总共 70 个句子，朗读完毕后回忆每句话句末的最后一个词，同时完成对每个句子的语义判断问题。被试对句末词记忆的总量和语义判断的正确数量作为测量工作记忆的指标。两项均正确，被试可获得 1 分，如表 7-2 所示，句末词记忆数量的临界分是 37 分，语义判断平均值 39 分。在分组中，我们将句末词记忆数量低于 37 分，语义判断平均分低于 39 分的被试界定为工作记忆容量低的被试，将句末词记忆数量高于 37 分，语义判断平均分高于 39 分的被试界定为工作记忆容量高的被试。

表 7-2 句子阅读跨度总体情况表

阅读跨度成分	平均值	标准差	总分
语义判断	37	12.3	70
句末词记忆数量	39	10.8	70

两组被试的工作记忆水平如表 7－3 所示。T 检验显示，第一组被试的句末词记忆数量显著高于第二组（t（48）＝16.5，$p<0.001$），语义判断平均值同样显著高于第二组（t（48）＝17.3，$p<0.001$）。

表 7－3　两组被试的工作记忆容量平均值和标准差

组别	工作记忆容量	句末词记忆数量	语义判断平均值
1	高	47.96（5.35）	48.56（4.03）
2	低	25.44（4.19）	28.68（4.06）

在进行正式实验前，被试先完成了 8 道练习题，确保完全熟悉操作流程。然后再开始正式测试，测试的句子和句末探测问题会依次出现，测试采用 E-Prime 2.0 软件进行，软件自动记录被试的句子阅读和问题作答时间以及作答准确性。

四、数据分析

本研究的数据分析部分包括整句理解分析和在线阅读时间分析两个部分。在回答问题环节，被试回答正确记 1 分，回答错误记 0 分。每个被试每个实验条件下的得分除以实验句总数，然后乘以 100，所得的正确率百分比作为数据分析的因变量。自变量主要包括被试工作记忆容量（高工作记忆、低工作记忆）和句子类型（主语关系从句和宾语关系从句）。

阅读时间为单个区段的按键反应时间，代表这一区段的阅读时间。由于 3000 毫秒是被试所用时间的最大许可值，因此，被试的平均阅读时间如果超过 3000 毫秒便不纳入数据分析。首先，剔除了回答错误问题的阅读时间数据，然后计算了所有被试在四个实验条件下反应时间的平均值和标准差，对于阅读时间数据，剔除了距离平均值三个标准差以外的离群值数据（DeDe et al.，2004）。本研究的句子关键区段包括主句主语名词和谓语动词区段两个部分。在这两个区段上，被试完成了关系从句部分题元角色的分配和句子意义的建构，这两个区段是被试认知负荷相对较高的区段，因此，更容易观察到工作记忆容量差异对老年被试句子加工表现的影响。其他非关键区段的阅读时间未进行数据分析。

第四节　研究结果

下面，我们对两组加工关系从句的平均理解准确性、探测问题作答的时间和在线阅读时间进行对比分析。

一、整句分析

两组被试句子理解的平均准确率如图 7-1 所示。第一组被试句子理解的总体平均准确率为 72.85%，第二组被试句子理解平均准确率是 67.45%，第一组和第二组在句子理解准确率上呈现出显著差异（$p<0.05$），工作记忆容量高的第一组被试在理解准确率上显著高于第二组工作记忆水平较低的被试。这说明工作记忆容量大小对老年人的平均理解准确性具有显著的影响。

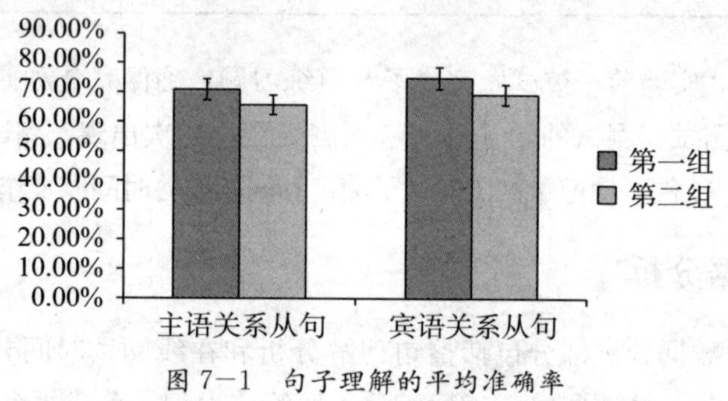

图 7-1　句子理解的平均准确率

在四类关系从句的加工表现中发现了年龄的主效应（$F(1, 48)=112.04$，$p<0.05$），第二组的理解准确率显著低于第一组人。从句类型的主效应显著（$F(1, 48)=14.58$，$p<0.05$），主语关系从句比宾语关系从句的理解准确率更低，但从句类型和工作记忆的交互效应不显著。这说明，在主语关系从句和宾语关系从句的加工中均发现了工作记忆的效应，高工作记忆容量被试的理解准确率均高于低工作记忆被试的理解准确率。

除了分析句子理解的准确率外，我们还分析了探测问题作答的时间。总体上看，第一组的作答时间比第二组更短，第一组的作答平均时间为 1107 毫秒，第二组的平均作答时间为 1284 毫秒，两组之间的差别达到显著性差异（$p<0.05$）。这表明，工作记忆容量大小对阅读时间长短具有重要影响，工作记忆容量大的被试比工作记忆容量小的被试具有明显的优势。另外，无论是在主语关系从句还是宾语关系从句理解中，第一组阅读时间都短于第二组。这说明，工作记忆容量大的被试在句子阅读时间上的总体优势不会因为句子结构的不同而发生改变。

二、阅读时间分析

在对阅读时间数据进行统计分析前，剔除与平均值偏差 3 个标准差之外的离群值数据。然后，对四类关系从句核心区段阅读时间分别进行了两因素方差分析。核心区段主要包括核心名词（即主句主语名词）和核心动词（即谓语动词）。

方差分析显示，在核心名词区段，从句类型的主效应显著（$F(1, 48)=49.74$，$p<0.05$，主语关系从句的阅读时间显著长于宾语关系从句的阅读时间，工作记忆和从句类型的交互效应显著（$F(1, 48)=11.43$，$p<0.05$）。进一步统计检验的结果显示，在宾语关系从句中，工作记忆效应不显著，但是在主语关系从句中，工作记忆效应显著，高工作记忆组的阅读时间显著短于低工作记忆组。

在谓语动词区段，工作记忆的主效应显著，（$F(1, 48)=36.07$，$p<0.05$），低工作记忆组的阅读时间显著长于高工作记忆组。从句类型的主效应显著（$F(1, 48)=34.71$，$p<0.05$），主语关系从句的阅读时间显著长于宾语关系从句的阅读时间。工作记忆和从句类型的交互效应显著（$F(1, 48)=20.64$，$p<0.05$）。进一步统计检验的结果显示，在宾语关系从句中，工作记忆效应不显著，在主语关系从句中，工作记忆效应显著，工作记忆效应在主语关系从句中比在宾语关系从句中更强。在复杂的句法结构中，工作记忆容量对于老年人句子加工的影响更大。

第五节　讨论

本章主要探讨了工作记忆这一重要的认知变量对老年人句子加工的影响。既往的研究往往通过将老年人和青年人进行对比分析来考察工作记忆发挥的作用，此类研究中，年龄因素成为无法回避的干扰变量，本研究将年龄这一变量进行控制，考察同年龄组的老年人句子加工的表现差异。这项研究考察了高工作记忆组和低工作记忆组两组老年被试在汉语关系从句加工中的表现差异。我们控制了两组被试的年龄、受教育程度、性别差异，考察工作记忆对在线和离线句子加工的影响。这项研究证明了工作记忆对老年人句子加工的重要影响。研究发现，对于两组被试而言，工作记忆的影响体现在在线加工的阅读时间以及理解的准确率上。我们发现，高工作记忆组的理解准确率显著高于低工作记忆组，在线加工中，高工作记忆组和低工作记忆组的加工同样表现出显著的差异，并且两组被试的表现差异在主语关系从句的加工中更加明显。

高、低工作记忆组的差异出现在在线加工和离线加工阶段，这一发现不符合 Caplan 和 Waters（1999）的独立工作记忆资源理论预期，因为独立工作记忆资源理论认为，存在着专门用于句子加工的工作记忆资源，句子加工不受一般性工作记忆的限制（Caplan & Waters，1999）。本研究中划分的高、低工作记忆组主要依据言语工作记忆容量测试，这项测试主要针对的是一般工作记忆资源，而非句法加工的工作记忆资源。按照独立工作记忆资源理论的预测，一般工作记忆资源的差异并不会对在线加工的表现产生影响。这和本研究的在线加工数据不一致。目前为止，虽然 Caplan 和 Waters（1999）提出了独立工作记忆资源理论，但是，并没有指出如何测量这种特有的工作记忆资源。由于在线句子加工是一个自动化的瞬时过程，这导致句法加工所特有的记忆资源很难度量。这种记忆资源的本质仍然有待于进一步明晰。本研究的发现支持 Just 和 Carpenter（1992）的语言理解容量限制理论，根据这一理论的预期，工作记忆对老年人句子加工表现的影响呈现在在线和离线加工的多个环节，因为句法加工和语义加工等共同分享有限的认知资源。在句末探测问题的作答准确性、作答时间和在线阅读时间指标上，我们均发现了工作记忆容量的显著主效应。高工作记忆组的理解准确率显著高于低工作记忆组。也就是说，传统的工作记忆测试所测得的工作记忆容量可以预测被试在线和离线加工的表现。

这项研究还发现，工作记忆与从句类型之间出现了交互效应，这说明被试在加工不同的句型结构时耗费的工作记忆资源不同，由于汉语主语关系从句比汉语宾语关系从句的填充语-空位距离更长，建构句法依存关系所消耗的工作记忆资源更多，因此，低工作记忆组在加工这类句型结构时遇到的困难更大。这说明，工作记忆容量的大小与句法结构的复杂性有关，在句法结构复杂性更高的结构中，工作记忆的影响更大。老年人的句子加工受到工作记忆容量和句法结构复杂性的双重影响。工作记忆容量属于加工者的个体差异因素，是可供利用的加工资源总量，而句法结构复杂性及其相应的认知负荷属于句子加工的资源需求，对于加工者而言可视作外界因素。也就是说，老年人句子加工的表现受到内部因素和外部因素的综合作用。当加工者可供利用的工作记忆资源大于外部资源需求时，可准确高效地完成句子意义的理解，但是，当可用的工作记忆资源小于外界资源需求时，加工者就会出现准确性下降和加工效率下降的现象。

第六节　章节结语

本章探讨了不同工作记忆容量的老年人加工两种类型的关系从句的情况，主要的发现可总结如下：老年人的句子阅读速度和理解的准确性都受到工作记忆容量的影响，虽然两组老年人年龄无显著差异，但是，高工作记忆的老年组比低工作记忆的老年组在句子加工方面更具优势，具体表现为句子整体理解的准确性更高，在线加工的速度更快。两组被试的差异在认知负荷更高的主语关系从句加工中表现得更加明显。

这项研究突显了工作记忆因素在老年人句子加工中发挥的重要作用，这一发现与现有的大多数语言老化研究一致，都表明充足的工作记忆资源是句子加工的重要前提条件，工作记忆下降是老年人句子加工最重要的制约因素之一。但是，个体的工作记忆能力具有可塑性，可以通过认知训练的途径加以提高，因此，工作记忆也许可以作为预防和保护老年人语言能力的重要突破口，通过加强工作记忆训练可以间接实现语言能力的保护。这些研究对于老年人语言能力的保护以及康复训练具有一定的启发意义。当然，本研究只是对工作记忆的作用进行了初步的探讨，工作记忆系统的认知老化实际上是一个非常复杂的过程，不同子系统的老化过程并不完全相同，对于语言能力认知老化的影响也可能不同，其具体的作用机制有待于后续研究进一步明晰。

第八章　老年痴呆症患者被动句理解加工研究

前面的章节介绍了母语为汉语的健康老年人句子理解的正常退化过程。除了正常老化之外，老年人句子加工的病理性退化过程同样值得关注。老年痴呆症，又称阿尔茨海默病（Alzheimer's Disease，简称 AD）或失智症，是老年人中最常见的神经退行性疾病之一。患者的语言功能障碍也是较为明显的症状，例如，频繁出现找词障碍、句法复杂性下降、病理性赘述现象。重度痴呆症患者通常出现言语理解障碍，丧失交际能力，出现沉默和拒绝交流的行为，对老年人的身心健康造成严重的影响。本章首先对老年痴呆症及其语言障碍进行了总体的介绍和总结，然后重点阐述老年痴呆症患者句子理解加工障碍的相关研究，通过实证研究考察了母语为汉语的痴呆症患者在理解主动句和被动句时出现的障碍分布特点和规律。老年痴呆症患者的语言障碍研究有利于从病理语言学的视角为老年人语言能力衰退提供更多的证据，是一个非常具有临床应用价值的重要研究问题。

第一节　老年痴呆症及其语言障碍

痴呆症可分为老年性痴呆和额颞痴呆（Frontotemporal Dementia，简称 FTD）。其中，额颞痴呆包括语义型痴呆（Semantic Dementia，简称 SD）和渐进性原发非流利失语（Progressive Non-fluent Aphasia，简称 PNFA）。老年痴呆症属于持续性的高级神经功能活动障碍，临床上以记忆障碍、失语、失用、失认、视空间技能损害、执行功能障碍以及人格和行为改变等全面性痴呆表现为特征。和失语症不同，老年性痴呆症的患病区域波及整个脑区，大脑结构表现出明显萎缩，沟回增宽，脑室扩大，重量减轻（赵斌，蔡志友，2015）。其中，海马体、杏仁核和颞角区域的萎缩最为明显。由于海马体是大脑的记忆中枢，记忆力下降是老年痴呆症患者表现出的最为明显的症状之一。该病多起病于 60 岁以上老年人，起病隐匿，不易察觉，常常难以判断具体的时间。在老年痴呆症患病的初期阶段，记忆障碍以学习新知识和记忆能力受损为主要特征，同时，还伴随着判断力下降，推理能力和注意力下降；在情绪方面，患者常常出现情感淡漠和敏感多疑等症状。语言障碍从 20 世纪初开始就受到了医学人员的关注，而后被列入了修订后的老年痴呆症诊断标准中。老年痴呆症的语言障碍方面主要表现为话语空洞、赘述和找词困难。随着病情的发展，患者语言能力的受损程度日渐加剧，出现命名障碍和阅读理解障碍等。在中度和重度老年痴呆症患者中，可以发生模仿语言、重复语言，最终发展为语言内容无法辨析，直至完全缄默不语。老年痴呆症患者语言障碍的阶段性表现特征如表 8-1 所示。

表 8-1　老年痴呆症患者语言障碍的阶段性表现特征

	语音障碍	语义障碍	句法障碍	语用障碍	书写障碍
轻度痴呆	词语和断句复述能力保存完好，但长句的复述出现轻微的困难	轻度命名障碍，对复杂口头指令时有困难，轻度语篇阅读理解障碍	句法能力基本保留，但是，理解和产出复杂句法结构的能力可能受损	言语表达流利，叙述能力轻度受损，出现替代和迂回话语现象	患者出现构字困难，字词错误和严重的篇章性失写
中度痴呆	语音能力相对保留，复述能力略微出现受损	命名障碍加重，空洞言语，语义错语增多，听理解轻度异常，阅读理解严重异常	理解和产出复杂句法结构的能力明显受损。自发性语言的句法复杂度下降	言语表达流利，赘述和迂回话语增加，语篇不连贯，出现偏题话语和话题转换困难	患者出现严重的篇章性失写，但抄写能力相对保留
重度痴呆	患者出现明显语音障碍，复述困难	词汇量大幅下降，语言空洞，出现严重听觉语言理解障碍和阅读理解障碍	患者理解和产出各类句法结构的能力均出现严重的退化	言语表达流利性下降，模仿和重复增加，最终完全丧失语言能力，沉默不言	患者完全失去书写能力，仅能勾勒出无序的线条

注：该表中的信息来自乔园等（2014）。

虽然研究人员对老年痴呆症的发病机理、诊断标准、病理原因、分类和防治等方面进行了广泛的研究，并取得了丰硕的研究成果。然而，老年痴呆症的语言障碍从 20 世纪 70 年代末才开始受到广泛的关注。早期的研究集中在医学和心理学领域，研究的焦点主要是老年痴呆症患者的记忆受损及其相应的语义障碍，对于句法障碍的研究相对较少。

在国内，多项研究对于老年痴呆症语言障碍的研究进行了综述性研究，探讨了痴呆症语言障碍的评估、诊断等多个问题（陈涵丰，罗本燕，2017；乔园等，2014；王萌华，王健，1999）。但是，专门针对我国老年痴呆症患者语言障碍的实证研究仍然数量非常有限。王健和王萌华（1999）使用汉语失语检查法和多个神经心理测验测量了31名不同严重程度的痴呆患者的语言障碍的变化及特征。研究发现，轻度患者与健康组被试在命名、复述、口头指令、书写等分项上差异显著，但未出现命名性失语；中度患者与轻度患者之间在除信息量、流利性、系列语言、视读、听字辨认等的所有亚项上差异均显著，但尚未出现经皮质感觉性失语；重度患者与中度患者组之间在除了流利性以外的所有分项上均表现出显著的差异，患者在症状上表现出不同的特点，有些类似于经皮质感觉性失语，有些类似于韦尼克失语，也有类似于命名性失语。该研究认为，痴呆的严重程度与脑萎缩范围具有显著的正向相关。该研究对老年痴呆症患者的语言障碍进行了描述性的分析，老年痴呆症患者的语言障碍在各阶段表现为不同形式的流利型失语，其变化与不同的脑萎缩程度有关。李妍等（2019）通过图片命名任务、语义流畅性测验和图片描述任务考察了30名轻度老年痴呆症患者的自发语言表达特点。同对照组相比，轻度患者的命名及语义流畅性得分出现下降；图片描述任务中，患者的语速减慢，产出的名词和动词总数下降，代词比例增加，语义错误增多，信息量减少，信息密度及信息效率下降，句子的平均长度下降，完整句子字数所占的比例下降。健康组和患者组在语音错误、总字数、语法错误和动词所占比重上没有显著的差异。患者的语言流畅性、语音能力和基本语法能力保存较好，但是，句法复杂性出现下降。主要的语言障碍表现为自发性言语中实词数量减少、代词增多、语义空洞、有效信息下降。这项研究表明，轻度患者的语言障碍可能以语义障碍为主。

在国内语言学界，刘红艳（2014）基于自建的正常老年人及老年性痴呆患者即席话语语料库对比分析了健康老年人和老年痴呆患者的五类找词困难（使用冗长迂回话语、找错词、使用语义相关词、使用模糊空洞词汇、杜撰词），研究显示，老年痴呆症患者自然话语中出现所有类型的找词困难，重度患者各类找词困难的频率显著高于轻、中度患者。虽然健康控制组也出现了少量冗长迂回话语、语义相关词和模糊、空洞词汇问题，但是，从不出现找错词和杜撰词现象。赵俊海（2012）基于系统功能语言学的理论框架进行了阿尔茨海默病患者话语分析，将系统功能语言学的三个元功能作为操作框架，从主位结构、人际意义、及物性、衔接与连贯四个维度展开研究，从小句到语篇层面对轻度阿尔茨海默病患者的语言功能做出了较为全面的分析和评估。但是，该研究主要探讨了母语为英语的阿尔茨海默病患者的语言障碍，相关的研究发现是否适用于母语为汉语的患者仍然有待于考证。

上述研究均从患者自发性言语的话语特征入手探讨了母语为汉语的老年痴呆症患者的语言障碍特征，但是，对于老年痴呆症患者语言理解的研究并不多见。相关研究主要集中于母语为英语的痴呆症患者，迄今为止，我们尚未发现汉语老年痴呆症患者句子理解障碍的专项研究。句子理解能力是人类日常交流和沟通的重要基础，针对老年痴呆症患者句子理解障碍的研究可以深化我们对于患者语言能力病理性退化的了解，有助于我们对于患者的语言障碍做出全面而科学的评估和测量。

第二节　研究目的与意义

自 20 世纪 70 年代末开始，西方心理学界和医学界针对老年痴呆症患者的句子理解和产出障碍开展了多项研究，但是，研究结论各异。针对患者产出话语的研究认为，老年痴呆症患者的句法障碍并不明显，只有到患病晚期才会表现出来（e. g. Bayles，1979，1985；Obler，1981；Kempler，1984；Bayles & Kaszniak，1987）。例如，Hier，Hagenlocker 和 Shindler（1985）指出，患者的即席话语表现出明显的语义空洞性和词汇提取困难，但是，句法结构保存完好。Bayles 和 Boonea（1982）同样发现，患者在语言产出中句子的长度和句法复杂程度与健康控制组并没有显著的差异，他们也能够像健康老年人一样准确识别和更正句子中出现的语法错误。但是，也有很多研究持不同意见，认为老年痴呆症患者也存在句法障碍（Altmann，Kempler & Andersen，2001；Bates et al.，1995；Grober & Bang，1995；Rochon，Waters & Caplan，1994）。例如，Altmann et al.（2001）发现，在老年痴呆症患者的语言产出中，所有句法结构的错误数量均显著多于健康控制组，这说明患者的句子产生能力也受到了损伤。Bates et al.（1995）的句子产出实验发现，老年痴呆症患者更倾向于使用句法结构简单的句子，因此，他们认为患者产出复杂句法结构的能力受到了损伤。Grober 和 Bang（1995）通过句子理解测试发现，患者即使在完成工作记忆负荷较低的实验任务时同样表现出句法障碍，说明患者可能存在独立于工作记忆减退的句法能力受损。Schwartz，Marin 和 Saffran（1979）的研究发现，老年痴呆症患者的语言障碍分布不均，语义系统和语用能力比句法和语音能力更容易受损。患者能够产出很多句法上正确的简单句。

但是，也有研究认为，患者在句法加工中对于复杂的句法结构通常存在明显的理解障碍（Emery，1993，1994，2000）。综上所述，目前的文献中对于老年痴呆症患者句子理解能力是否受损仍存在一些争议。

现有研究认为，老年痴呆症患者在理解涉及 wh 移位的复杂句型结构（如英语宾语关系从句）时出现了明显的障碍。但是，对于被动句等其他句型结构的研究尚不多见。目前，仅有少数几项研究专门考察了老年痴呆症患者被动句的理解加工障碍（e. g. Emery，1985，1988；Grossman & White-Devine，1998；Kempler et al.，1998）。Kempler et al.（1998）通过两项实验分别考察了老年痴呆症患者在离线句子加工和在线句子加工中出现的障碍。第一项实验采用图片指认任务考察了 30 名老年痴呆症患者和 23 名健康老年人对主动句（“The boy pushes the girl.”）、被动句（“The boy is kissed by the girl.”）、并列名词短语句（“The boy scratches the dog and the cat.”）和关系从句（“The dog chases the girl，that chases the boy.”）四类句型结构的离线加工，结果显示，患者组在所有句型结构的加工中准确率都显著低于健康控制组。控制组的平均理解准确率为 99%，但是患者组仅为 77%。在痴呆患者中，结构相对简单的主动句比被动句、并列名词短语句和关系从句的理解准确率均高。也就是说，被动句比主动句更难加工。但是，在控制组中，被动句和主动句的差异未达到显著水平。第二项实验对在线句子加工和离线句子加工的表现进行了对比，考察了患者对主谓一致、及物动词或不及物动词误用等语法违例的判断，但该实验未涉及被动结构，因此，在此不做过多介绍。

Grossman 和 White-Devine（1998）考察了 22 名老年痴呆症患者句子理解的影响因素，实验操控了句子类型、语义因素和认知资源需求三个变量，通过简单的问答任务测试了患者在理解不同语义特征和认知资源需求条件下英语主动句（“The boy kissed the girl.”）、被动句（“Mary was kissed by John.”）和使动句（“The boy made the girl kiss.”）时的表现。研究发现，认知资源的限制影响了患者对于非常规的句法-题元关系的理解加工，与动词相关的选择限制加工也出现了障碍。但是，患者对被动句和主动句的理解加工没有显著的差异。这项研究表明，老年痴呆症患者的句子理解障碍是一个多变量作用的复杂过程，患者在句子加工的认知资源和语义层面出现的障碍尤其明显。该研究从多变量互动的视角对老年痴呆症患者句子理解障碍做出了较为全面的描写和解释。但是，该研究所得出的结论并没有完全得到其他研究的支持。事实上，该研究结果与 Kempler et al.（1998）的发现相悖。此外，大多数研究认为，老年痴呆症患者在加工句法结构更加复杂的句子时出现的障碍更加严重（Tomoeda et al.，1990；Swihart et al.，1989；Kontiola et al.，1990；Emery & Breslau，1989；Bayles，1982)。例如，Tomoeda et al.（1990）考察了13名老年痴呆症患者和17名健康老年人在听觉语言理解中句法复杂性和言语速度的影响，研究发现，言语速度对句子指令的理解没有显著影响，但是，句法复杂性对两组被试的表现均有显著影响，被试对简单句型结构（如祈使句）的理解表现好于复杂句型结构（如主从复合句）。

虽然上述研究针对母语是英语的老年痴呆症患者进行了大量的实证探索，但是，尚没有研究针对我国的老年痴呆症患者句子理解障碍进行系统的研究，更没有研究专门针对汉语被字句进行相关的研究。汉语是以SVO语序为主导的语言，而被字句属于非常规语序的句型结构，现有的研究发现，非常规语序的句型结构对于老年痴呆症患者来说具有更大的难度（Yu & Tamaoka，2018）。但是，针对老年痴呆症患者对汉语SOV和OSV等非常规语序句型结构理解加工障碍的研究尚不多见。关于这一问题的研究可以帮助我们深入了解汉语老年痴呆患者的语言障碍分布规律和特点，从而为临床诊断和治疗等提供一定的借鉴和参考。

本研究主要聚焦于母语为汉语的老年痴呆症患者的句子理解障碍，围绕这一主题尝试开展了一项句子图片匹配实验，通过对比健康老年人、健康青年人和老年痴呆症患者的表现，来考察以汉语为母语的老年痴呆症患者在被字句理解加工方面的障碍分布特征，以期揭示患者理解加工汉语非常规语序结构的障碍分布规律。

第三节 研究假设

英语是形态变化较为丰富的语言，动词有主动语态和被动语态两种不同的形态变化。被动句在英语中是一种很常见的语法现象，在以英语为主要对象的语言学研究中，被动语态是重要的研究课题（熊仲儒，2003）。由于汉语本身缺乏形态变化，汉语的动词本身并没有时态或者语态的形态变化（陆俭明，2004），汉语虽然有被字句结构，但是没有被动语态，无法通过词汇化手段来表征被动的含义。这种语言结构上的差异导致汉语和英语的被动句理解加工并不完全相同。

被字句是一种非常规语序的句型结构。和常规语序的主动句相比，被动句的生成过程更加复杂。根据生成语法的观点，汉语被动句是由动词宾语提升到主语位置而形成的句法移位结构（Huang，1999；吴庚堂，2000）。在例（1）

中，句首成分“员工”是从动词“批评”后的位置移位而来，并在动词后留下了一个没有语音形式的语迹 t，通过“员工”及其语迹 t 之间的句法关联，可以对句子进行正确的解读。例如，“员工”是动词“批评”的宾语论元，是动作行为作用的对象。

(1) 员工$_i$被老板批评了 t (i)。

(2) 老板批评了员工。

Yu 和 Tamaoka（2018）指出，老年人在加工非常规语序的句型结构时更加容易出现困难。和常规语序的主动句相比，被动句消耗的认知资源将更多。在认知资源不足的情况下，老年痴呆症患者对被动句的理解加工也会表现出与健康老年人和青年人不同的特点。因此，本实验将把健康青年人、健康老年人和老年痴呆症患者对汉语被动结构和主动结构的理解加工进行对比分析，从语言衰老的视角来识别句法结构、认知资源和年龄在语言加工中的互动规律。由于移位生成的被动句在认知资源负荷上高于非移位的主动句，因此，记忆资源不同的健康青年人、健康老年人和老年痴呆症患者在加工句法结构更加复杂的汉语被动句时表现出的差异可能会更加明显。根据 Just 和 Carpenter（1992）的句子理解容量限制理论，当句子的总体加工负荷较小时，年老化的效应并不显著，但是，当句子理解的认知负荷较高（如中间嵌入式小句）时，句子理解加工的表现将出现随着年龄增长而下降的趋势。基于这一观点可以推断，三组被试在加工汉语主动句时的差异可能并不显著，但是，在加工移位生成的汉语被动句时，认知资源相对充裕的青年人在句子图片匹配任务中的准确性将高于健康老年人和老年痴呆症患者，而健康老年人的准确率也会高于记忆受损的老年痴呆症患者。

第四节　研究方法

本实验采用 3（组别）× 2（句子类型）的两因素实验设计，两个因素分别是组别（被试类型）和句子类型。其中，被试类型包括健康青年人、健康老年人和老年痴呆症患者三个水平，句子类型包括被动句和主动句两个水平。组别是被试间变量，句子类型是被试内变量。

一、被试

参与本实验的被试包括青年人 25 人、健康老年人 25 人和老年痴呆症患者 25 人，共计 75 人。其中，青年人主要来自北京高校在校大学生，健康老年人和老年痴呆症患者来自周边社区。所有患者均是经过正规三甲医院神经内科医生确诊的老年痴呆症患者，其中轻度患者 16 人，中度患者 5 人，重度患者 4 人。但是，重度患者因无法理解主试的实验指令而无法完成实验。最终有 21 名患者的数据用于数据分析，所有被试母语均为汉语，右利手，视力或矫正视力正常。三组被试的受教育年限没有显著差异，性别比例无显著差异。青年组被试的平均年龄为 19.6 岁，健康老年组被试的平均年龄为 65.2 岁，老年痴呆症患者组的平均年龄为 66.5 岁。青年组年龄显著低于健康老年组和老年痴呆症患者组（$p<0.05$），健康老年组和痴呆症患者组的年龄没有显著差异。

实验前，所有被试完成了中文版简易精神状态检查量表（CMMSE）筛查，健康老年组平均得分为 27.7 分，老年痴呆症患者平均得分为 19.2 分，其中，所有健康组被试的精神健康状况正常，得分均高于 26 分，且没有交际障碍或神经心理疾病史。但是，健康老年人和老年痴呆症患者组具有显著差异，健康老年组的得分显著高于老年痴呆症患者组（$p<0.05$）。轻度痴呆患者的得分为 18～24 分，中度痴呆患者为 16～17 分，重度患者得分在 15 分以下。

二、实验材料

本实验采用句子图片匹配任务，实验所用的句子材料包括主动句和被动句各 20 句，一部分实验材料主要是在西北动词与句子测试（Northwestern Assessment of Verbs and Sentences，简称 NAVS）中的实验材料的基础上修改而成（Thompson，2012）。每个句子对应两张题元角色关系相反的图片。另外，采用了 40 个结构和长度各异的填充句，总计 80 个句子，随机排序后呈现给被试。实验句和图片如下所示。例（1）“小狗追赶小猫。”为主动句，例（2）“小猫被小狗追赶。”为被字句。实验考察的被动句为短被动句，其基本结构为“受事名词 + 被 + 施事名词 + 谓语动词”，主动句的基本结构为“施事名词 + 谓语动词 + 受事名词”。为控制名词生命性信息对句子理解产生的影响，所有实验句中的名词均为有生命的名词，且两组实验句的名词和动词完全相同，避免了词汇语义和语法信息对实验结果的干扰。正式实验前，对全部 40 个实验句进行了可接受度评分，以调查问卷形式邀请 28 名青年人和老年人对句子的可接受度进行评分，所有参与评分的被试均不参与正式实验。评分结果显示，被动句的可接受度平均值为 4.31，主动句的可接受度平均值为 4.34，两组实验句的得分没有显著差异。

（1）小狗追赶小猫。（主动句）

（2）小猫被小狗追赶。（被动句）

三、实验流程

实验在安静的环境中进行。每个被试逐个完成实验任务，被试在家属的陪同下完成实验。实验前，由主试向被试讲解实验任务的内容和要求，然后，被试完成五道练习题，确保理解实验任务的要求后，开始正式实验。由主试采用标准的普通话大声、清晰地朗读实验句，被试听到句子以后，从两个备选图片中选出和句子意思一致的图片。被试可以通过口头形式或者手势来作答，答案由实验人员记录在专门的答题卡上。每正确回答一个问题得一分，回答错误不得分。每个题目实验人员最多可以重复三遍，如果被试在规定时间内仍无法做出回答，该题目将按照回答错误计分。实验持续时间视被试实验当日的身体和心理状态而定，约 15 分钟至 30 分钟时间。当被试出现疲劳、情绪不稳定等情况下，实验人员暂时中断实验，待被试恢复正常状态后再继续进行。实验全程要求家属尽量保持安静，不为被试提供作答提示。

第五节　研究结果

首先，我们统计了三组被试正确回答问题的百分比。青年组理解主动句和被字句的平均准确率分别为 98.6%和 98%，健康老年组理解主动句和被字句的平均准确率分别为 95.6%和 95.2%，老年痴呆症患者的理解准确率为 83.5%和 61.9%。可见，青年组的理解准确性整体上略微高于健康老年组，青年组和健康老年组的准确性高于患者组。

接下来，以作答准确率作为因变量，被试类型和句子类型作为自变量进行了方差分析。方差分析结果显示，被试类型的主效应显著（$F(1, 69)=211.49$，$p<0.001$），句子类型的主效应显著（$F(1, 69)=48.91$，$p<0.001$），以及被试类型和句子类型的交互效应显著（$F(1, 69)=40.25$，$p<0.001$）。进一步分析显示，被试对于主动句的理解准确率高于被动句（$p<0.001$）。青年人的理解准确率显著高于健康老年人的准确率（$p<0.05$），健康老年人的作答准确率显著高于老年痴呆症患者（$p<0.001$），青年人的作答准确率同样显著高于老年痴呆症患者（$p<0.001$）。事后两两比较分析发现，在青年人和健康老年人中，

主动句和被动句的理解准确率没有显著差异。但是，在老年痴呆症患者中，主动句的理解准确率显著高于被动句（$p<0.001$）。同健康老年人和青年人相比，主动句和被动句的加工难度差异在老年痴呆症患者中更加明显。也就是说，老年痴呆症患者理解加工被动句的相对准确性显著下降。

第六节 讨论

本实验通过句子–图片匹配任务考察了健康青年人、健康老年人和老年痴呆症患者加工汉语被动句和主动句的表现。研究发现，健康青年人和健康老年人在加工两类句型的准确性上具有显著差异，老年人的句子理解能力整体上呈现出衰退迹象，虽然被动句比主动句的准确性更低，但是没有达到统计意义上的显著水平。在健康老年人和老年痴呆症患者中，被动句和主动句的加工难度差异分布并不相同，在老年痴呆症患者中，主动句理解加工的准确性显著更高于被动句，这一趋势不同于健康老年人和青年人。也就是说，在患者组中出现了被字句相对更难理解的现象。

导致上述结果的原因可能是被试的工作记忆差异和不同句型结构的加工成本之间的互动。青年人和健康老年人中两类句型结构的加工难度没有显著差异，这可能是因为本实验采用的句型为短被动句和主动句。短被动句在生成过程中经历了名词短语从动词后位置移动到句首的过程，但是，填充语和空位之间的线性距离并不长，存储和整合成本相对较小，从而导致被动句和主动句之间的加工成本差异并不大。由于青年人和健康老年人的工作记忆资源相对充裕，两类被试在加工被动句时的表现差异并不明显。本研究的结果与 Kempler et al.（1998）的研究发现一致，均表明被动结构对于老年痴呆症患者而言加工难度高于主动结构。研究结论也得到了很多其他相关研究的支持（Tomoeda et al.，1990；Swihart et al.，1989；Kontiola et al.，1990；Emery & Breslau，1989；Bayles，1982），这些研究均认为，句法复杂性会影响患者的句子加工表现，患者在理解句法结构更加复杂的句子时出现的困难更大。但是，本研究的发现与 Grossman 和 White–Devine（1998）的结论不相符。Grossman 和 White-Devine（1998）的研究发现，老年痴呆症患者在理解加工被动句时准确率与主动句并没有显著的差异，该研究由此认为，老年痴呆症患者句子理解障碍主要与语义因素和认知资源因素有关。造成结论分歧的主要原因可能是研究的侧重点不同。Grossman 和 White-Devine（1998）着眼于句子理解加工的多因素性，旨在将句法因素、语义因素和认知资源因素等不同因素在句子加工中的作用进行全面的对比分析。该研究着重探讨了句法与题元角色之间的匹配关系，认为认知资源和语义因素是比句法因素更具影响力的要素，研究意在强调句法因素并非是唯一影响患者句子理解加工的因素。而本研究的实验设计已经控制了不在考察范围内的变量，如词汇生命性特征等语义因素，因此，研究结果更能够突显句法因素在句子加工中的作用。

在老年痴呆症患者中，记忆能力发生了病理性的退化，记忆容量显著低于健康老年人的水平。在这种情况下，老年痴呆症患者对句法结构的加工成本会更加敏感。尽管被动句与主动句相比，加工成本的差异可能并不非常明显，但是，对于记忆资源严重不足的老年痴呆症患者来说，被动句的理解仍然相对更难。被动句和主动句的加工成本差异在老年痴呆症患者中更加明显。老年痴呆症患者对被动句的加工能力发生了显著的退化。这可能与汉语被字句的移位加工成本有关，老年痴呆症患者可能在移位生成的句型结构时出现较大的加工障碍。这一发现与大量研究的结论较为一致（Emery，1985，1988）。例如，Emery（1985，1988）采用句子理解任务同样发现，老年痴呆症患者对于复杂句法结构的理解加工能力发生了严重损伤。具体表现为，患者在理解被动句（如“The woman is seen by the child”）时，句子理解的准确性很低。大多数患者都无法准确理解被动结构的含义，经常将其作为主动句（“The woman see the child”）来解读（Emery，2000）。除了被动句以外，患者在理解其他复杂句型结构时同样出现了明显的困难（Emery，1985）。也就是说，老年痴呆症患者在理解复杂句法结构的含义时出现了普遍性的困难：Emery（2000）指出，老年痴呆症患者、健康老年人和青年人在句法复杂性测试中的得分分别为5.4分、24.4分和33.1分。在乔姆斯基句法测试（Chomsky Test of Syntax）中，老年痴呆症患者、健康老年人和青年人平均得分为13.3分、59.9分和90.4分。此外，不同严重程度的患者在句法复杂性得分的分布上也出现了较为稳定的规律，轻度老年痴呆患者句子加工的受损程度最低（Emery，1988，1994，1996，1999；Emery & Breslau，1987，1988）。这些发现证明，老年痴呆症对句子理解或产出的句法复杂性效应具有显著的影响。老年痴呆症患者对句法复杂的句子加工更加困难，且句子加工障碍随着病情的发展而变得更加严重。我们的发现与上述研究的结果基本一致，说明老年痴呆症患者的汉语句子加工能力同样出现了明显的损伤，当句子结构的句法复杂性相对较高时，患者的理解准确性发生了明显的下降。因此，老年痴呆症患者句子理解的句法复杂性下降现象具有跨语言的普遍性。这一发现具有重要的临床实践价值，如果大量研究证实，句法复杂性下降是老年痴呆症患者标志性的语言障碍特征，那么，句法结构的复杂性或可成为衡量老年痴呆症语言障碍的一个重要的语言学指征。但是，由于本研究只是针对汉语被动句和主动句的初步考察，研究结果是否具有普遍的适用性仍然不够明确，还需要大量研究继续深入探索其他语言结构的句法复杂性对患者句子理解表现的影响。

第七节　章节结语

本实验通过句子－图片匹配任务考察了青年人、健康老年人和老年痴呆症患者加工汉语被动句和主动句的表现。研究发现，青年人和健康老年人在加工两类句型的准确性上没有显著差异，虽然被动句比主动句的理解准确性更低，但没有达到统计意义上的显著水平。在健康老年人和健康青年人中，被动句和主动句的加工难度差异并不相同，但是，在老年痴呆症患者中，主动句加工的准确性显著更高于被动句。这可能是由于被动句的句法移位加工导致其句子加工成本更高有关。

本章仅考察了汉语短被动句的理解加工。研究发现，健康青年人和健康老年人在短被动句离线加工时表现差异并不明显，但是，在长被动句（如兼语式被动句）中，句子理解加工的认知负荷更高，那么，老年痴呆症患者的理解加工障碍是否会变得更加严重。此外，由于本研究所采用的句子图片匹配任务属于离线加工任务，仅能够反映出句子理解的最终结果。那么，在线句子加工的过程中，老年痴呆症患者句子阅读的时间进程是否同样会表现出与健康控制组不同的特点，是否会表现出与离线加工不同的障碍分布规律，这一问题仍然有待于进一步地深入探讨。

第九章　老年痴呆症患者关系从句理解加工研究[①]

关系从句结构一直是语言障碍研究中重点关注的句型结构。由于关系从句结构复杂，理解加工的难度相对较高，老年痴呆症患者在理解加工此类结构时更容易出现错误。本章主要聚焦于患有老年痴呆症的老年人理解加工汉语关系从句时出现的障碍，通过对比健康老年人和老年痴呆症患者在理解汉语主语关系从句和宾语关系从句时的表现，以期揭示病理性老化过程对于关系从句结构加工所产生的影响，以及句子理解障碍的主要原因，深化我们对于老年痴呆症患者语言障碍分布特征与规律的了解。

第一节　研究的目的与意义

从20世纪90年代开始，学界针对老年痴呆症患者的关系从句理解或产出障碍开展了大量的研究（Kempler et al.，1998；Waters，Rochon & Caplan，1998）。在早期的研究中，关系从句常被作为衡量句法复杂性的一个指标。来自语言产出的研究大都发现，老年痴呆症患者产出的话语中出现了不同程度的句法复杂性下降现象，在轻度认知障碍和轻度痴呆患者中，句法复杂性下降的现象并不是很明显，而在中度痴呆症患者中，已经开始出现句法复杂性下降现象，在重度痴呆患者中，句法复杂性下降的现象非常明显（Bickel et al.，2000；Caramelli et al.，1998；Kempler，1995；Small et al.，1997）。但是，专门针对关系从句理解或产出障碍的研究并不多见。Kempler et al.（1998）通过开展句子图片匹配实验考察了老年痴呆症患者对不同句法复杂性句型结构的理解加工，该研究共考察了简单主动句（The boys pushes the girl）、简单被动句（The boy is kissed by the girl）、带有关系从句的主动句（The dog

① 本章部分内容引自Xinmiao Liu，Wenbin Wang，Haiyan Wang，Yu Sun："Sentence comprehension in patients with dementia of the Alzheimer's type"，PeerJ，2019（7）。

chases the girl, that chases the boy）和名词并列句（The boy scratches the dog and the cat）。研究发现，关系从句是患者出现错误最多的句型结构，准确率大约65%，而简单主动句的准确率高达90%。可见，患者在理解加工关系从句结构时遇到了较大困难。Kempler et al.（1998）认为，老年痴呆症患者的句子理解障碍不能简单地归结为句法障碍。该研究进而通过对比在线句子加工实验和离线句子加工实验的结论考察了记忆因素对于句子理解的影响。研究考察了11个老年痴呆症患者和9个健康老年人在语法可接受度实验和跨模态命名实验中的表现。研究发现，患者在离线加工中出现了显著的障碍，但是，在线加工任务中的表现与健康组没有显著的差异。离线加工任务的表现与工作记忆具有显著的相关性。Kempler et al.（1998）据此认为，老年痴呆症患者句子理解障碍的主要原因与言语工作记忆能力的衰退有关。

此外，Waters，Rochon和Caplan（1998）针对老年痴呆症患者句子理解障碍开展了三次实验。实验一采用了多元化的句法复杂性衡量标准，首先，该研究将题元角色的顺序作为衡量句法复杂性的指标，非常规题元角色顺序的句型结构被视为比常规题元角色顺序的句型更加复杂。此外，题元角色的数量也被视为影响句法复杂性的另外一个指标。句子中题元角色的数量越多，句子结构的句法复杂程度越高。命题的数量同样会影响患者的句子理解表现。该研究将句法复杂性细化为论元数量（两个论元或三个论元）、题元角色结构和命题数量三个指标，采用句子图片匹配任务考察了这三个句法复杂性变量对老年痴呆症患者关系从句理解的影响。该研究共包括了9个句型结构，其中包括主动句、并列句、被动句、主语关系从句和宾语关系从句等。研究结果发现，两种关系从句结构是患者出错率最高的结构，其中主语关系从句的准确率仅为65%，宾语关系从句的准确率仅为55%。而其他句型结构的理解准确率达到80%以上。由于出现显著障碍的结构多为含有两个命题的结构，Waters，Rochon和Caplan（1998）认为，患者句子理解障碍的原因与句子中包含的命题数量有关系。也就是说，句子包含的命题数量越多，句子的理解加工难度越大，患者也越容易出现错误。

Small，Kemper和Lyons（1997）采用句子图片匹配任务对比分析了15名老年痴呆症患者和20名健康老年人的句子理解表现。被试听到一个句子，并从四个备选图片中选出与句子意思一致的图片。该研究从语法结构复杂性、言语速度和重复类型三个方面对实验句进行了操控，共考察了六种不同语法复杂性的句子，包括主动句、被动句、主语位置的主语关系从句、宾语位置的主语关系从句、主语位置的宾语关系从句、宾语位置的宾语关系从句。语法复杂性从嵌入小句的位置、嵌入小句的分支方向、题元角色的呈现顺序三个维度进行界定。如果一个句子包含嵌入小句结构，尤其是左分支的嵌入小句，或者非常规的题元角色结构，那么，这个句子的语法复杂性更高。根据这一标准，主动句为语法复杂性最低的句子，被动句的复杂性次之，宾语位置的关系从句均为右分支结构，但宾语位置的宾语关系从句题元角色为非常规结构，主语位置的关系从句均为左分支结构，语法复杂性更高。因此，六种句型结构的语法复杂程度为：主动句<被动句<宾语位置的主语关系从句<宾语位置的宾语关系从句<主语位置的主语关系从句<主语位置的宾语关系从句。该研究发现，患者组在所有句型结构的理解准确性上均显著低于健康控制组。被试对于包含嵌套结构的语法复杂句理解准确性显著低于语法简单句。和健康控制组相比，患者组在宾语位置的宾语关系从句和主语位置的宾语关系从句理解准确性上显著偏低。该研究未发现语言速度对两组被试的表现具有显著的影响，但重复类型具有显著影响。Small，Kemper 和 Lyons（1997）认为，患者组在宾语位置的宾语关系从句和主语位置的宾语关系从句上出现明显困难说明他们对嵌入小句进行了基于线性呈现顺序的解读，他们难以记住先前出现的句子片段，这说明工作记忆能力减退是老年痴呆症患者出现句子理解障碍的主要原因。

Small，Kemper 和 Lyons（2000）采用了一项句子复述实验，考察老年痴呆症患者句子理解和产出障碍。该实验任务的前提假设是：如果被试要正确地复述句子，那么，就要能够正确进行句法结构的分析，因此，被试的复述表现可以反映其句法分析能力是否受损。实验操控了三个变量，包括题元角色的结构、句子中命题的数量和关系从句的分支方向，共考察了六种句型结构（主动句、被动句、主语位置的主语关系从句、宾语位置的主语关系从句、主语位置的宾语关系从句、宾语位置的宾语关系从句）。研究发现，当句子中题元角色是常规结构的时候，句子理解的难度会下降。当句子包括右分支的嵌套结构时，理解难度也会下降。反之，当题元角色是非常规结构，或者句子包含左分支的嵌套结构时，句子的理解加工难度会上升。题元角色结构与分支方向具有交互作用，题元角色是否发挥作用受制于分支方向，分支方向的作用也受制于题元角色。当分支方向较为复杂时，常规的题元角色结构就失去了其优势，同样，当题元角色结构较为复杂时，右分支结构就失去了优势。据此，Small，Kemper 和 Lyons（2000）认为，这一发现支持句子理解的资源容量理论（The Resource Capacity Theory，Just & Carpenter，1992；Haarmann，Just & Carpenter，1997）。根据这一理论，句子加工受制于有限的认知资源。由于老年痴呆症患者的认知资源下降，无法满足句子理解加工的资源需求。当句子加工中的不同因素共同竞争有限的认知资源时，个体就会出现句子理解加工的困难，具体可能表现为记忆、句法分析或复述等多个方面的困难。

上述几项研究发现，老年痴呆症患者在关系从句加工中出现了明显的困难，且工作记忆下降可能是导致这一困难的主要原因。但是，也有研究对于老年痴呆症患者句子理解障碍的原因持有不同的观点，认为老年痴呆症患者除了工作记忆下降以外，句法能力本身也出现了受损，而句法能力受损也会直接影响到句子理解的表现（Emery，1985；Grober & Bang，1995）。也就是说，这些研究认为存在一种独立于一般认知能力减退的句法能力受损。Grober 和 Bang（1995）通过开展句子图片匹配实验考察了语义因素、句法复杂性和工作记忆负荷对老年痴呆症患者句子理解的影响。该研究包括了两项实验。实验一考察了不同语义可逆性（语义可逆，语义不可逆）和语态（主动语态，被动语态）的句型结构，研究发现，患者在理解所有类型的句型结构时均出现了明显的困难，而健康控制组仅在理解语义可逆的被动句时出现了困难。患者组在理解语义可逆句和不可逆句时准确率均显著低于健康控制组，作者认为，这一发现说明即使句子理解过程中无需句法分析，患者仍然存在句子理解障碍。在实验二中，实验人员对实验过程进行了调整，被试在看着句子的同时选择正确的图片，以此来降低实验任务的工作记忆负荷，目的在于考察被试是否能够利用语义线索完成语义不可逆句的理解。研究结果发现，患者在理解不可逆句时平均准确率高达 95%，但是，语义可逆句的平均准确率仅为 81%。主动句的理解准确率高于被动句的准确率。这一发现说明，老年痴呆症患者的句子理解障碍并不仅是由于语义受损或者工作记忆衰退导致，而是由于句法能力本身受损导致的。这项研究为老年痴呆症患者句法受损的观点提供了重要的证据。

综上所述，关于关系从句结构出现障碍的具体原因，现有的研究仍然没有提供确切的答案。争论的焦点在于老年痴呆症患者的句子理解障碍究竟是由于工作记忆下降，还是由于句法能力下降导致的。此外，现有的老年痴呆症患者关系从句理解障碍研究多以母语为印欧语的患者为研究对象，针对母语为汉语的老年痴呆症患者的研究并不多见，汉语的关系从句结构与英语等印欧语关系从句并不相同，属于中心语后置的结构，句法结构的差异会影响语言理解障碍的分布。因此，有必要针对汉语的关系从句结构进行专项的研究。一方面，针对汉语关系从句的研究有助于我们从语言老化的视角审视现有的关系从句加工难度问题。目前的汉语关系从句研究多针对儿童、青年人或者失语症患者，但来自老年群体的证据并不多见，更少有针对老年痴呆症患者这一特殊群体的研究，针对老年痴呆症患者的研究有助于我们更加全面地了解关系从句理解加工问题。另一方面，针对老年痴呆症患者关系从句理解障碍的研究也有助于我们对患者认知障碍和语言障碍有更加深入的了解，从而为老年痴呆症的诊断和干预治疗提供实证参考。

第二节 老年痴呆症患者汉语关系从句理解实验研究

一、研究假设

本研究的主要目的是探讨母语为汉语的老年痴呆症患者句子理解障碍的分布特征及规律。既往的研究发现，老年痴呆症患者的句子理解障碍和疾病的严重程度有关系。例如，Grober 和 Bang（1995）的研究发现，不同患病阶段的患者句子理解障碍的分布并不一样，句子理解的准确性和痴呆的严重程度呈现显著的相关性。本研究预测，健康控制组的句子理解表现显著好于轻度老年痴呆症患者，而轻度痴呆患者的表现显著好于中度痴呆患者。此外，大量研究发现，在老年痴呆症患者中，句法结构更加复杂的句子（如被动句或宾语关系从句）比简单句更难理解（Bickel et al.，2000）。因此，我们进一步预测，在患者组中会发现显著的句法复杂性效应。

在老年痴呆症患者句子理解障碍的成因方面，主要有句法损伤和记忆下降两种主要的观点。根据工作记忆下降理论，老年痴呆症患者出现句子理解障碍的主要原因是工作记忆能力的下降。因此，当认知加工活动的工作记忆负荷较高时，患者更容易出现表现下降的现象。根据句法损伤理论，老年痴呆症患者出现句子理解障碍的主要原因是句法能力的受损，因此，无论实验任务的工作记忆负荷大小如何，老年痴呆症患者总是会表现出复杂句型比简单句型更难加工的现象。为了考察句法能力和工作记忆能力两个因素是如何影响患者的句子理解障碍的，本研究设计了两项工作记忆负荷不同的实验任务，通过对比两项实验中患者的句子理解加工表现，我们不仅可以观察到患者句子理解障碍的分布规律，而且可以推断患者出现句子理解障碍的主要原因。

二、研究方法

（一）实验设计

本实验采用了常规的句子图片匹配任务，考察了健康老年组和老年痴呆症患者组两组被试理解加工汉语主语关系从句和宾语关系从句的表现。实验采用了 2×2 两因素实验设计，自变量包括组别（健康老年组、老年痴呆症患者组）

和从句类型（主语关系从句、宾语关系从句）。其中组别为组间变量，从句类型是组内变量。因变量为理解加工关系从句的准确性。

（二）被试

本研究的被试包括22名老年痴呆症患者和22名健康老年人，所有被试均是母语为汉语的60周岁以上老年人。患者由正规三甲医院神经内科医生诊断为老年痴呆症患者，健康控制组的被试是来自北京市街道社区的健康老年人。所有控制组的被试均没有帕金森症、中风、痴呆症等相关病史，无躯体疾患，无认知功能障碍。老年痴呆症患者均经过了体格检查、临床病史、神经心理检查和影像学检查。参与本研究的患者组被试是根据国内外通用的痴呆症诊断标准（NINDS-ADRDA）确诊的老年痴呆症患者。被试数据由主治医生依据美国精神病学会（APA）制订的《心理障碍诊断与统计手册（*Diagnostic and Statistical Manual of Mental Disorders*）》进行了复核。

患者严重程度的评定和划分主要依据临床痴呆评定量表（Clinical Dementia Rating scale，简称CDR；Morris，1993）。参与本实验的被试主要是轻度和中度的老年痴呆症患者。临床痴呆评定量表为国际上应用较多的痴呆严重程度评定工具，主要测量了六个认知或行为功能（记忆、定向力、判断和解决问题的能力、工作和社会交往能力、家庭生活和个人业余爱好、独立生活能力）。按照五点式量表对上述6个维度进行评定，最后将6个维度的得分汇总为一个总分，共划分为5个级别：无痴呆（0）、疑似痴呆（1）、轻度痴呆（2）、中度痴呆（3）和严重痴呆（4）。健康控制组被试的量表评定结果均为无痴呆。患者组和健康控制组被试在年龄、受教育年限和性别比例上没有统计学意义上的显著差异。

在正式实验开始前，采用Daneman和Carpenter（1980）的阅读广度范式对所有被试进行了言语工作记忆能力测试。要求被试阅读由16个到18个汉字构成的汉语句子，所有句子以分组的形式呈现给被试，每组包含两个到七个数量不等的句子。先从两个句子开始呈现，逐一增加到三个、四个和五个等。被试阅读每组句子以后，回答一组关于句子含义的理解问题，并回忆每个句子的最后一个词，将答案写到一张答题纸上。在正式测试前，被试先完成两道练习题，确保其充分理解了任务要求。最终的得分是被试能够同时正确回答问题，并正确回忆句末词的每组最大句子数。结果显示，老年痴呆症患者组的言语工作记忆广度显著低于健康控制组（$p<0.05$）。

（三）实验材料

本研究的实验材料包括汉语主语关系从句和宾语关系从句两种类型的句型

结构。本研究对于句法复杂性的界定主要根据 Gibson（1998，2000）的依存局域理论，根据这一理论，汉语主语关系从句中填充语和空位之间的线性距离比宾语关系从句更长，因此，句法复杂性相对更高。通过对比两种类型关系从句结构的句法结构，我们可以了解句法复杂性因素对于老年痴呆症患者句子理解加工所产生的影响。需要指出的是，造成句子理解障碍的原因可能包括语义结构、工作记忆和句法结构等多种因素。由于本研究聚焦于句法因素和工作记忆因素，因此，在实验材料的设计中控制了不同实验条件的词汇语义信息。具体的实验句如下所示：

（1）追赶妈妈的男孩拿着雨伞。（主语关系从句）

（2）妈妈追赶的男孩拿着雨伞。（宾语关系从句）

句（1）为主语关系从句，句（2）为宾语关系从句，两个句子均为主语位置的关系从句。所有句型结构均为语义可逆句，使被试主要依托句法信息进行句子意义的建构。正式实验前，邀请 28 名被试对所有句子进行了语义可接受度测评，按照五点式量表对实验句的语义可接受度进行评分，结果显示，两类关系从句的可接受度评分没有显著的差异。所有参加评分的被试不参与后续的正式实验。每个句子对应 4 张图片，其中只有 1 张图片与实验句意思相符，其他 3 张图片对应题元角色关系不同的句子。例如，句（1）（追赶妈妈的男孩拿着雨伞）对应的图片分别是妈妈追赶的男孩拿着雨伞（A），男孩追赶的妈妈拿着雨伞（B），追赶妈妈的男孩拿着雨伞（C），追赶男孩的妈妈拿着雨伞（D）。

（四）实验流程

整个实验过程中，患者由其家人或亲属全程陪同完成实验任务。在正式实验开始之前，我们先采用图片匹配任务测量和训练了被试对于正式实验中出现的关键名词和动词的理解，使被试对这些关键词的含义都能够充分了解，从而确保后续的实验聚焦于句型结构理解，而不是词汇的理解。由主试口头念出名词或动词，然后，被试将图片与这些词汇进行匹配，从两张备选图片中选出与词汇意义相一致的图片。如果被试出现匹配错误，由主试告诉被试正确答案，并且重新测试该题目，直至被试能够正确辨识出所有词汇的意思。完成该任务以后，正式实验开始。被试将听到一个句子，并且看到 4 张图片，然后判断哪张图片与句子的意思一致。他们可以通过口头或手势示意正确的答案，主试将被试的作答结果记录到一张答题纸上。首先，被试完成 5 道练习题，确保他们正确理解实验的流程。主试对每个问题进行多次重复和提示，如果被试仍然没有能够作答，该题将按照错误作答处理。整个实验过程持续的时间与患者测试当日的身体和心理状态有关，不同患者所需的时间并不相同，平均测试时间约为 20 分钟。

三、研究发现

为了考察不同类型被试句子理解加工的表现差异，我们以句子类型（主语关系从句、宾语关系从句）和组别（老年痴呆症患者组、健康控制组）为自变量，句子理解的准确率为因变量进行方差分析。方差分析的结果显示，组别的主效应显著（F_1（1，42）=61.06，$p<0.05$；F_2（1，28）=75.49，$p<0.05$），句子类型的主效应显著（F_1（1，42）=19.44，$p<0.05$；F_2（1，28）=20.22，$p<0.05$），组别和句子类型的交互效应显著（F_1（1，42）=6.57，$p<0.05$；F_2（1，28）=6.53，$p<0.05$）。进一步两两比较分析显示，健康控制组的句子理解准确率显著高于患者组。在患者组和控制组中，汉语主语关系从句的理解准确率均显著低于宾语关系从句。但是，句子类型效应在患者组中比在健康控制组中更强。

为了考察不同严重程度患者的句子理解表现差异，我们以句子类型（主语关系从句、宾语关系从句）和严重程度（轻度、中度）为自变量，句子理解的准确率为因变量进行方差分析。分析结果显示，严重程度的主效应显著（F_1（1，20）=8.90，$p<0.05$；F_2（1，28）=-8.17，$p<0.05$），句子类型的主效应显著（F_1（1，20）=14.21，$p<0.05$；F_2（1，28）=-14.39，$p<0.05$），严重程度和句子类型的交互效应不显著（F_1（1，20）=1.45，$p=0.243$；F_2（1，28）=-1.57，$p=0.220$）。中度痴呆患者的理解准确率显著低于轻度痴呆患者，在两组患者中，主语关系从句的理解准确率均显著低于宾语关系从句。但是，句子类型的效应在两组患者中没有显著的差异。

为了进一步探索句子类型效应是否与工作记忆容量相关，我们对工作记忆容量和不同类型关系从句的理解准确率差异进行了斯皮尔曼相关性分析，分析结果发现，两者在健康控制组中呈现显著的负相关（$r=-0.54$，$p<0.05$），在轻度患者组中呈现显著负相关（$r=-0.63$，$p<0.05$），同样在中度患者组中呈现显著的负相关（$r=-0.81$，$p<0.05$），这说明在所有被试中，工作记忆容量和主、宾语关系从句的结构差异具有显著的关系，被试的工作记忆容量越低，越容易受到主语关系从句和宾语关系从句之间结构差异的影响。

四、讨论

本研究通过句子图片匹配任务考察了母语为汉语的老年痴呆症患者在理解汉语关系从句时的表现。研究发现，母语为汉语的老年痴呆症患者出现了较为明显的句子理解障碍，具体表现在，跟健康控制组相比，老年痴呆症患者的句子理解准确性显著降低。此外，同健康控制组相比，句法复杂性因素对于老年痴呆症患者的句子理解加工表现影响更大。这一发现和来自英语等其他语言的研究结论基本一致（Bates，Wulfeck & MacWhinney，1991；Emery，1985；Greene et al.，1996；Grober & Bang，1995；Kempler et al.，1998；Kontiola et al.，1990；Leikin & Aharon Peretz，1998；MacDonald et al.，1996；Marková et al.，2017；Rochon，Waters & Caplan，1994；Small，Kemper & Lyons，2000；Tomoeda et al.，1990）。现有的研究均发现，老年痴呆症患者同健康老年人相比出现了显著的句子理解能力下降现象，这一现象具有跨语言的普遍性。随着疾病严重程度的增加，句子理解的准确性降低，说明老年痴呆症患者句子理解障碍与其具体的患病阶段有关系，这一发现支持本研究的假设，与以往研究的发现基本一致。

本研究发现，母语为汉语的老年痴呆症患者在理解汉语主语关系从句时，出现的困难显著大于宾语关系从句，这一趋势与来自母语为英语的老年痴呆症患者的研究发现恰好相反。Bickel et al.（2000）和 Kempler et al.（1998）发现，母语是英语的老年痴呆症患者在理解宾语关系从句时出现的障碍大于主语关系从句。造成这一差异的主要原因是英语和汉语关系从句结构的不同，由于汉语关系从句属于中心语后置结构，嵌入小句在中心语前面的位置出现，因此，在主语关系从句中填充语和空位之间的线性距离长于宾语关系从句，根据 Gibson（1998，2000）的依存局域理论，主语关系从句的句法复杂性高于宾语关系从句，存储成本和整合成本均显著更高。多项汉语失语症研究同样发现，失语症患者在理解汉语主语关系从句时出现的障碍显著高于宾语关系从句（周统权等，2010；Law & Leung，1998；Su et al.，2007）。

本研究还发现，句子类型效应在老年痴呆症患者组比在健康控制组更强，这说明句法复杂性对于患者的影响大于对于健康老年人的影响。在所有被试中，不同类型关系从句的准确性差异与工作记忆广度之间存在显著的相关性，这说明工作记忆限制对于健康老年人、轻度痴呆患者和中度痴呆患者具有普遍性的影响。这一发现可能与本研究采用的实验任务有关。由于本研究所采用的句子图片匹配任务属于离线句子加工任务，被试需要完成句法分析后，将已经建构的句子意义与备选的图片进行匹配，这一过程需要将句子的意义暂时存储在工作记忆中，因此，该任务属于工作记忆负荷较高的实验任务，对于记忆能力受损的痴呆症患者和记忆下降的健康老年人而言都具有挑战性。根据 Evans（1996）对于相关系数绝对值的建议（弱：$r=0.20\sim0.39$。中：$r=0.40\sim0.59$。强：$r=0.60\sim0.79$。非常强：$r=0.80\sim1.0$），不同类型从句的准确性差异与工作记忆广度之间的相关性在健康控制组中为中等强度，在轻度患者和中度患者中的相关性更强。这说明相关性与痴呆患病阶段有关。句子类型效应与工作记忆广度之间的联系随着疾病的严重程度增加而呈现出不断增强的趋势。这说明，痴呆的严重程度越高，工作记忆下降越有可能是导致句子理解障碍的重要因素。也就是说，工作记忆下降对于患者句子理解所造成的影响会随着痴呆严重程度的增加而不断增强。

第三节 老年痴呆症患者关系从句理解障碍成因研究

在实验一中，我们考察了轻度和中度老年痴呆症患者在汉语关系从句理解中出现的障碍，同时考察了工作记忆和患者句子理解障碍之间的可能关系。这项实验初步揭示了工作记忆对患者句子理解表现的影响，但是，对于先前研究中存在的句法受损和记忆受损假说之争，实验一仍然无法提供准确的证据。该实验并没有对句法效应和记忆效应进行有效的分离，因此，我们无法确定实验观察到的句子理解障碍究竟来自句法能力受损，还是来自工作记忆下降。实验二的目的在于进一步探索老年痴呆症患者句子理解障碍的成因。

一、研究假设

为了考察导致老年痴呆症患者句子理解障碍的主要原因是句法受损，还是记忆下降，我们采用了降低实验任务的工作记忆负荷的方法。如果在工作记忆负荷降低后，我们仍然能够在患者表现中观察到句法复杂性效应，那么，可以认为句法复杂性对理解加工表现的影响是独立于工作记忆的，也就是说，存在着独立于工作记忆下降的句法能力受损。如果工作记忆负荷降低后，句法复杂性效应不再显著，那么，我们可以推断出，工作记忆是导致句子理解障碍的最主要原因。具体而言，如果句法受损的观点成立，那么我们应当能够发现从句类型效应在患者组和健康控制组间有显著差异，且工作记忆与从句类型效应之间没有显著的关系；如果工作记忆下降的观点成立，那么我们应当可以发现从句类型效应在患者组和健康控制组之间没有显著差异，且工作记忆与从句类型效应之间具有显著的关系。

二、研究方法

（一）实验设计

实验二和实验一一样，采用句子图片匹配任务考察健康老年组和老年痴呆症患者组理解加工汉语主语关系从句和宾语关系从句的表现。研究采用 2×2 两因素实验设计，自变量包括组别（健康老年组、老年痴呆症患者组）和从句类型（主语关系从句、宾语关系从句），从句类型是组内变量，组别为组间变量。因变量为句子理解加工的准确率。

（二）被试

共计 38 名被试参与了本实验，其中包括 10 名轻度老年痴呆症患者，8 名中度老年痴呆症患者和 20 名同龄健康老年人。健康老年人和痴呆症患者在年龄、受教育年限和性别比例方面没有显著的差异。健康老年被试的工作记忆广度显著大于患病被试（$t(36)=-5.32$，$p<0.05$）。所有被试均没有报告心脑血管疾病、阅读障碍、酗酒、吸毒等经历。

（三）实验材料

实验 2 采用了汉语主语关系从句和宾语关系从句两种结构。实验句包括 15 个主语关系从句和 15 个宾语关系从句，另外包括 30 个结构和长度各异的填充句。填充句包括主动句、被动句和话题句。实验句如下所示：

(1) 追赶妈妈的男孩拿着雨伞。(主语关系从句)

(2) 妈妈追赶的男孩拿着雨伞。(宾语关系从句)

正式实验前，我们邀请 38 名被试对所有实验句进行了语义可接受度测评，按照五点式量表对所有实验句进行了评分，测评结果显示，两类关系从句的语义可接受度没有显著的差异。参加评分的被试不参加后续的正式实验。

（四）实验流程

和实验一一样，在正式实验前，我们先采用图片匹配任务训练了被试对于正式实验中出现的关键名词和动词语义信息的理解。与实验一不同的是，在正式实验中，主试以书面形式向被试呈现句子，并同时呈现四张图片，被试同时看着句子和图片对两者进行匹配，判断哪张图片与句子的意思一致。然后通过口头或手势示意正确的答案，主试将被试的作答结果记录到一张答题纸上。在这一过程中，被试可以无限次数地回看句子和图片，直至做出回应。在正式实验开始前，被试先完成 5 道练习题，确保他们正确理解实验的流程。主试对每个问题进行多次重复和提示，如果被试仍然没有能够作答，则该题目按照错误回答处理。平均测试时间约为 20 分钟，但具体持续的时间与每位患者测试当日的身体和心理状态有关。

三、研究发现

为了考察不同组别被试句子理解的表现差异，以组别（老年痴呆症患者组、健康控制组）和句子类型（主语关系从句、宾语关系从句）作为自变量，句子理解的准确率作为因变量进行了方差分析。方差分析结果显示，组别的主效应显著（F_1（1，36）＝59.80，$p<0.05$；F_2（1，28）＝190.80，$p<0.05$），句子类型的主效应显著（F_1（1，36）＝8.01，$p<0.05$；F_2（1，28）＝6.33，$p<0.05$），组别和句子类型的交互效应显著（F_1（1，36）＝12.84，$p<0.05$；F_2（1，28）＝19.16，$p<0.05$）。两两对比分析显示，健康控制组的句子理解准确率显著高于患者组，在患者组中，主语关系从句的理解准确率低于宾语关系从句。但是，在健康控制组中，句子类型的效应不显著，主语关系从句和宾语关系从句的理解准确率没有显著的差异。

以句子类型（主语关系从句、宾语关系从句）和严重程度（轻度痴呆症患者组、中度痴呆症患者组）为自变量，句子理解的准确率为因变量进行方差分析。分析结果显示，严重程度的主效应显著（F_1（1，16）＝34.94，$p<0.05$；F_2（1，28）＝18.91，$p<0.05$），句子类型的主效应显著（F_1（1，16）＝24.58，$p<0.05$；F_2（1，28）＝29.40，$p<0.05$），严重程度和句子类型的交互效应显著（F_1（1，16）＝12.45，$p<0.05$；F_2（1，28）＝6.58，$p<0.05$）。进一步分析显示，中度患者组比轻度患者组的句子理解准确率显著更低，在轻度患者组中，句子类型的效应不显著，主语关系从句和宾语关系从句的理解准确性没有显著差异，在中度患者组中，主语关系从句的理解准确率显著低于宾语关系从句。

为了进一步解读中度痴呆患者组中表现出的从句类型效应，我们对该组被试的工作记忆广度和从句类型效应之间的关系进行了相关分析。研究结果表明，中度痴呆患者中，两类关系从句结构的准确性差异与工作记忆广度之间没有显著的相关性，$r_s=0.66$，$p=0.071$，这说明中度痴呆症患者中的句法复杂性效应与工作记忆衰退之间没有显著的相关性。也就是说，工作记忆衰退可能并不是导致中度痴呆症患者产生句子理解障碍的唯一原因。

四、讨论

实验二旨在探讨老年痴呆症患者汉语句子理解障碍的成因。当实验任务的工作记忆负荷降低时，健康控制组和轻度老年痴呆症患者不受到句法复杂性的影响，主语关系从句和宾语关系从句的理解准确性之间没有显著的差异。而中度老年痴呆症患者仍然受到句法复杂性的影响，主语关系从句比宾语关系从句更难理解。相关分析发现，中度患者组表现出的句法复杂性效应与工作记忆广度之间没有显著的关系。这一发现说明，在中度痴呆症患者中，句法复杂性效应相对独立于工作记忆下降。在中度患者中，除了工作记忆下降之外，句法能力受损也是导致患者出现句子理解障碍的原因，而在轻度痴呆症患者中，工作记忆能力下降是导致句子理解障碍的原因。实验一发现，工作记忆与轻度和中度痴呆症患者的句法复杂性效应均显著相关。Kempler et al.（1998）指出，工作记忆指征与离线任务表现之间的相关性说明两种任务采用的是同样的认知资源。因此，本研究的发现说明，工作记忆对不同严重程度的痴呆患者均具有普遍性的限制。但是，实验二进一步发现，仅在中度痴呆症患者组中句法复杂性效应显著。这项研究揭示了句子理解障碍成因与痴呆严重程度之间的关系。不同严重程度的痴呆患者的句子理解障碍可能具有不同的成因。随着患病的严重程度增加，造成句子理解困难的因素也更复杂。这一研究发现与 Bickel et al.（2000）的研究发现总体上呈现出较为一致的趋势，Bickel et al.（2000）发现母语是德语的痴呆症患者在患病初期阶段句法能力轻度受损，而随着严重程度的增加，句法能力严重受损。但是，本研究的发现与 Grossman et al.（1995）和 Waters，Caplan & Rochon（1995）的研究发现不一致。Grossman et al.（1995）和 Waters，Caplan & Rochon（1995）发现，不同的患病严重程度与句子理解障碍之间没有显著的关联。研究发现的不一致可能是由于对患病严重程度的分类和评测标准不同所致，本研究采用了临床痴呆评估量表对痴呆患者的严重程度进行划分，而 Grossman et al.（1995）和 Waters，Caplan & Rochon（1995）主要采用 Folstein，Folstein & McHugh（1975）的简易精神状态量表对患者的严重程度进行分类。现有的研究表明，句子理解障碍可能相对独立于简易精神状态量表所测定的总体认知过程（Croot，Hodges & Patterson，1999），但可能与临床痴呆评定量表所测得的认知过程更相关。

关于句法能力是否受损在既往的研究中存在较大争议。Kempler，Curtiss & Jackson（1987）和 Schwartz，Martin & Saffran（1979）发现，老年痴呆症患者的句法能力保存完好。但是，后续的研究发现，虽然老年痴呆症患者的语言产出中少有句法错误，但出现了句法复杂性显著下降的现象，语言产出中所包含的嵌套结构更少。Altmann，Anderson & Kempler（1993）和 Altmann（1998）分析了老年痴呆症患者即席话语和诱导性话语中出现的形态句法错误，发现即使在工作记忆负荷较低的在线实验任务中，患者也会出现句法问题。本研究关于句法能力受损的发现与 20 世纪 90 年代后期的研究基本一致，说明痴呆患者的句法能力会随着病情的加重而受损。这可能与老年痴呆症患者的脑萎缩程度逐渐加深有关。目前，针对老年痴呆症患者语言障碍的脑机制研究仍非常有限，大脑生理结构与语言障碍之间的关系还不够明晰，未来的研究应针对这一话题进行深入的探究。

本研究的发现对于老年痴呆症的诊断和治疗都具有重要的意义。对于疾病的治疗来说，由于不同患病阶段的患者语言障碍的致病因素有差异，因此，在对患者的语言障碍进行临床干预的过程中应当充分考虑到不同的因素。对于轻度痴呆患者而言，由于语言理解障碍的主要原因是工作记忆的下降，语言障碍的干预应当主要以工作记忆训练为主，通过减缓工作记忆下降和提升工作记忆能力来促进语言障碍的恢复。而对于中度患者而言，导致其语言理解障碍的因素既包括句法能力受损，也包括工作记忆能力衰退。因此，针对中度患者语言理解障碍的康复训练应当涵盖工作记忆训练和语言能力的专项训练，两者缺一不可。只有对患者的语言和记忆能力进行全面的训练才能有效提升语言障碍干预的临床效果。对于老年痴呆症的诊断而言，本研究的发现表明句法能力受损似可作为判定患病严重程度的重要指征，如果我们在患者的句子理解表现中发现了句法能力受损的现象，那么，这标志着患者可能至少已发展到中度痴呆阶段。当然，由于本研究的样本量较小，这一基于语言学的指征仅能作为辅助性的诊断手段，其可靠性和科学性尚有待于更多大样本的研究进行验证。此外，由于我们在研究过程中未能成功收集到重度痴呆患者的有效数据，关于此类病人的句子理解障碍分布特征和成因尚不明晰；由于随着患病严重程度的增加，患者的语言障碍也通常会变得愈加明显，在句子理解中可能会出现更大的困难。因此，有必要针对这一群体开展相关的研究。如何针对重度患者设计更具可行性的数据采集方案，对其语言理解障碍进行科学有效的评估和测量，这是一个需要在后续研究中重点解决的问题。

第四节　章节结语

本章探讨了母语为汉语的老年痴呆症患者在关系从句结构理解中出现的障碍及其原因。我们通过开展句子图片匹配实验发现，老年痴呆症患者在理解汉语主语关系从句时，准确率显著低于宾语关系从句的理解准确率，关系从句理解的非对称性现象在老年痴呆症患者组中更加明显。进一步的实验研究发现，导致这一现象的原因在不同严重程度的患者中并不相同。在轻度痴呆患者中，工作记忆下降是导致患者出现句子理解障碍的首要因素，而在中度痴呆患者中，工作记忆下降和句法能力下降均影响患者的句子理解表现。这一发现揭示了患病严重程度与句子理解障碍之间的关系，对于我们深入了解母语是汉语的老年痴呆症患者的语言障碍具有重要的意义。研究成果对于老年痴呆症的早期诊断和干预治疗均具有一定的参考价值。

第十章 老年痴呆症患者话题句理解加工研究

除了被字句以外，老年痴呆症患者在理解其他类型的句子结构时也会出现困难，例如话题句、把字句、所字句等。为了揭示老年痴呆症患者在其他句型结构上的受损特征，本章将聚焦于汉语的话题结构，主要考察老年痴呆症患者在理解加工汉语话题句时的障碍分布规律和特点，通过对比汉语话题句和常规语序句的理解加工准确性来揭示老年痴呆症患者句子理解加工的选择性受损规律。

第一节 研究目的与意义

话题的概念最早由 Sapir（1921）在《语言论》中提出。话题指的是以语言的形式来呈现一个命题，将主题和对主题的陈述进行有机的结合。在汉语学界，对于汉语话题结构的研究具有很长的历史。陈承泽（1922）最早提出了“标语－说明语”的常规话题结构，也就是“话题－说明”的结构，并进一步指出，英语等印欧语言的常规结构与汉语并不相同，是“主语－谓语”结构，话题结构具有跨语言的差异和特性，我们需要在研究工作中充分考虑到汉语话题结构的特异性。汉语为话题优先型语言（topic-prominent language），而印欧语属于主语优先型语言（subject-prominent language）（Li & Thompson，1976，1981）。因此，话题句是具有重要类型学意义的句型结构，从话题结构中可以窥探到不同语言之间的类型学差异。

然而，在语言加工领域中，大多数研究只关注汉语关系从句结构或被动句的加工（刘涛等，2011；刘涛，江火，2016；孙晓霞，2014；吴芙芸，2011，2012，2013；Yang，Perfetti & Liu，2010），仅有少数几项研究考察了汉语话题句加工的机制（Zhang et al.，2013；杨亦鸣，刘涛，2013）。杨亦鸣和刘涛（2013）的研究专门探讨了汉语话题句中语迹的神经加工机制。该研究以生成语法理论为基础，采用事件相关电位技术，以汉语合法话题句、不合法话题句和常规语序的控制句为刺激材料，考察了汉语语迹的神经机制问题。研究发现，汉语话题句加工主要涉及以下 ERP 成分：①中央—后部脑区分布的晚期正成分 P600，反映了句法依存关系的构建加工。该成分出现在话题句的句末位置。②动词位置的负成分，在移位成分的原有句法位置会诱发出短暂的左前部负波（LAN），反映了从工作记忆中重新激活、提取移位成分的加工。研究认为，句法成分移位后会在原位置留有语迹，所以移位成分在工作记忆中会被存储与维持到其原位置，并在原位置上被重新激活和提取，与空位处留下的语迹构建起句法依存关系。③在句法移位结构加工时，在移位成分被识别的句法位置上会诱发出一个持续性的前部负波成分（SAN），一直延续到移位成分原有的句法位置上，这一成分体现了在大脑中存储与维持句法移位成分的认知加工过程。杨亦鸣和刘涛（2013）的研究表明，语迹理论假设具有一定的心理现实性，同时，这项研究也证明汉语话题句是移位生成的句法结构。该研究对于揭示汉语话题句加工的神经机制具有重要的意义，但是，这项研究主要以母语是汉语的青年人作为研究对象，目前对于健康老年人和老年痴呆症患者汉语话题句理解加工的研究还很少。Prieto et al.（2007）考察了帕金森症患者对葡萄牙语主动话题结构、被动话题结构等多种话题句的理解，发现患者对话题句的理解能力与健康控制组相比并没有显著的差异。但是，帕金森症和老年痴呆症的病理机制并不相同，该研究的结论是否适用于老年痴呆症患者尚不明晰。由于老年痴呆症患者的工作记忆能力严重受损，在句法移位加工中移位成分的存储和激活过程中可能会出现工作记忆资源不足，从而导致移位加工出现困难。因此，患者有可能在话题句理解加工中表现出与健康老年人不同的特点。本研究将以汉语话题结构作为切入点，考察老年痴呆症患者对这一结构的理解加工障碍，通过对比健康老年人和老年痴呆症患者的加工表现来揭示句子加工病理性退化的规律。

第二节　研究假设

由于汉语为话题显著型语言，同英语相比，话题句（“这本书他读过”）在汉语中更加常见。和被字句相似，话题句也属于非常规语序结构，是在常规的 SVO 语序结构基础上经过移位生成的句法结构。生成语法理论认为，英语等印欧语言中的话题句是由句法移位生成的，宾语成分从句子的句法宾语位置移出到句首，在原来的位置上留下一个与移位成分共指的语迹。Felser，Clahsenand 和 Münte（2004）的研究为这一理论观点提供了实证研究的证据。有研究认为，和英语话题句类似，汉语话题句同样是由显性成分移位到句首话题位置形成的结构。Huang 和 Kaiser（2008）的自控步速阅读研究证实了在汉语话题句的在线加工中包含了移位成分和语迹句法依存关系的建构过程，从而表明汉语话题句是句法移位结构。如下面的例子所示，（1）句为常规语序 SVO 结构的简单句，（2）句为非常规语序 OSV 结构的话题句。“那辆汽车”从动词谓语后面位置移出至句首位置，并在句末位置留下一个语迹 t。

（1）张三很喜欢那辆汽车。

（2）那辆汽车$_i$，张三很喜欢$_{t(i)}$。

由于句法移位操作需要耗费认知资源，和非移位的常规 SVO 句型相比，话题句消耗的认知资源将会更多。在记忆能力严重受损的情况下，老年痴呆症患者对话题结构的加工也会表现出与健康老年人和健康青年人不同的特点。因此，本实验将把健康青年人、健康老年人和老年痴呆症患者对汉语话题结构和常规语序句的理解加工进行对比分析。由于移位生成的话题句在句法复杂性上高于非移位的 SVO 句，因此，健康青年人、健康老年人和老年痴呆症患者在加工句法结构更加复杂的汉语话题句时表现出的差异将更加明显。根据 Just 和 Carpenter（1992）的容量限制理论，当句子加工的认知负担较大时，句子加工的表现将出现随着年龄增长而衰退的趋势。基于这一观点可以推断，三组被试在加工汉语简单句时的差异可能并不明显，但是，在加工句法复杂性相对更高的话题句时，青年人的理解准确性将高于健康老年人和老年痴呆症患者，健康老年人的加工表现也可能会好于老年痴呆症患者。

第三节 研究方法

本研究主要通过句子图片匹配实验考察了健康老年人、青年人和老年痴呆症患者在加工汉语话题句和常规语序句的差异，以期揭示汉语句子加工能力的病理性衰退特征和规律。实验采用 3（组别）× 2（句子类型）的两因素设计，两个因素分别是组别（被试类型）和句子类型。其中，组别包括健康青年人、健康老年人和老年痴呆症患者三个水平，句子类型包括话题句和常规语序句两个水平。被试类型是被试间变量，句子类型是被试内变量。因变量为被试作答的准确性。

一、被试

共计 57 人参与本实验，其中包括青年人 20 人、健康老年人 20 人和老年痴呆症患者 17 人。青年人均为北京高校在校大学生，健康老年人来自周边社区。所有老年痴呆症患者均为参加过先前研究的被试，其中轻度痴呆患者 12 人，中度痴呆患者 5 人。被试母语均为汉语，右利手，视力或矫正视力正常。三组被试的受教育年限没有显著差异，性别比例无显著差异。青年组被试的平均年龄显著低于健康老年组和老年痴呆症患者组（$p<0.05$），而健康老年组和痴呆患者组的年龄没有显著差异。实验前，所有被试完成了中文版简易精神状态检查量表的筛查，健康老年组平均得分为 27.93 分，老年痴呆症患者为 19.21 分，所有健康老年人的得分均高于 26 分，健康老年组的平均得分显著高于老年痴呆症患者组（$p<0.05$）。

二、实验材料

实验采用句子图片匹配任务，句子材料包括话题句和常规语序句各 20 句，基本结构分别为“施事名词 + 谓语动词 + 受事名词”（常规语序句）和“受事名词 +谓语动词 + 施事名词”（话题句）。另外，实验还采用了 40 个结构和长度各异的填充句，总共 80 个句子，随机排序后呈现给被试。实验采用的刺激材料如图 10－1 所示。(a)“男孩追赶着小狗。”为常规语序句，(b)“小狗男孩追赶着。”为话题句。每个句子对应两张题元角色关系相反的图片。为了避免词汇语义和语法信息对实验结果的干扰，两组实验句采用的名词和动词完全相同，且名词均为有生命性的名词。在正式实验前，对全部实验刺激材料进行了可接受度评分，以调查问卷的形式邀请 28 名青年人和老年人对句子的可接受度进行了打分。结果表明，常规语序句的可接受度平均值为 4.66，话题句的可接受度平均值为 4.53，两组实验句的可接受度得分没有显著的差异。

(a) 男孩追赶着小狗。　　(b) 小狗男孩追赶着。

图 10－1　实验刺激材料示例

三、实验流程

本实验的流程与先前的实验基本相同。每个患者在家属的陪同下完成实验任务，患者逐一参与实验。实验前，由实验人员向患者讲解实验任务的内容和要求，确保患者充分了解了实验内容。然后，患者完成五道练习题，在保证了患者理解实验任务的要求后，再开始正式实验。患者听到一个汉语句子，然后从两个备选图片中选出和句子意思一致的图片。每正确回答一个问题得一分，回答错误不得分。如患者未在规定时间内作答，则该题记为 0 分。实验持续 15 分钟至 25 分钟，具体时长根据患者在实验过程中的身体和心理状态而定。

第四节　研究结果

我们对三组被试正确回答问题的百分比进行了统计。青年组理解常规语序句和话题句的平均准确率分别为 98.7%和 98.2%，健康老年组理解常规语序句和话题句的平均准确率分别为 98.5%和 97.8%，老年痴呆症患者句子理解的平均准确率分别为 95.2%和 82.6%。初步观察发现，青年组的理解准确性整体上与健康老年组较为接近，但是，青年组和健康老年组的准确性高于老年痴呆症患者组。

以作答准确率作为因变量，被试类型和句子类型作为自变量进行了方差分析。方差分析发现，被试类型的主效应显著（F（1，55）=45.90，$p<0.01$），句子类型的主效应显著（F（1，55）=27.38，$p<0.01$），被试类型和句子类型的交互效应显著（F（1，55）=23.21，$p<0.01$）。进一步分析发现，常规语序句的理解准确率高于话题句。青年人的作答准确率与健康老年人的作答准确率没有显著差异，健康老年人的准确率显著高于老年痴呆症患者，青年人的准确率显著高于老年痴呆症患者，这说明健康老年人的句子理解没有发生显著的衰退，但是，老年痴呆症患者的句子理解能力明显下降。

事后两两分析发现，在健康老年人中，常规语序句和话题句的理解准确率没有表现出统计学意义上的显著差异，青年人中同样没有显著差异。但是，在老年痴呆症患者中，常规语序句的理解准确率显著高于话题句。同青年人和健康老年人相比，常规语序句和话题句的加工难度差异在老年痴呆症患者中更加明显。也就是说，老年痴呆症患者理解加工话题句的相对准确率更低。

第五节　讨论

在老年痴呆症患者的语言障碍研究中，多数学者仅关注了关系结构、被动句等相关结构的理解加工（Caloi，2013；Marková et al.，2017），话题结构并没有受到足够的关注。本实验通过句子—图片匹配任务对比分析了健康青年人、健康老年人和老年痴呆症患者加工汉语常规语序句和话题句的表现。研究发现，健康青年人和健康老年人在句子理解加工的准确性上没有显著差异，且两类句型结构之间没有显著差异；而在老年痴呆症患者中，常规语序句的准确性低于健康控制组，话题句的理解准确率显著低于健康控制组，且常规语序句理解的准确性显著更高于话题句。这说明，同健康控制组相比，老年痴呆症患者在理解汉语话题句时出现了明显的障碍。这一发现与本研究的预期基本相符。

由于话题句在生成过程中经历了名词短语从动词后面的宾语位置上移动到句首的过程，这种句型结构与常规语序句相比句法复杂性相对较高，由于健康老年人和青年人的句子加工能力未受损，且工作记忆资源相对充裕，两类被试在加工话题句时的表现差异并不明显。但是，对于工作记忆受到损伤的痴呆症患者而言，他们对句法结构的复杂性因素更加敏感。句法复杂性较高的句型结构对于患者来说往往更难加工，这已经得到了相关研究的支持（Emery，1996，2000）。既往的研究大都认为，老年痴呆症的句子理解明显呈现出句法复杂性效应，即患者在理解关系从句等句法结构复杂的句子时遇到的困难更大，而且复杂句理解障碍会随着病情的发展而变得更加严重。本研究的发现与这些研究的结论基本一致，说明汉语老年痴呆症患者出现了明显的句子理解障碍，当句子结构的句法复杂性较高时，患者的理解准确性发生了明显的下降。本研究在前文被动句理解障碍研究的基础上，进一步证明句法复杂性是影响老年痴呆症患者语言理解的重要因素，与痴呆症语言理解障碍密切相关，可以作为诊断和评估痴呆症语言理解障碍的指标之一。值得说明的是，本研究中仅考察了轻度和中度痴呆症的患者，没有考察重度痴呆患者，研究发现，轻度和中度患者对句法复杂性相对较高的句型结构加工障碍更加明显，而对于句法复杂性相对较低的结构加工的准确性相对较高。那么对于重度痴呆症患者，句法复杂性低的句型是否会出现受损严重的现象，这需要后续的研究继续深入探讨。

本研究和被字句理解障碍研究显示，老年痴呆症患者在理解汉语被字句和话题句时出现了较大的困难，而理解主动句和常规语序句时加工障碍相对较小，患者在理解汉语主语关系从句时遇到的困难大于宾语关系从句，这说明患者的句子理解障碍呈现出选择性的规律，患者理解被字句和话题句等句法复杂性相对较高的句子时更容易出错，句子理解障碍主要集中在句法复杂的结构上。据此，我们可以预测对于多重嵌套等句法复杂性很高的句子结构，患者的出错率可能会更高。现有的实验研究所揭示的障碍分布规律较为一致，均表明非常规语序句型比常规语序句型的加工难度更高，更加容易受到损伤。来自英语和韩语的证据同样表明，在非常规语序结构的加工中，年老化效应更加显著。例如，英语的宾语关系从句和宾语强调句（Stine-Morrow et al.，2000；

Caplan et al.，2011）、韩语的 OSV 语序句型（Oh et al.，2016；Sung，2016）均是受到老年化影响非常明显的结构。这些发现与本研究的发现基本一致。这说明非常规语序结构受损更加严重的现象具有一定的跨语言普遍性。

老年痴呆症患者对于不同句型结构的理解障碍并不相同，了解这些障碍分布的规律对于疾病的诊断和治疗都具有重要的意义。如果痴呆症患者在某些结构上较为稳定地出现明显的障碍，那么这些句型结构可以作为识别老年痴呆症语言认知障碍的重要临床指标。本研究的发现说明，被动结构和话题结构等非常规语序结构的损伤可能是汉语老年痴呆症患者的重要语言理解障碍，在老年痴呆症语言障碍检测工具的开发和研制过程中应该充分考虑到句法结构因素。

第六节　章节结语

老年痴呆症患者的句子理解障碍影响到患者与外界进行有效的交流和沟通，对患者的身心健康具有严重影响，因此，针对句子理解障碍的研究具有重要的实践价值和意义。本研究通过句子－图片匹配任务对比分析了健康青年人、健康老年人和老年痴呆症患者理解加工汉语话题句的表现，研究发现，在健康组中，话题句和常规语序句的准确率差异并不显著，但是，老年痴呆症患者对话题句的理解能力显著下降，话题句可以作为区分健康老年人和老年痴呆症患者语言能力损伤的重要句型结构。

根据生成语言学的观点，汉语话题结构属于移位生成的句法结构。这一发现说明，老年人在加工移位句型结构时比青年人效率降低，无法像青年人一样高效地从工作记忆中重新提取移位成分，并建构移位成分与语迹之间的依存关系。年老化导致了移位加工的能力发生衰退。实际上，移位操作在句子加工中普遍存在，关系结构、被字句等都存在句法移位的现象。我们认为，应该针对句法移位操作的年龄差异问题和病理性退化问题开展更为广泛和深入的研究。句法移位加工的正常年老化和病理性退化是一个复杂的过程，既受到语言学因素的影响（如移位成分和语迹之间的距离大小、动词论元的生命性信息、谓语动词的题元结构等），也受到加工者的个体差异因素影响（如工作记忆容量、受教育程度、社会和文化背景），要揭示句法移位加工认知老化背后的复杂规律还需要进行进一步的研究和探索。此外，在这项研究中，我们仅考察了填充语和空位之间距离较短的话题结构，那么，在长距离依存关系中，句子加工的认知负荷将会变得更高，老年痴呆患者的语言理解障碍就有可能会变得更加明显。后续研究可以针对移位距离更长的句法结构进行系统的研究。

第十一章　综合讨论

本章在实证研究的基础上，归纳和总结老年人汉语句子理解加工的特征和规律，构建了老年人句子理解加工能力衰退的初步理论框架，以期对前面研究中发现的语言老化现象进行系统的理论阐释和分析。此外，本章在研究发现的语言老化规律基础上提出了研究成果在老年人语言能力衰退的预防、早期检测和评估等方面的具体应用建议。

第一节　句子理解能力衰退的特征与规律

本研究采用了多种行为实验研究手段，对比青年人、健康老年人和老年痴呆症患者句子理解加工的行为表现和心理机制。本研究主要关注了汉语主语关系从句、宾语关系从句、被字句、主动句、话题句等结构的理解加工情况。现将本研究所揭示的句子理解加工认知老化规律总结如下：

一、句法复杂性因素影响句子理解的认知老化

本研究对比了老年组和青年组在理解加工汉语主语关系从句和宾语关系从句时的准确率和阅读时间差异，考察了句法复杂性因素在老年人句子加工中发挥的作用。研究结果表明，在关系从句的名词生命性信息加以控制的情况下，老年组和青年组加工主语关系从句的难度高于宾语关系从句，具体表现为宾语关系从句的理解准确率比主语关系从句更高，阅读时间更短。更重要的是，两种关系从句的加工难度差异在老年组中更加明显，关系从句加工难度的非对称性在老年组中更加突出。无论是在线加工还是离线加工，这一趋势均较为稳定。和青年人相比，老年人对于关系从句的句法复杂性因素更加敏感。这一发现表明，虽然主语关系从句和宾语关系从句加工过程中都出现了显著的年龄差异，但是，老年人加工主语关系从句的相对难度更高。此外，本研究还对比了健康老年人、青年人和老年痴呆症患者加工被字句、主动句、关系从句和话题句的表现，发现老年痴呆症患者理解句法结构相对复杂的被字句、话题句和主

语关系从句的相对难度显著高于对照组，句法复杂性对老年痴呆症患者的加工表现影响更大。因此，句法复杂性因素对于识别老年人语言能力衰退而言是一个较为有效的语言学指标。

二、名词的生命性特征影响句子理解的认知老化

本研究通过操控汉语关系从句中名词短语的生命性特征，对比分析了老年组和青年组句子理解加工中对于词汇语义信息的利用，以期揭示老年人句子理解中不同类型（词汇语义信息、句法信息）的加工线索发挥的作用。研究结果表明，当句中名词的生命性特征一致时，主语关系从句的受损程度显著高于宾语关系从句。但是，当句中名词短语的生命性信息不一致时，主语关系从句加工难度高于宾语关系从句的非对称性现象会发生变化，且老年组和青年组呈现的变化规律并不完全相同。具体而言，虽然在离线加工中老年人和青年人均能利用名词短语的生命性信息对题元角色进行高效的分配，但是，对于老年人而言，关系从句中名词短语的生命性特征对在线加工的阅读时间没有显著影响，而在青年组中，主句主语是无生命名词的关系从句比主句主语是有生命名词的关系从句更难加工。这表明，同青年人相比，老年人利用生命性信息的能力发生了退化。生命性对加工表现的影响在离线加工中相对更加稳定。在线加工中，生命性信息对老年人句子加工表现未见显著影响，说明老年人利用生命性信息的有效性较低。如果采用生命性信息不同的关系从句作为识别老年人语言障碍的标志，那么在线指标比离线指标可能更加可靠。在离线加工的表现中，老年人和青年人均能够有效利用生命性信息，因此，生命性信息在离线加工中对老年人语言加工衰退的识别度可能并不高。

三、词汇语法范畴信息影响句子理解的认知老化

这项研究通过操控汉语关系从句中名词的语法范畴信息，对比分析了老年组和青年组句子加工中对于词汇句法信息的敏感性，以期揭示名词的语法范畴信息对句子加工障碍分布的影响。研究发现，老年人句子理解的整体准确率显著低于青年人，句子阅读时间也比青年人显著更长。这一发现说明，老年人对关系从句结构的理解能力随年龄的增长而发生了显著的退化。当主语关系从句内名词短语的语法类型均为普通名词时，老年组和青年组的句子加工受到信息相似性的干扰，主语关系从句加工的难度显著更高。当句子内名词短语的语法类型不同（分别是普通名词和专有名词）时，句子加工难度相对较低。更重要的是，这种相似性干扰效应在老年组中更加明显。此外，词汇的语法范畴信息

能够在多大程度上影响句子理解与句法结构因素有关。在主语关系从句中词汇语法范畴信息的相似性对被试理解加工产生了影响，而宾语关系从句未出现相似性干扰现象，这可能与不同句法结构的认知加工负荷不同有关系，被试在加工工作记忆负荷较高的句型结构时，对词汇信息相似性的干扰会更加敏感。

四、工作记忆容量影响句子理解的认知老化

充足的工作记忆资源是老年人句子加工得以准确高效进行的前提条件。工作记忆的影响主要体现在在线加工的阅读时间以及理解准确率上。工作记忆容量高的老年人句子理解的准确率显著高于工作记忆容量低的老年人，在线加工中，工作记忆容量高的老年人阅读时间显著短于工作记忆容量低的老年人。工作记忆容量对句子加工的影响与句法结构的复杂性有关，在句法复杂性更高的句型结构（如主语关系从句）中，工作记忆对老年人句子加工表现的影响更大。工作记忆容量和句法结构复杂性交互作用，共同影响老年人的句子加工表现。

为了简要地呈现本研究所揭示的句子加工认知老化规律，表 11－1 粗略概括和汇总了老年被试在关系从句、被字句等不同句型结构理解加工中的表现。本书的系列实验研究发现，不同的句型结构呈现出的年老化趋势并不相同。其中，受到年老化影响严重的句型结构包括从句内名词为有生命名词、核心名词是有生命或无生命名词的主语关系从句等。受到年老化影响较大的结构包括从句内名词为无生命名词、核心名词是有生命名词的主语关系从句，从句内名词为有生命名词、核心名词为有生命名词的宾语关系从句等。受年老化影响较小的句型结构包括从句内名词为专有名词、核心名词为普通名词的宾语关系从句等结构。在健康老年人中，主动句、被字句和话题句保存基本完好，未受到年老化的影响。在老年痴呆症患者中，关系从句、被字句和话题句的理解障碍均较为明显，但是主动句的理解未出现严重的受损。这一选择性受损的现象说明，句子理解能力的认知老化具有复杂性和多层次性，不同的结构随着年龄的增长而发生变化的轨迹可能并不相同。

表 11－1 汉语句子理解的选择性衰退现象

句型	测试结构	例句	研究发现
主语关系从句	V1＋N1＋de＋N2＋V2＋N3	看到保安的记者出示了证件。	老年组比青年组的阅读时间长，准确性低。该结构的理解难度相对高于宾语关系从句

续表

句型	测试结构	例句	研究发现
宾语关系从句	N1+V1+de+N2+V2+N3	保安看到的记者出示了证件。	老年组比青年组的阅读时间长，准确性低。该结构的理解难度相对低于主语关系从句
被动句	N1+BEI+N2+V1+Q	苹果被小明吃了三个。	老年痴呆症患者比健康老年人和青年人的理解准确性显著更低
话题句	N2+ N1+ V1	电影观众看了。	老年痴呆症患者比健康老年人和青年人的理解准确性显著更低
主动句	N1+V1+ N2	奶奶买了电视。	健康老年人和青年人的理解准确性无显著差异，但均略高于老年痴呆症患者

第二节　句子理解能力衰退的认知阐释

这项研究发现老年人在理解加工不同的句法结构时出现了受损程度不均的特征和规律，导致这种受损不均的原因可能包括句型结构的语言学差异，也可能涉及大脑认知功能的年老化。Kemper（1992）指出，工作记忆限制是影响层级性复杂句法结构理解和产出的主要影响因素，这里的层级性复杂句法结构主要是指含有嵌入小句或附属小句的复杂句型结构。工作记忆的限制不仅会影响到句子的理解加工，也会影响语言产出。多项研究发现，虽然老年人产出的句子长度没有明显的变化，但是，能够正确产出的复杂句法结构（如关系结构）数量明显减少（Benjamin，1988；Kemper，1987；Walker，Roberts & Hedrick，1988）。此外，也有研究发现，工作记忆对老年人语言加工中的代词指代加工具有显著的限制作用（Light & Capps，1986）。例如，如果在代词与其指代成分之间存在其他的介入成分时，老年人在指代加工中通常会出现困难。工作记忆的限制作用也表现在对句子合乎语法性的判断上，Pye，Cheung 和 Kemper（1992）的研究表明，大多数成年人均能够准确地识别出不合乎语法规则的句子（如 John is expected the woman from the city treasurer's office to help）。但是，80 岁以上的老年人经常会出现判断错误，如将合乎语法规则的句子（如 The woman from the city treasurer's office is expected to help John.）认定成不合乎语法规则的句子。上述的研究均表明，工作记忆对老年人句子理解和产出具有普遍性的限制。事实上，儿童阅读障碍、成年晚期的句法加工障碍等多种语言加工障碍均和句子结构的工作记忆需求有关系。在大多数现有的句子加工理论模型中，如Frazier和Fodor（1978）的两阶段句法分析模型和多个人类认知结构模型中，工作记忆均被视为一个句法加工的重要资源限制。根据这些理论模型，工作记忆对句法加工的影响会体现到多种不同类型的结构上。

大脑中不同区域受到年老化的影响程度不同。例如，海马体是最易受到年老化影响的区域之一，这就导致老年人在很多与工作记忆相关的认知活动中出现较大的困难，例如，老年人在加工工作记忆资源需求较高的复杂句法结构时出现较大的困难。ERP实验研究可以为揭示老年人句子理解的认知神经机制提供重要的证据。既往的研究发现，在被/把字句加工中，老年人在句法加工的P600成分上表现出潜伏期滞后的特点。这一发现表明句法加工的效率随着年龄的增长而下降。P600也是记忆编码的重要指标（Fernández et al.，1999；Paller et al.，1987）。与P600相关的脑区包括内侧颞叶（如海马体、内嗅皮质）和旁边缘脑区（如扣带皮层、眶额皮质、颞叶端）（Guillem et al.，1999）。P600成分出现的潜伏期延迟可能与这些脑区神经加工活动的效率降低有关。海马体等区域的老化导致老年人在句子加工的过程中出现了认知资源不足，可能导致句子加工的效率降低。由于关系结构和被字句等句型属于句法移位生成的结构，对于认知资源需求较高，理解加工的难度也较大。因此，老年人在理解加工此类句型时无法满足句法移位加工的资源需求。在考察老年人句子加工的时候需要充分考虑到不同句型结构的认知加工负荷差异或句法复杂性因素。除了P600成分外，N400成分也体现了老年人语言加工的神经活动。现有研究认为，N400波幅与语义加工负荷相关（Chwilla，Brown & Hagoort，1995；Kutas & Hillyard，1980，1984；Kutas & Iragui，1998）。N400代表着一种语义期望指数，在两侧大脑半球均可记录到。既往研究的发现表明，即使在健康老年人的自然老化过程中，仍然出现N400效应减弱现象，这可能与老年人语义期望的弱化现象有关系。针对句子理解认知老化的神经机制的探索应当成为未来研究的重点。Olichney et al.（2008）指出，ERP成分可以作为老年痴呆症的有效生物标记，应用于老年痴呆症的早期诊断和严重程度的评估。关于P600、N400等电生理指征的发现具有一定的实践价值。如果具有轻度认知障碍的老年人在句法加工或语义加工中表现出的异常ERP指征，则很有可能发展成为老年痴呆症患者。ERP神经电生理指标与潜在的老年痴呆症患病风险密切相关。其中，P600和N400成分是与老年痴呆症关系最为密切的两个成分。来自健康老年人句子加工的ERP指征也可以为后续研究探讨老年痴呆症的电生理指征提供基本的参照依据，为深入探索老年痴呆症的生物标记奠定基础。

很多研究还发现，在老年人句法加工的过程中出现了ERP成分双侧半球分布的重要现象，这说明了年老化可能造成了负责语言加工的大脑功能结构发生改变。青年人的句法加工是以左半球为主导，右半球的参与程度并不高。而老年人的语言加工却呈现出双侧化的现象，右半球的语言功能似乎随着年龄的增长逐渐增强。这一发现表明，右脑对老年人语言加工可能有重要影响。随着年龄的增长，句法加工由单侧化向双侧化转变，这可能反映了人类大脑对年老化的一种补偿机制。李佳霖（2018）采用视觉呈现方式让老年被试阅读各类违例和正确的短语，同时记录脑电波形，观察左右半球对句法错误的反应。研究发现，右脑的确有能力进行与左脑相同的句法加工活动，但是，右脑采用的加工方式与左脑不同，主要以分析语义的方式来分析句法。此外，也有研究发现，虽然右脑可能也与左脑一样具有相同的句法加工能力，但是，通常情况下右脑的句法加工能力受到了左脑的抑制，在青年人的句法加工中无法体现出发挥的作用，但是在老年人中，由于左脑的句法加工能力下降，右脑发挥的作用也开始变得明显。

人脑是一个典型的复杂动态系统（McKenna，McMullen & Shlesinger，1994），这一变化可以视为人脑对于年老化所做出的自发调整和自适应过程。人类的大脑具有惊人的自适应和调节能力。老年人的大脑具有可塑性。这一观点也得到了相关研究的证实（霍丽娟等，2018）。大脑可塑性（brain plasticity）或神经可塑性（neuroplasticity）指的是人类的大脑会在外界环境和个人经验的作用下发生结构上的变化。在婴儿关键期过后，大脑结构往往不发生明显的变化。大脑由神经元细胞和神经胶质细胞构成，这些细胞互相连接，通过加强或削弱这些连接，大脑的结构可以发生相应的改变。这种神经可塑性可能是导致老年人语言加工双侧化的生理学基础。Park和Reuter-Lorenz（2009）提出了认知老化的脚手架理论（The Scaffolding Theory of Aging and Cognition）。这一理论认为，生理老化会导致大脑神经结构和功能逐渐衰退，但是，大脑有一定的适应能力，可以通过建立补偿性神经网络来增加和强化原有神经网络的基本功能；补偿性神经网络通常会表现出过度激活的现象，比原有的网络需要更多的脑区参与认知活动，反映了认知加工的效率较低。大脑的这种适应能力受到遗传因素和后天训练等多种因素的综合作用。Reuter-Lore和Cappell（2008）提出了补偿相关的神经环路利用假说（Compensation-related Utilization of Neural Circuits Hypothesis），该假说认为，老年人的认知资源不足，大脑需要使用更多的神经资源以便达到和年轻人类似的认知水平。Albert（1981）从神经网络结构的角度出发，对健康老年人和老年痴呆症患者的语言特征进行了对比分析，研究发现，虽然老龄化会导致神经细胞的数量减少，但是，大脑中存留的神经元细胞仍然在分叉或者重新组合，也就是说，年老化导致神经元细胞的功能发生了改变，这一改变不能简单地等同于神经元细胞功能的下降，而是大脑组织对自然老化做出的积极调整和适应（Albert，1981）。跟健康老年人相比，老年痴呆症患者的神经细胞突触无法进行适应性的调整，因此，没有能够形成新的神经网络，病理性老化表现在大脑代偿性机制的缺损和丧失。

针对老年人大脑可塑性的研究具有非常重要的现实意义。如果老龄化的大脑仍然具有一定的灵活性和可塑性，那么，我们就可以利用这一机制来抵抗认知能力的下降（Gutchess，2014），从而实现对老年人语言能力的衰退和语言障碍的干预。目前，有大量研究探讨了认知训练对认知老化的保护作用，证明认知训练对老年人的工作记忆等多种认知能力都有促进作用（Kelly et al.，2014；Lampit，Hallock & Valenzuela，2014；Sitzer，Twamley & Jeste，2006），这些研究均为老龄化大脑的可塑性提供了有力的证据，也为我们积极应对老年人的语言能力衰退提供了重要的理论和实证基础。

第三节　句子理解认知老化的理论框架建构

语言理解能力的衰退是一个复杂的过程，是一个由多变量交互作用的复杂动态系统。De Bot 和 Makoni（2008）采用动态系统理论的观点对语言老化现象进行解释，他们认为，语言的老化是一个由四个相互作用的变量构成的动态系统，这四个变量分别是生理状况、生活环境、认知资源和语言应用。生理状况指的是身体的各个子系统随着年龄的增长而发生的各种变化，如血液系统、呼吸系统、代谢系统、大脑等。生活环境是指老龄化对人们的生活方式所带来的影响，具体包括对老年期和老龄化所持有的态度、代与代之间和代际内部的沟通模式变化和老年式话语。认知资源指工作记忆、注意力、加工速度等与语言能力相关的认知资源。语言应用指的是语言产出、语言感知和双语及多语等语言技能。这一理论认为，语言能力年老化具有多因素交互作用的复杂性特征，为老年人语言能力的发展变化提供了宏观的理论框架。下面，我们将借鉴这一理论框架和基本思想来尝试对本研究中的主要发现进行总结和分析，以期搭建起语言能力认知老化的宏观理论框架。

首先，我们可以把本研究中考察的变量按照类型大体上分为认知心理变量和语言学变量。语言学变量是本研究重点关注的因素，包括句法结构因素、词汇语义因素和词汇语法范畴因素。认知变量主要包括言语工作记忆广度、数字记忆、抑制控制等。由于本研究的侧重点在于语言学因素，除了工作记忆因素以外，没有系统考察其他可能会对句子理解产生影响的要素。事实上，句子理解是一项极为复杂的高级认知活动。除了这两类因素以外，加工者的个体差异因素和社会环境因素也是会对语言理解表现产生影响。例如，老年被试的生理健康状况会对语言能力产生重要影响。老年性痴呆症、高血压、中风等都会影响到句子理解的表现（Cahana-Amitay et al.，2013；Grober & Bang，1995；Marková et al.，2017；Sanfelici，Caloi & Poletto，2014）。在这方面，医学研究人员已经进行了大量系统的研究。因此，我们也将个体的健康因素作为模型的重要组成部分纳入理论框架中。

图 11－1 呈现了老年人语言能力衰退的总体理论框架结构。从这一模型中可以看出，老年人的语言能力衰退事实上是一个具有多变量交互作用性质的复杂系统，具有动态性、初始状态敏感性、混沌性、完全相关性等多个典型的复杂系统特征。在诸多变量中，大脑生理结构和功能的年老化是影响老年人语言理解表现的最重要因素，不仅会直接影响语言理解的各种表现，也会通过影响老年人的认知能力和个体差异因素而间接影响语言理解表现。不同类型的因素之间也会发生交互作用，如老年人性格特质的差异和受教育程度会对其认知能力衰退产生影响。现有研究表明，受教育程度较高的老年人在抵御认知老化方面具有更大的优势；具有第二语言学习经历的老年人也更能够有效应对和延缓大脑的认知老化过程；性格外向健谈的老年人思维相对更加敏捷，认知老化的速度也相对较慢。此外，认知健康状况也会反之影响老年人的性格特质等个体差异因素。例如，长期的记忆力衰退、反应速度下降会导致老年人对言语交际丧失信心，产生心理障碍，从而变得缄默不语，交际意愿下降。在该模型中，语言学因素作为外部变量制约和影响老年人语言理解的最终表现，而认知心理因素则属于个体内部因素。我们的研究中仅涉及了该模型中的语言学因素以及少数的认知因素，而对于老年人的个体差异因素（如智力水平、性格特征、交际意愿）和其他的认知因素（如注意力、抑制控制能力）如何影响语言能力的减退仍然没有展开深入的研究。后续的研究仍需要在以上方面继续探讨老年人的语言理解能力衰退现象。更重要的是，这些变量均以交互作用的方式影响着老年人语言理解能力的衰退，因此，除考察单一因素对语言老化的影响以外，我们还有必要深入探讨多变量交互作用对语言老化的作用，从系统的视角出发来思考各种变量对语言老化的综合性影响。在数据分析时，应当充分剖析和描述不同变量的历时与共时相关性，突出动态系统内部的复杂互动关系。交互性和复杂性是语言老化研究不得不面对的重要挑战。

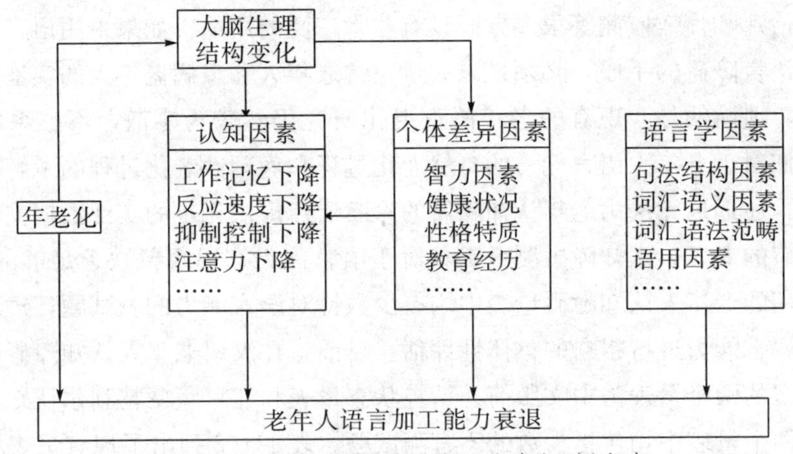

图 11—1　老年人语言能力衰退的总体理论框架

第四节　研究结果在老年语言障碍评估中的应用

语言功能障碍是老年痴呆症、失语症等神经退行性疾病的最明显症状之一，严重影响到老年人的身心健康和生活质量。由于老年痴呆症具有不可逆性，早期诊断有助于尽早采取干预措施，抑制病情的发展和扩大。因此，对老年人语言障碍的评估和测量具有重要的临床意义，也是言语语言治疗的主要任务。言语语言治疗是对那些因语言障碍而交流有问题的人，最大限度地开发其潜在的语言能力进而诱导他们取得交流的能力，在日常生活中能正常地圆满地交流的治疗法（姜寿均等，2007）。对于语言能力的评估是言语语言治疗的关键前提和基础。应由专业的言语临床治疗师来针对老年人的语言障碍和交际困难进行系统的检测和干预，从语言能力损伤的性质、语言能力损伤的严重程度，评估交际沟通能力、病情的发展情况以及患者的心理健康状况等多个方面对老年人的语言障碍进行全方位评估。

本研究通过一系列心理语言学实验发现了正常老年人和老年痴呆症患者在自然老化和病理性老化过程中句子理解加工能力的衰退规律，研究发现为老年痴呆症、失语症等老年性神经系统疾病的诊断和干预治疗提供了实证研究的支持，对于老年人语言障碍的早期诊断和预防具有一定的借鉴意义。如果正常老年人和老年痴呆症患者在加工某个特定句型结构时出现具有稳定性的显著差异，那么这个句型结构或许可以作为识别老年人早期病理性语言退化的重要标志。这类结构可以作为老年人语言障碍评估和检测的核心指标。同分子流行病学研究中用来测定外源化学物的指标相比，语言学指标具有其特有的优势，如无需精密仪器，易于操作，可随时随地进行，成本较低，方便快捷，在疾病的诊断、治疗和疗效监测等很多方面具有非常广泛的用途。如果采用语言特征作为评估语言障碍的手段，必须是以大量正常老年人和患病老年人的实证数据作为基础。遗憾的是，现有的老年语言退化研究仍然较为零散，不够系统和深入。我们对于老年人语言能力的自然老化过程和病理性老化过程的了解仍然非常不足，还远远无法为老年认知障碍的诊断治疗提供充足的实证数据支持。

现有的老年人认知障碍测量工具对于语言能力衰退现象缺乏足够的重视。虽然常用的老年人认知障碍量表中均有少数针对语言能力的测试题，这些测试题仅对语言能力进行粗略的整体性评估。目前，在汉语老年人认知障碍研究中应用最多的两个量表为中文版简易精神状态量表和北京版蒙特利尔认知评估测试，这两个量表中均包括少数的语言测试题。表 11－2 列出了现有量表中与语言相关的常用测试题目。

表 11－2　现有老年认知障碍量表中的语言测试题

量表	题型	指导语	题目
简易精神状态量表（M-MSE）	命名	出示物品，问患者“这是什么？”	（1）手表；（2）铅笔
	复述	“请您跟着我说。”	四十四只石狮子
	书写	“请您写一个完整的句子。”	患者按照要求写任意一个完整的句子
蒙特利尔认知评估（北京版）	命名	自左向右指着图片问患者：“请您告诉我这个动物的名字。”	（1）狮子；（2）犀牛；（3）骆驼或单峰骆驼
	句子复述	“现在我要对您说一句话，我说完后请您把我说的话尽可能原原本本的重复出来。”	（1）我只知道今天张亮是来帮过忙的人；（2）狗在房间的时候，猫总是躲在沙发下面
	词语流畅性	“请您尽可能快、尽可能多地说出您所知道的动物的名称。时间是 1 分钟，请您想一想，准备好了吗？开始。”1 分钟后停止。	患者尽可能多地说出动物名称。如果 1 分钟内说出的动物名称≥11 个则记 1 分
	抽象	“请您说说橘子和香蕉在什么方面相类似？”。如果患者回答的是一种具体特征（如都有皮，或都能吃等），那么只能再提示一次：“请再换一种说法，他们在什么方面相类似？”如果患者仍未给出准确回答（水果），则说：“您说的没错，也可以说他们都是水果。”但不要给出其他任何解释或说明。	（1）火车和自行车；（2）手表和尺子

如表 11-2 所示，这些测试题目主要以命名、复述和流畅性测试为主，题目设计较为简单，主要目的在于对老年人的整体语言能力做出评估。这与此类量表的设计初衷有关，中文版简易精神状态量表和蒙特利尔认知评估（北京版）主要用于对老年人的整体认知健康状况做出评估，从而区分和识别出轻度认知障碍等早期的病理性发展趋势。因此，此类量表并没有针对老年人的语言能力进行系统的专项测试，仅对老年人的语言能力进行了粗略评估。由于这些测试主要由老年心理学或老年医学的研究人员设计，这些领域的研究人员大多将语言障碍视作一个整体来考量，对不同语言结构所呈现的不同受损程度通常不做区分，因此，不同句法结构的选择性缺损现象没有受到足够的关注。此外，这些量表的题目设计通常缺乏语言学理据。老年人句法结构选择性受损规律能够在一定程度上为相关测试题目的设计提供指导性的建议。

首先，本研究的结论表明，在量表设计时应该对各类句法结构进行精细化的分类，测试题目中采用的句型结构应当能够有效区分老年人和青年人，或健康老年人和老年痴呆症患者的语言加工表现。这类句型通常是具有非常规语序的句型结构或者句法复杂性较高的结构，如涉及句法移位或嵌套结构的句子，而不是 SVO 语序的汉语简单句。根据本研究的发现，我们提议在现有的老年认知障碍筛查量表中加入以上几种类型的句型结构（如表 11-3 所示），用来对老年人的语言障碍进行专项测量。

表 11-3 汉语老年语言障碍筛查的测试题目示例

题型	指导语	示例	句子类型	测试能力	适用对象
句子阅读	“请您阅读一个句子，阅读完毕后您将看到一个问题，请您根据句子的意思来回答这个问题。”	追赶妈妈的女孩拿着扫帚。	关系从句	语言理解	60 周以上老年人
句子复述	“现在我要对您说一句话，我说完后请您把我说的话尽可能原原本本地重复出来。”	我只是想知道谁是今天负责打扫卫生的人。	关系从句	语言理解/产出	60 周以上老年人

续表

题型	指导语	示例	句子类型	测试能力	适用对象
句子阅读	“请您阅读一个句子，阅读完毕后您将看到一个问题，请您根据句子的意思来回答这个问题。”	女孩被男孩拉着。	被字句	语言理解	老年痴呆症患者
句子复述	“现在我要对您说一句话，我说完后请您把我说的话尽可能原原本本地重复出来。”	那个花盆被老王放在了桌子上。	被字句	语言理解/产出	老年痴呆症患者
句子阅读	“请您阅读一个句子，阅读完毕后您将看到一个问题，请您根据句子的意思来回答这个问题。”	鲜花妈妈摆放在桌子上了。	话题句	语言理解	老年痴呆症患者
句子复述	“现在我要对您说一句话，我说完后请您把我说的话尽可能原原本本地重复出来。”	那些脏衣服小明洗了三遍。	话题句	语言理解/产出	老年痴呆症患者

其次，现有的测量工具主要以语言产出类题目为主，本研究发现，老年人的句子理解能力同样存在非常明显的衰退现象。因此，句子理解任务同样能够有效识别老年人的语言认知障碍，因此，除了传统的语言产出类测试题目之外，还应当充分考虑到语言理解能力的下降，在评估老年人语言能力时应适当设计一定数量的句子理解测试题。只有对语言理解和语言产出两个方面都充分检测，才能够对老年人的语言能力衰退程度做出更加全面的评估。

最后，评估和测试的形式应该多元化。除传统的纸质量表外，也可以采用在线测试形式，通过测量反应时间等在线加工指标对老年人的语言障碍进行全方位的评估。现有的测量工具主要以量表为主，侧重于语言产出的结果。本研究发现，句子理解的实时过程也会表现出年龄差异，采用在线测试有助于更全面地了解老年人的语言能力衰退状况。在线测试可以依托平板电脑等设备进行，对于老年人来说更加易于操作。此外，事件相关电位、功能性磁共振等先进技术可以为老年人语言能力的检测和评估提供更加客观科学的电生理数据，有助于我们对老年人的语言能力衰退状况做出更加准确的评估。

第五节 对策与建议

我国现已步入人口重度老龄化阶段，随着人均寿命的增长，老年人口数量激增，老龄化也成为影响人民生活福祉和社会稳定的一个关键的社会问题。老龄人口的相关工作是关系到经济生活的方方面面，也是构建社会和谐的重要组成部分。以老年痴呆症为代表的老年群体神经退行性疾病是威胁老年人生命的四大原因之一（Kolata，1991），会对家庭和社会造成巨大的负担。2015 年，老年痴呆症给我国带来的社会经济负担高达约 1677.4 亿美元（约合人民币 11406 亿元）。到 2030 年，我国老年痴呆症的经济负担预计将达到 2.54 万亿美元（折合成人民币约 17 万亿元）（Jia et al.，2018），将会对我国的经济、社会和民生产生全方位的影响。另外，老年痴呆症还具有高致残率和高死亡率等特点，且近年来呈现出低龄化的趋势，严重危害中老年人的身心健康。早发现和早预防应该成为重中之重。虽然西方学界对老年人语言障碍的研究高度重视，但是，我国现有的研究仍主要集中于老年医学和神经科学领域，鲜有从语言学的视角对老年群体的语言障碍及其干预治疗措施展开系统而深入的研究。

2018 年 10 月，北京市出台了《关于加强老年人照顾服务完善养老体系的实施意见》，并针对老龄化问题推出了一系列的举措，例如建立健全养老保障体系，完善老年人社会福利与社会优待制度，号召做好老年人的照顾服务工作。目前北京市各个社区街道所和相关管理机构针对老年群体开展了大量的工作，如对高龄老人、失独老人、孤寡老人、残疾老人等弱势群体的关怀照顾，定期为老人打扫卫生，解决生活困难。但是，这些工作主要围绕着特定老年群体的基本生活需求问题，语言健康状况筛查和语言障碍评估等仍没有得到足够的关注。

基于本研究的发现，我们对相关的老龄化管理机构和部门提出如下的对策建议：

（1）加强针对老年人的语言认知健康管理。加大老年人语言认知健康的宣传力度，提高老年人对语言认知保健的知晓率和参与度。在做好老年人基本健康管理工作的基础上，有条件的地区可以增加语言认知健康服务项目和内容。增强老年健康数据共享和利用，开展老年语言认知障碍及相关疾病的筛查干预和健康指导，使老年人的认知障碍能够早发现、早诊断、早治疗。

（2）建立以基层医疗卫生机构为中心的语言认知健康服务网络。鼓励和支持有条件的养老机构按照政策和规章制度开办语言康复治疗医院、认知障碍护理机构、认知障碍医务室或者护理站。鼓励和支持医疗机构在养老机构设立认知障碍医务室、言语康复中心、护理站等机构，鼓励医疗卫生机构与养老机构在老年语言障碍的评估和治疗方面开展业务合作。逐步完善街道社区养老照护中心、社区养老服务站的助医功能，为高龄老人、失能失智等老年人提供语言障碍的健康管理和医疗干预服务。在少数区域开展医养结合的远程医疗服务试点建设工作，让行动不便的老年人能够足不出户享受到语言认知障碍的监测和护理服务，探索适合本地特点的医养结合远程护理模式。

(3) 加强对老年人语言认知障碍、老年痴呆症的典型症状和语言认知相关知识的普及和宣传，通过电视、报纸、社区服务中心、网络等多种渠道向全社会普及老年语言认知健康的知识。针对老年人的需求，定期为其开展语言认知健康知识讲座、专家义诊、评测筛查等多种公益活动，号召全社会关注和了解具有语言认知障碍的老年群体。

(4) 加强老年群体认知健康的大数据服务工作。可借助互联网资源开展针对各市辖区和街道的老年群体的语言认知健康全面筛查，对老年人的语言认知健康状况进行大规模的在线测量和评估，并根据评测结果，建立老年人的认知健康档案，及时预警老年痴呆症的风险。同时，在线测评还有助于开展周期性的动态监控，及时发现和记录老年人语言认知能力的动态变化，对每位老人的认知健康状况进行个性化的管理，因地制宜地提出相应的健康管理对策和建议。在大数据的基础上，对老年人的语言健康状况进行系统和科学的分析与评估，对老年人语言认知障碍进行分类和定级，建立老年人语言认知健康状况数据库。合理评价和监测老年人的健康状况和需求，提升管理效率与科学决策水平，提高认知健康评测的准确度。

(5) 为困难群体老年人提供基本医疗保险补贴，提高语言认知障碍患者的就医率。确保老年人的语言认知障碍能够在早期得到发现和干预治疗，降低老年痴呆症等神经退行性疾病的患病风险。推进长期护理保险试点，积极探索多元化的护理保险发展机制，确保老年人获得所需要的认知康复护理、精神慰藉等服务。

(6) 为老年人营造开展语言能力与认知能力训练活动所需的条件和环境，因地制宜补建或扩建老年活动场所。丰富老年人文化演出、文化培训等服务。开展符合老年人特点、满足老年人需求的各类比赛、表演、讲座等文化活动和联谊活动，为老年人言语交际和沟通提供更多的渠道和平台。积极建设老年大学等健身场所和社会服务机构，设立老年人爱心关怀服务热线，更好地为老年人的身心健康服务。

（7）推动老年人认知健康养老服务产品的研发。充分利用全国各地高校、科研机构和高科技企业的知识和技术资源，搭建跨学科的合作平台，鼓励老年医学、心理学、语言学和神经科学等不同领域的研究人员针对老年语言认知障碍的预防和干预治疗开展联合攻关，积极研发以老年群体语言认知能力的保持和维护为目的的训练方法和工具，提升老年人语言能力训练的科学性和有效性。鼓励企业自主研发智慧型健康养老产品，如自助式认知健康训练设备、认知健康监测设备等，并推动企业和养老机构运用高科技养老产品，积极探索个性化的认知健康管理体系、基于网络平台的认知健康服务模式等创新性的健康养老服务模式，通过借助高新技术来解决构建积极老龄化社会的瓶颈问题。

第十二章 结语

语言老化研究属于语言学、心理学、神经科学之间的交叉新兴学科，此类研究对于揭示语言的神经和心理机制具有一定的意义。西方学者对该领域的研究高度重视，但我国语言学界鲜有研究全面而系统地考察老年人的语言能力退化问题。研究正常老年人语言能力的老化过程有助于揭示大脑发展变化的自然规律，为老年痴呆症的诊断和干预提供重要的对照资源，考察老年痴呆症患者的语言障碍则有助于我们深入了解语言的病理性退化过程。本研究对比分析了老年组和青年组被试，以及健康老年人和老年痴呆症患者在加工汉语关系从句、被字句、话题句等各类汉语句型结构时的行为表现和认知机制。在本书的结论部分，我们将简要概括本研究的主要发现，明确研究意义和价值，同时反思本研究的不足之处，指明尚待解决的问题和未来的研究方向。

第一节 本研究的主要发现

本研究通过开展多次心理语言学实验对比了老年人和青年人、健康老年人和老年痴呆症患者在理解汉语主语关系从句、宾语关系从句、被字句、话题句、主动句等句型结构时在行为表现方面的差异，揭示了句子理解认知老化的基本特征和心理机制。主要研究发现如下：

（1）老年人在理解加工汉语关系从句结构等复杂句型结构时出现了普遍性的衰退现象，具体表现为理解准确性降低，在线阅读时间增长。在句子理解认知老化的过程中，不同句型结构受到认知年老化影响的程度并不相同，总体上呈现出受损程度不均的特点。主语关系从句和宾语关系从句等结构受年老化影响较为明显，而常规语序的主动句等相对保存完好，受到年老化的影响较小。老年痴呆症患者在关系从句、被字句、话题句等结构的理解上均出现了明显的障碍。

（2）句法复杂性是影响老年人句子理解加工表现的重要因素。研究发现，老年人和青年人在加工含有长距离依存关系的汉语主语关系从句时，句子理解的准确性和在线加工速度都显著低于宾语关系从句，但是，句法复杂性效应在老年人中更加显著，表明老年人对于句法复杂性因素更加敏感。句法结构因素对老年人的句子理解加工具有关键的影响。

（3）老年人在句子理解加工过程中利用词汇语义线索（如生命性特征）的能力随着年龄的增长而发生了显著的衰退。研究发现，虽然在离线加工中老年人和青年人均能利用名词短语的生命性信息对句子题元角色进行高效的分配，但是，对于老年人而言，关系从句中名词短语的生命性特征对在线加工的阅读时间没有显著影响，而在青年组中，主句主语是无生命名词的关系从句比主句主语是有生命名词的关系从句更难加工。同青年人相比，老年人在在线句子加工中实时整合与利用词汇语义信息的能力发生了明显的退化。

（4）词汇的语法范畴特征对老年人句子理解加工的表现具有重要的影响。词汇语法范畴特征是影响句子理解认知老化的重要因素。当句子内名词的语法范畴特征相似时，由于题元角色分配的认知资源需求增加，句子理解的难度对于老年人而言会显著增加。由于青年人的认知加工资源相对充足，词汇语法范畴相似性引起的工作记忆资源增加对其加工表现的影响相对较小。此外，词汇语法范畴信息对老年人句子理解加工的影响与句法结构的复杂性有关，当老年人加工的句型结构句法复杂性较高时，词汇语法范畴相似性的干扰效应更强。

（5）工作记忆容量是老年人句子理解加工得以准确高效进行的前提条件。工作记忆容量高的老年人句子理解的准确率显著高于工作记忆容量低的老年人，在线加工中，工作记忆容量高的老年人阅读时间显著短于工作记忆容量低的老年人。工作记忆容量对句子理解的影响与句法结构的复杂性有关，在句法复杂性更高的句型结构（如主语关系从句）中，工作记忆对老年人句子理解加工表现的影响更大。工作记忆容量和句法结构复杂性交互作用，共同影响老年人的句子加工表现。

（6）本研究的发现支持语言理解的容量限制理论、局域依存理论、认知老化的加工速度理论等，不支持句子加工的冒险策略假说和独立言语资源理论；支持句子加工的交互性理论，不支持模块化理论。在研究发现和前人研究发现的基础上，我们尝试构建了老年人语言能力认知老化的总体理论框架。

第二节　理论与实践意义

由于语言理解加工是高层次的认知活动，是一个记忆、语言、注意力、反应速度等多个因素综合作用的复杂过程，对语言加工年老化的研究有助于检验现有的句子加工理论和认知老化理论（Kemper & Mitzner，2001；Light，1988，1990，2000；MacKay & Abrams，1996；Schneider & Pichora-Fuller，2000；Wingfield & Stine-Morrow，2000）。本研究通过聚焦于汉语老年人这一特殊群体，对现有的句子加工理论和认知老化理论进行了验证。目前的句子加工理论大都来自西方语言学界，且多数来自青年被试的数据，如依存局域理论、工作记忆理论。认知老化理论也大都是西方心理学界提出的。此类理论在多大程度上具有跨语言和跨年龄的普遍性仍有待于进一步的验证。本研究发现，西方理论中有关加工资源限制的理论具有跨语言的阐释力，能够对汉语中的语言老化现象做出合理的阐释，如 Just & Carpenter（1992）的容量限制理论，Salthouse（1996）的反应速度理论，但也有一些理论无法解释汉语老年人的句子加工情况，如 DeDe（2015）的冒险策略假说、Waters & Caplan（2001）的独立言语资源假说。此外，研究结论支持句子加工的交互性理论，不支持模块化理论。这些发现从跨语言的视角揭示了语言加工的共性和特异性，对于理解汉语和西方语言在语言衰退中的异同具有一定的启示意义。

在实践方面，本研究的发现有助于为老年人语言障碍的早期诊断筛查和干预治疗提供切实可行的意见和建议，对于临床护理、治疗具有指导性意义。

首先，研究成果可以为老年语言障碍筛查工具的研发提供实证的数据支持。现有的老年认知障碍检测工具仅把语言能力视为认知能力的一个组成部分，对于语言能力的衰退仍缺乏关注，量表中仅包含了少量测试题目，没有体现出不同语言结构的受损不均现象。本研究发现的句子理解加工能力衰退规律有助于我们制定更加精细化的语言障碍评估量表，从而对老年人的语言能力进行更加客观科学的检测。

其次，由于本研究考察了大量健康老年人的句子加工表现，这些数据可以为后续的老年痴呆症语言障碍研究提供重要的参考资源。目前，针对汉语老年痴呆症语言理解加工障碍的专项实证数量较少，在开展此类研究之前，我们首先需要对健康老年人的语言老化规律进行系统而深入的全面了解，建立大规模的常模，在此基础之上再将健康老年人和老年痴呆症患者的数据进行系统的对比分析，从而对老年人语言能力的病理性退化进行准确的区分和识别。因此，本研究是关于老年人语言障碍的前期基础性研究，为后续老年痴呆症语言障碍研究提供了实证数据的支持。正常老年人自然老化的数据可以帮助医学研究人员提供辨识和确诊老年痴呆症、失语症及其病情所处阶段的诊断依据，并进一步推动对老年人失语症和阿尔茨海默病等其他语言神经系统疾病的研究，促进学科间的交流与沟通。考察老年人语言能力衰退的机制和原因不仅为医学界对老年语言障碍深入研究提供了理论基础，而且为更好地推动老年痴呆症患者和失语症患者的语言治疗，提高交流效率和质量提供了可行的指导性建议。

第三节　本研究的局限性

本研究采用心理语言学的实验研究方法，对老年人和青年人、健康老年人和老年痴呆症患者的句子理解加工能力进行了综合性的对比研究。研究揭示了句子加工的自然老化和病理性退化特点。但是，在研究过程中，我们也发现许多问题亟待进一步明晰。不足之处体现在以下几个方面：

（1）由于受实验条件的限制，本研究只考察了老年人句子加工障碍的行为特征，未能针对老年人的大脑组织结构与句子加工能力之间的关系进行进一步的深入研究。如果能够采用 fMRI 对句子加工的脑区进行更加精准的定位，将有助于揭示句子加工认知老化的深层机制。

（2）这项研究基于实证研究的数据，对老年人语言理解障碍的诊断提出了相应的建议，例如，在老年认知障碍量表的构建过程中增加句子理解类测试题目，并就关系从句、被字句、话题句等句型结构对老年语言障碍的辨别和标记作用进行了详细的阐述。但是，由于本研究的样本量较小，在这些建议应用于临床诊断或干预治疗以前，仍需要开展更多的工作，在更大的样本中进行验证。

（3）本研究所考察的语言现象还不够全面，应该在后续研究中继续补充和完善。我们虽然考察了老年人对关系结构、被字结构和话题结构的句子理解加工障碍，但是，对于其他句型结构的关注仍然不够，如把字句、所字句、“连……都”结构等属于汉语所特有的语言现象。对于这些结构的考察有助于深化我们对于句子理解认知老化的理解，也有助于对语言理解加工的认知老化现象进行跨语言的对比分析。

（4）本研究虽然考察了老年痴呆症患者的句子理解障碍，但是，调查的患者数量仍然非常有限，主要集中于轻度和中度痴呆患者。由于重度痴呆患者无法理解实验指令，大都缄默不语，研究人员没有能够收集到关于重度老年痴呆症患者的有效数据。因此，本研究中关于老年痴呆症患者的发现还不够全面，应该在后续研究中继续思考如何解决数据采集工作面临的挑战。

现有的研究成果为开展后续的应用性研究奠定了初步的基础。但是，我们仍然需要进一步推进对于老年语言障碍的描述和解释性工作，研发言语障碍患者的康复对策以及老龄群体语言和认知老化的保护与干预机制。在老龄化问题日趋严峻的形势下，对于老年群体语言认知障碍的评估和预防势在必行，是关系到社会发展的关键问题。

第四节　未来研究方向展望

神经科学技术的不断发展使我们能够对老年人大脑结构变化进行更加精细的观察和分析，让我们能够更加直观地观察到生理老化对老年人语言加工的影响，从而将大脑的结构与语言老化之间建立联系。除了 ERP 和眼动技术外，国外学者已经将 fMRI、经颅磁等手段用于探究正常老年人和老年痴呆症患者的语言老化过程中出现的问题。这些研究对于揭示语言能力的认知老化规律做出了重要的贡献。但是，我国语言衰老的神经语言学研究尚处于起步阶段，母语为汉语的老年人的大脑结构与语言衰退之间是否存在一些特异性的规律？右脑究竟在语言衰老中发挥着哪些作用？这些问题仍有待于未来研究继续进行深入的探索。

由于语言的认知老化研究涉及心理学、语言学、老年医学等多个学科和领域。西方心理学、语言学、神经科学、医学等领域的学者们在这方面合作开展了大量的跨学科研究，各学科之间的优势互补和资源整合为开展语言衰老研究提供了宝贵的契机。跨学科的整合已经成为语言衰老研究领域无法逆转的趋势。未来的研究中，如果各学科之间能够通力合作，共同对我国老年人的语言衰老现象进行跨学科的探索，必定能够揭示出更多语言和大脑之间关系的重要规律，对于发现汉语语言老化的特异性机制和大脑的奥秘将产生深远的影响。

语言认知老化的研究具有非常重要的实践价值，相关研究成果可以应用于老年群体的语言认知健康评估和训练，有助于帮助老年群体了解自身的大脑认知健康状况，检测大脑认知能力衰退的风险系数，从而尽早地采取有效的干预措施，降低老年痴呆症的患病风险，提升老年人的整体心理与生理健康水平，提高晚年生活质量。在老龄化问题日趋严峻的形势下，对于老年群体语言认知障碍的评估和干预变得势在必行，是关系到社稷民生问题的重要课题。这些基础及应用性研究将有力深化养老决策机构和管理部门对于语言能力正常衰老及病理性退化的认识，有助于完善社会保障机制和养老服务体系，营造老有所依的良好社会环境，促进家庭和社会的健康发展，让每一位老年人都能够过上健康幸福的晚年生活。

参考文献

ALBERT M L. Changes in language with aging [J]. Seminars in Neurology，1981，1 (1)：43−46.

ALTMANN L P. Effects of working memory and semantic impairments on the speech of Alzheimer's disease patients [D]. Los Angeles：University of Southern California，1998.

ALTMANN L J，KEMPLER D，ANDERSEN E S. Speech errors in Alzheimer's Disease：Reevaluating morphosyntactic preservation [J]. Journal of Speech，Language，and Hearing Research，2001，44 (5)：1069−1082.

ALTMANN L J，KEMPER S. Effects of age，animacy and activation order on sentence production [J]. Language and Cognitive Processes，2006，21 (1−3)：322−354.

BADDELEY A D. Working memory [M]. New York：Oxford University，1986.

BADDELEY A D，ELDRIDGE M，LEWIS Y，et al. Attention and retrieval from long-term memory [J]. Journal of Experimental Psychology：General，1984，113：518−540.

BADDELEY A D，HITCH G. Working memory [M] //BOWER G H. The Psychology of Learning and Motivation (Vol. 8). San Diego，CA：Academic Press，1974：47−89.

BATES E，WULFECK B，MACWHINNEY B. Cross-linguistic research in aphasia：an overview [J]. Brain and Language，1991，41 (2)：123−148.

BATES E，HARRIS C，MARCHMAN V，et al. Production of complex syntax in normal ageing and Alzheimer's disease [J]. Language and Cognitive Processes，1995，10 (5)：487−539.

BAUM S R. Processing of center-embedded and right-branching relative clause sentences by normal elderly individuals [J]. Applied Psycholinguistics，

1993，14（1）：75—88.

BAYLES K A，KASZNIAK A W，TOMOEDA C K. Communication and cognition in normal aging and dementia [M]. Boston：Little，Brown and Company，1987.

BENJAMIN B J. Changes in speech production and linguistic behavior with aging. [M] //SHADDEN B.（ed.）. Communicaiton Behavior and Aging. Boston：Williams & Wilkins，1988：163—181.

BETANCORT M，CARREIRAS M，STURT P. The processing of subject and object relative clauses in Spanish：An eye-tracking study [J]. The Quarterly Journal of Experimental Psychology，2009，62（10）：1915—1929.

BEVER T G. The ascent of the specious，or there's a lot we don't know about mirrors. [M] //COHEN D.（ed.）. Explaining Linguistic Phenomena. Washington：Hemisphere，1974：173—200.

BICKEL C，PANTEL J，EYSENBACH K，et al. Syntactic comprehension deficits in Alzheimer's disease [J]. Brain and Language，2000，71（3）：432—448.

BOCK J K. Syntactic persistence in language production [J]. Cognitive Psychology，1986，18：355—387.

BOCK J K，LOEBELL H. Framing sentences [J]. Cognition，1990，35：1—39.

BOCK J K，LOEBELL H，MOREY R. From conceptual roles to structural relations：Bridging the syntactic cleft [J]. Psychological Review，1992，99（1）：150—171.

BOROD J C，GOODGLASS H，KAPLAN E. Normative data on the Boston diagnostic aphasia examination，parietal lobe battery，and the Boston naming test [J]. Journal of Clinical and Experimental Neuropsychology，1980（2）：209—215.

BOURGEOIS M S. Communication treatment for adults with dementia [J]. Journal of Speech，Language，and Hearing Research，1991，34（4）：831—844.

BOULENGER V，MECHTOUFF L，THOBOIS S，at al. Word processing in Parkinson's disease is impaired for action verbs but not for concrete nouns [J]. Neuropsychologia，2008（2）：743—756.

BROWN S，PICHORA-FULLER M K. Temporal jitter mimicks the effects of aging on word identification and word recall in noise [J]. Canadian Acoustics，2000，28：126－128.

BURKE D M，MACKAY D G，WORTHLEY J S，et al. On the tip of the tongue：what causes word finding failures in young and old adults? [J]. Journal of Memory and Language，1991，30 (5)：542－579.

BURKE D M，MACKAY D G. Memory，language and ageing [J]. Philosophical Transactions of the Royal Society：Biological Sciences，1997，352：1845－1856.

BUCKLE L，LIEVEN E，THEAKSTON A L. The effects of animacy and syntax on priming：A developmental study [J]. Frontiers in Psychology，2017，8：2246.

BRITT M A，PERFETTI C A，GARROD S，et al. Parsing in discourse：Context effects and their limits [J]. Journal of Memory and Language，1992，31 (3)：293－314.

CABEZA R. Hemispheric asymmetry reduction in older adults：the HAROLD model [J]. Psychology and Aging，2002，17 (1)：85.

CAHANA-AMITAY D，ALBERT M L，OJO E A，et al. Effects of hypertension and diabetes on sentence comprehension in aging [J]. The Journals of Gerontology. Series B，Psychological Sciences and Social Sciences，2013，68 (4)：513－521.

CAMPBELL K L，SAMU D，DAVIS S W，et al. Robust resilience of the frontotemporal syntax system to aging [J]. Journal of Neuroscience，2016，36 (19)：5214－5227.

CAPLAN D，WATERS G S. Verbal working memory and sentence comprehension [J]. Behavioral and Brain Sciences，1999，22 (1)：77－94.

CAPLAN D，DEDE G，WATERS G，et al. Effects of age，speed of processing，and working memory on comprehension of sentences with relative clauses [J]. Psychology and Aging，2011，26：439－450.

CAPLAN D. Syntactically based sentence comprehension in aging and individuals with neurological disease [M] //VAN GOMPEL R P G. (ed.) Sentence Processing. New Work：Psychological Press，2013：247－268.

CASTROA N，JAMES L E. Differences between young and older adults' spoken language production in descriptions of negative versus neutral pictures [J]. Neuropsychology Development and Cognition, 2013, 21 (2): 222-238.

CHEANG H S, PELL M D. An acoustic investigation of Parkinsonian speech in linguistic and emotional contexts [J]. Journal of Neurolinguistics, 2007 (3): 221-241.

CHEN C. CiteSpace II: Detecting and visualizing emerging trends and transient patterns in scientific literature [J]. Journal of the American Society for Information Science and Technology, 2006, 57 (3): 359-377.

CHEN B, NING A, BI H, et al. Chinese subject-relative clauses are more difficult to process than the object-relative clauses [J]. Acta Psychologica, 2008, 129 (1): 61-65.

CHOMSKY N. Syntactic structures [M]. London: Mouton, 1957.

CHOMSKY N. Current issues in linguistic theory [M]. The Hague: Mouton, 1964.

CHOMSKY N. Aspects of the theory of syntax [M]. Cambridge: M. I. T. Press, 1965.

CHOMSKY N. Language and mind [M]. New York: Harcourt, Brace & World, 1968.

CLANCY P M, LEE H, ZOH M H. Processing strategies in the acquisition of relative clauses: universal principles and language-specific realizations [J]. Cognition, 1986, 24: 225-262.

CLAPP W C, GAZZALEY A. Distinct mechanisms for the impact of distraction and interruption on working memory in aging [J]. Neurobiology of Aging, 2012, 33 (1): 134-148.

CLARK H H. The prediction of recall patterns in simple active sentences [J]. Journal of Verbal Learning and Verbal Behavior, 1966, 5 (2): 99-106.

COHEN G. Language comprehension in old age [J]. Cognitive Psychology, 1979 (11): 412-429.

COMRIE B. Language universals and linguistic typology: Syntax and morphology [M]. Chicago: University of Chicago press, 1989.

CRAIK F I, MCDOWD J M. Age differences in recall and recognition

[J]. Journal of Experimental Psychology: Learning, Memory, and Cognition, 1987, 13: 474-479.

CRAIK F I M, SALTHOUSE T A. The handbook of aging and cognition [M]. New York: Psychology Press, 2008.

CROOT K, HODGES J R, PATTERSON K. Evidence for impaired sentence comprehension in early Alzheimer's disease [J]. Journal of the International Neuropsychological Society, 1999, 5 (5): 393-404.

CUNJE A, MOLLOY D W, STANDISH T I, et al. Alternate forms of logical memory and verbal fluency tasks FOR repeated testing in early cognitive changes [J]. International Psychogeriatrics, 2007, 19 (1): 65-75.

DANEMAN M, CARPENTER P A. Individual differences in working memory and reading [J]. Journal of Verbal Learning and Verbal Behavior, 1980, 19 (4): 450-466.

DECARO R, PEELLE J E, GROSSMAN M, et al. The two sides of sensory-cognitive interactions: Effects of age, hearing acuity, and working memory span on sentence comprehension [J]. Frontiers in Psychology, 2016 (7): 236.

DEDE G, CAPLAN D, KEMTES K, et al. The relationship between age, verbal working memory, and language comprehension [J]. Psychology and Aging, 2004, 19 (4): 601-616.

DEDE G. Sentence comprehension in older adults: Evidence for risky processing strategies [J]. Experimental Aging Research, 2014, 40: 436-454.

DEDE G. Effects of animacy on processing relative clauses in older and younger adults [J]. The Quarterly Journal of Experimental Psychology, 2015, 68 (3): 487-498.

DEN DIKKEN M, SINGHAPREECHA P. Complex noun phrases and linkers [J]. Syntax, 2004, 7 (1): 1-54.

DEWART M H. Role of animate and inanimate nouns in determining sentence voice [J]. British Journal of Psychology, 1979, 70: 135-141.

DOMENICO A, MATTEO R D. Processing Italian relative clauses: Working memory span and word order effects on RTs [J]. The Journal of General Psychology, 2009, 136: 387-406.

DUONG A，GIROUX F，TARDIF A，et al. The heterogeneity of picture-supported narratives in Alzheimer's disease [J]. Brain and Language，2005，93（2）：173－184.

EMERY O B. Linguistic patterning in the second half of the life cycle [D]. Chicago：University of Chicago，1982.

EMERY O B. Language and aging [J]. Experimental Aging Research，1985（11）：3－60.

EMERY V O B，BRESLAU L D. The acceleration process in Alzheimer's disease：thought dissolution in Alzheimer's disease early onset and senile dementia Alzheimer's type [J]. American Journal of Alzheimer's Care，1987（2）：24－32.

EMERY V O B. Pseudodementia：A theoretical and empirical discussion. Western Reserve Geriatric Education Center Interdisciplinary Monograph Series [M]. Cleveland：Case Western Reserve University School of Medicine，1988.

EMERY V O B，BRESLAU L D. The problem of naming in SDAT：a relative deficit [J]. Experimental Aging Research，1988，14：181－193.

EMERY V O B. On the relationship between memory and language in the dementia spectrum of depression，Alzheimer syndrome，and normal aging [M] // HAMILTON H. Old Age and Language：Multidisciplinary Perspective. New York：Garland，1999：25－63.

EMERY V O B. Language impairment in dementia of the Alzheimer type：a hierarchical decline? [J]. The International Journal of Psychiatry in Medicine，2000，30（2）：145－164.

ERDOCIA K，LAKA I，MESTRES-MISSÉ A，et al. Syntactic complexity and ambiguity resolution in a free word order language：Behavioral and electrophysiological evidences from Basque [J]. Brain and Language，2009，109（1）：1－17.

FEDERMEIER K D，MCLENNAN D B，DE OCHOA E，et al. The impact of semantic memory organization and sentence context information on spoken language processing by younger and older adults：An ERP study [J]. Psychophysiology，2002，39（2）：133－146.

FEDERMEIER K D，VAN PETTEN C，SCHWARTZ T J，et al.

Sounds, words, sentences: age-related changes across levels of language processing [J]. Psychology and Aging, 2003, 18 (4): 858—872.

FEDERMEIER K D, KUTAS M. Aging in context: age-related changes in context use during language comprehension [J]. Psychophysiology, 2005, 42 (2): 133—141.

FEDERMEIER K D, KUTAS M, SCHUL R. Age-related and individual differences in the use of prediction during language comprehension [J]. Brain and Language, 2010, 115 (3): 149—161.

FEIER C D, GERSTMAN L J. Sentence comprehension abilities throughout the adult life span [J]. Journal of Gerontology, 1980, 35: 722—728.

FELSER C, CLAHSEN H, MÜNTE T F. Storage and integration in the processing of filler-gap dependencies: An ERP study of topicalization and wh-movement in German [J]. Brain and Language, 2003, 87 (3): 345—354.

FERNANDINO L, CONANT L L, BINDER J R, et al. Parkinson's disease disrupts both automatic and controlled processing of action verbs [J]. Brain and Language, 2013a, 127 (1): 65—74.

FERNANDINO L, CONANT L L, BINDER J R, et al. Where is the action? Action sentence processing in Parkinson's disease [J]. Neuropsychologia, 2013b, 51 (8): 1510—1517.

FERRIS S H, SCHMITT F A, SAXTON J, et al. Analyzing the impact of 23 mg/day donepezil on language dysfunction in moderate to severe Alzheimer's disease [J]. Alzheimer's Research and Therapy, 2011, 3 (3): 22.

FIEBACH C J, SCHLESEWSKY M, FRIEDERICI A D. Syntactic working memory and the establishment of filler-gap dependencies: Insights from ERPs and fMRI [J]. Journal of Psycholinguistic Research, 2001, 30: 321—338.

FIEBACH C J, SCHLESEWSKY M, FRIEDERICI A D. Separating syntactic memory costs and syntactic integration costs during parsing: The processing of German WH-questions [J]. Journal of Memory and Language, 2002, 47 (2): 250—272.

FODOR J A. The Modularity of Mind: An Essay on Faculty Psychology

[M]. Cambridge, MA: MIT Press, 1983.

FOLSTEIN M E. A practical method for grading the cognitive state of patients for the children [J]. Journal of Psychiatric Research, 1975 (12): 189—198.

FRAZIER L, RAYNER K. Making and correcting errors during sentence comprehension: eye movements in the analysis of structurally ambiguous sentences [J]. Cognitive Psychology, 1982, 14 (2): 178—210.

FRAZIER M, ACKERMAN L, BAUMANN P, et al. Wh-filler-gap dependency formation guides reflexive antecedent search [J]. Frontiers in Psychology, 2015 (6): 1504.

GEERLIGS L, SALIASI E, RENKEN R J, et al. Flexible connectivity in the aging brain revealed by task modulations [J]. Human Brain Mapping, 2014, 35: 3788—3804.

GAO X. Interference control in language processing: The effects of age and working memory [D]. Illinois: University of Illinois, 2013.

GIBSON E. Linguistic complexity: Locality of syntactic dependencies [J]. Cognition, 1998, 68 (1): 1—76.

GIBSON E, PEARLMUTTER N J. Constraints on sentence comprehension [J]. Trends in Cognitive Sciences, 1998, 2 (7): 262—268.

GIBSON E, WU H H I. Processing Chinese relative clauses in context [J]. Language and Cognitive Processes, 2013, 28 (1—2): 125—155.

GIVóN T, WHITAKER H A. On understanding grammar [M]. New York: Academic Press, 1979.

GOH J O, PARK D C. Neuroplasticity and cognitive aging: the scaffolding theory of aging and cognition [J]. Restorative Neurology and Neuroscience, 2009, 27 (5): 391—403.

GORDON P C, HENDRICK RJOHNSON M. Memory interference during language processing [J]. Journal of Experimental Psychology: Learning, Memory, and Cognition, 2001, 27: 1411—1423.

GORDON P C, HENDRICK R, LEVINE W H. Memory-load interference in syntactic processing [J]. Psychological Science, 2002, 13 (5): 425—430.

GORDON P C, HENDRICK R, JOHNSON M. Effects of noun phrase type on sentence complexity [J]. Journal of Memory and Language, 2004, 51 (1): 97—114.

GORDON P C，HENDRICK R，JOHNSON M，et al. Similarity-based interference during language comprehension：Evidence from eye tracking during reading [J]. Journal of Experimental Psychology：Learning，Memory，and Cognition，2006，32 (6)：1304.

GROBER E，BANG S. Sentence comprehension in Alzheimer's disease [J]. Developmental Neuropsychology，1995，11 (1)：95—107.

GROSSMAN M，MICKANIN J，ONISHI K，et al. An aspect of sentence processing in Alzheimer's disease：quantifier-noun agreement [J]. Neurology，1995，45 (1)：85—91.

GUTCHESS A. Plasticity of the aging brain：new directions in cognitive neuroscience [J]. Science，2014，346 (6209)：579—582.

HAARMANN H J，JUST M A，CARPENTER P A. Aphasic sentence comprehension as a resource deficit：a computational approach [J]. Brain and Language，1997，59 (1)：1—120.

HAGOORT P，BROWN C，GROOTHUSEN J. The syntactic positive shift (SPS) as an ERP measure of syntactic processing [J]. Language and Cognitive Processes，1993，8 (4)：439—483.

HAGIWARA H，SOSHI T，ISHIHARA M，et al. A topographical study on the event-related potential correlates of scrambled word order in Japanese complex sentences [J]. Journal of Cognitive Neuroscience，2007，19 (2)：175—193.

HALE K，KEYSER S J. Prolegomenon to a theory of argument structure [M]. Cambridge，MA：MIT Press，2002.

HARDY S M，MESSENGER K，MAYLOR E A. Aging and syntactic representations：Evidence of preserved syntactic priming and lexical boost [J]. Psychology and Aging，2017，32 (6)：588—596.

HARTLEY J T. Reader and text variables as determinants of discourse memory in adulthood [J]. Psychology and Aging，1986 (1)：150—158.

HE W，CHEN B. The role of animacy in Chinese relative clause processing [J]. Acta Psychologica，2013，144 (1)：145—153.

HE W，XU N，JI R. Effects of age and location in Chinese relative clauses processing [J]. Journal of Psycholinguistic Research，2017，46：1067—1086.

HESTVIK A，BRADLEY E，BRADLEY C. Working memory effects of gap-predictions in normal adults：an event-related potentials study [J]. Journal of Psycholinguistic Research，2012，41 (6)：425—438.

HODGES J R，GRAHAM N，PATTERSON K. Charting the progression of semantic dementia：Implications for the orgnisation of semantic memory [J]. Memory，1995 (3)：587—604.

HSIAO F，GIBSON E. Processing relative clauses in Chinese [J]. Cognition，2003，90：3—27.

HSIAO Y，MACDONALD M C. Production predicts comprehension：Animacy effects in Mandarin relative clause processing [J]. Journal of Memory and Language，2016，89：87—109.

HUANG C-T J. Logical relations in Chinese and the theory of grammar [D]. Boston：MIT，1982.

HUANG C-T J. Chinese passives in comparative perspective [J]. Tsinghua Journal of Chinese Studies，1999，29 (4)：423—509.

HWANG M. Syntactic processing during sentence comprehension of poor readers at grades 4 to 6 [J]. Communication Sciences and Disorders，2008，13：397—417.

HYUN J M，SUNG J E，JEONG J H，et al. Effects of syntactic complexity on a case marker processing task in people with mild cognitive impairment [J]. Communication Sciences and Disorders，2013，18：35—46.

JÄGER L A. Working memory and prediction in human sentence parsing [D]. Potsdam：University of Potsdam，2015.

JÄGER L，CHEN Z，LI Q，et al. The subject-relative advantage in Chinese：Evidence for expectation-based processing [J]. Journal of Memory and Language，2015，79：97—120.

JIA J，WEI C，CHEN S，LI F，et al. The cost of Alzheimer's disease in China and re-estimation of costs worldwide [J]. Alzheimer's and Dementia，2018，14 (4)：483—491.

JOHARI K，ASHRAFI F，ZALI A，et al. Grammatical deficits in bilingual Azari-Farsi patients with Parkinson's diseas [J]. Journal of Neurolinguistics，2013，26 (1)：22—30.

JOHNSON D K，STORANDT M，BALOTA D A. Discourse analysis of

logical memory recall in normal aging and in dementia of the Alzheimer type [J]. Neuropsychology, 2003, 17 (1): 82.

JUST M A, CARPENTER P A. A capacity theory of comprehension: individual differences in working memory [J]. Psychological Review, 1992, 99 (1): 122−149.

JUST M A, CARPENTER P A, KELLER T A. The capacity theory of comprehension: new frontiers of evidence and arguments [J]. Psychological Review, 1996, 103 (4): 773−780.

KANG Y, NA D L, HAHN S. A validity study on the Korean Mini Mental State Examination (K-MMSE) in dementia patients [J]. Journal of the Korean Neurological Association, 1997, 15: 300−308.

KANG H M. Recognition processes of Korean relative clause sentences [D]. Seoul: Korea University, 2004.

KANG Y. A normative study of the Korean Mini Mental State Examination (K-MMSE) in the elderly [J]. Korean Journal of Psychology, 2006, 25: 1−12.

KATZMAN R, ZHANG M Y, OUANG YA Q, et al. A Chinese version of the Mini-Mental State Examination; impact of illiteracy in a Shanghai dementia survey [J]. Journal of Clinical Epidemiology, 1988, 41 (10): 971−978.

KELLY M E, LOUGHREY D, LAWLOR B A, et al. The impact of cognitive training and mental stimulation on cognitive and everyday functioning of healthy older adults: a systematic review and meta-analysis [J]. Ageing Research Reviews, 2014, 15: 28−43.

KEMMER L, COULSON S, DE O E, et al. Syntactic processing with aging: an event-related potential study [J]. Psychophysiology, 2004, 41 (3): 372−384.

KEMPER S. Imitation of complex syntactic constructions by elderly adults [J]. Applied Psycholinguistics, 1986, 7 (3): 277−287.

KEMPER S. Life-span changes in syntactic complexity [J]. Journal of Gerontology, 1987, 42: 323−328.

KEMPER S. Metalinguistic judgments in normal aging and Alzheimer's Disease [J]. Journal of Gerontology: Psychological Sciences, 1997, 52: 147−155.

KEMPER S, CROW A, KEMTES K. Eye-fixation patterns of high- and low-span young and older adults: down the garden path and back again [J]. Psychology and Aging, 2004, 19 (1): 157—170.

KEMPER S, FINTER-URCZYK A, FERRELL P, et al. Using elderspeak with older adults [J]. Discourse Processes, 1998, 25: 55—73.

KEMPER S, GREINER L H, MARQUIS J G, et al. Language decline across the life span: Findings from the nun study [J]. Psychology and Aging, 2001, 16: 227—239.

KEMPER S, HARDEN T. Experimentally disentangling what's beneficial about elderspeak from what's not [J]. Psychology and Aging, 1999, 14: 656—670.

KEMPER S, HERMAN R, LIAN C. Age differences in sentence production [J]. Journal of Gerontology: Psychological Sciences, 2003, 58B: 260—268.

KEMPER S, HERMAN R E, LIAN C H T. The costs of doing two things at once for young and older adults: Talking while walking, finger tapping, and ignoring speech or noise [J]. Psychology and Aging, 2003, 18: 181—192.

KEMPER S, HERMAN R E, LIU C J. Sentence production by young and older adults in controlled contexts [J]. Journal of Gerontology: Psychological Sciences, 2004, 59B: 220—224.

KEMPER S, HERMAN R E. Age differences in memory-load interference effects in syntactic processing [J]. The Journals of Gerontology Series B: Psychological Sciences and Social Sciences, 2006, 61 (6): 327—332.

KEMPER S, KEMTES K. Limitations on syntactic processing [M] // KEMPER S, KLIEGL R. Constraints on Language: Aging, Grammar, and Memory. Boston: Kluwer Academic Publishers, 1999: 79—106.

KEMPER S, KEMTES K. Aging and message production and comprehension [M] // PARK D C, SCHWARZ N. Cognitive Aging: A Primer. New York: Psychology Press, 2000: 197—213.

KEMPER S, KYNETTE D, RASH S, et al. Life-span changes to adults' language: Effects of memory and genre [J]. Applied Psycholinguistics, 1989 (10): 49—66.

KEMPER S，LIU C-J. Eye movements of young and older aults during reading [J]. Psychology and Aging，2007，22 (1)：84—93.

KEMPER S MCDOWD J，KRAMER A E. Eye movements of young and older adults while reading with distraction [J]. Psychology and Aging，2006，21：32—39.

KEMPER S，RASH S，KYNETTE D，et al. Telling stories：The structure of adults' narratives [J]. European Journal of Cognitive Psychology，1990 (2)：205—228.

KEMPER S，SUMNER A. The structure of verbal abilities in young and older adults [J]. Psychology and Aging，2001，16：312—322.

KEMPER S，THOMPSON M，MARQUIS J. Longitudinal change in language production：Effects of aging and dementia on grammatical complexity and propositional content [J]. Psychology and Aging，2001，16：227—239.

KEMPLER D，CURTISS S，JACKSON C. Syntactic preservation in Alzheimer's disease [J]. Journal of Speech，Language，and Hearing Research，1987，30 (3)：343—350.

KEMPLER D，ALMOR A，TYLER L K，et al. Sentence comprehension deficits in Alzheimer's disease：a comparison of off-line vs. on-line sentence processing [J]. Brain and Language，1998，64 (3)：297—316.

KEMTES K A，KEMPER S. Younger and older adults' on-line processing of syntactically ambiguous sentences [J]. Psychology and Aging，1997，12 (2)：362—371.

KEMTES K A，KEMPER S. Aging and resolution of quantifier scope effects [J]. The Journals of Gerontology Series B：Psychological Sciences and Social Sciences，1999，54 (6)：350—360.

KIM Y. Local processing loads in relative-clause sentence comprehension process [J]. Korean Journal of Psychology，1985 (5)：8—26.

KIM Y. Comprehension processes and structures of Korean relative clause sentences [J]. Korean Journal of Cognitive Science，1995 (6)：5—26.

KIM Y J. Relative clause sentence comprehension of Broca's aphasics [D]. Seoul：Yonsei University，2002.

KIM S K，LEE H Y. The semantic priming effects of young and older adults in Korean word recognition [J]. Korean Journal of Cognitive and Biological Psychology，2007，19：279－297.

KING J，JUST M A. Individual differences in syntactic processing：The role of working memory [J]. Journal of Memory and Language，1991，30 (5)：580－602.

KING J W，KUTAS M. Who did what and when? Using word-and clause-level ERPs to monitor working memory usage in reading [J]. Journal of Cognitive Neuroscience，1995，7 (3)：376－395.

KLUENDER R，KUTAS M. Bridging the gap：Evidence from ERPs on the processing of unbounded dependencies [J]. Journal of Cognitive Neuroscience，1993，5 (2)：196－214.

KONTIOLA P，LAAKSONEN R，SULKAV R，et al. Pattern of language impairment is different in Alzheimer's disease and multi-infarct dementia [J]. Brain and Language，1990，38 (3)：364－383.

KOTALA G. Alzheimer's Disease：Dangers and Trials of Denial [N]. The New York Times，1991－02－28 (15).

KUTAS M，HILLYARD S. A. Reading senseless sentences：Brain potentials reflect semantic incongruity [J]. Science，1980，207：203－205.

KUTAS M，HILLYARD S A. Reading between the lines：event-related potentials to semantically inappropriate and surprisingly large words [J]. Brain and Language，1980，11：354－373.

KUTAS M，HILLYARD S A. Event-related brain potentials to semantically inappropriate and surprisingly large words [J]. Biological Psychology，1980，11 (2)：99－116.

KUTAS M，VAN PETTEN C，BESSON M. Event-related potential asymmetries during the reading of sentences [J]. Electroencephalography and Clinical Neurophysiology，1988，69 (3)：218－233.

KUTAS M，FEDERMEIER K D. Electrophysiology reveals semantic memory use in language comprehension [J]. Trends in Cognitive Sciences，2000，4 (12)：463－470.

KWON N. Processing of syntactic and anaphoric gap-filler dependencies in Korean：Evidence from self-paced reading time，ERP and eye-tracking experiments [D]. UC San Diego：University of California，2008.

LAI Y H，PAI H H，LIN Y T. To be semantically-impaired or to be syntactically-impaired: Linguistic patterns in Chinese-speaking persons with or without dementia [J]. Journal of Neurolinguistics, 2009 (5): 465—475.

LAMPIT A, HALLOCK H, VALENZUELA M. Computerized cognitive training in cognitively healthy older adults: a systematic review and meta-analysis of effect modifiers [J]. PLoS Medicine, 2014, 11 (11): e1001756.

LAW S-P, LEUNG M-T. Sentence comprehension in Cantonese Chinese aphasic patients [J]. Aphasiology, 1998, 12 (1): 49—63.

LEE T H-T. The inadequacy of processing heuristics: evidence from relative clause acquisition in Mandarin Chinese [M] //LEE T H-T. Research on Chinese in Hong Kong. Hong Kong: The Linguistic Society of Hong Kong, 1992: 47—85.

LEE H, KIM S J, KIM D, et al. The characteristics of Korean sentence comprehension processing reflected in aphasic types [J]. Journal of Speech and Hearing Disorders, 2001 (10): 137—162.

LEE Y, LEE H, GORDON P C. Linguistic complexity and information structure in Korean: evidence from eye-tracking during reading [J]. Cognition, 2007, 104: 495—534.

LEE Y H, KWON N Y. The effect of information status of noun phrase on Korean sentence reading: an eye-tracking study [J]. Korean Journal of Cognitive and Biological Psychology, 2012, 24: 149—166.

LEE J S, SUNG J E. The effects of noun-phrase type and parallel function on online sentence processing for normal elderly adults [J]. Communication Sciences and Disorders, 2015, 20 (2): 222—236.

LEGERSTEE M. A review of the animate - inanimate distinction in infancy: Implications for models of social and cognitive knowing [J]. Early Development and Parenting, 1992 (2): 59—67.

LEIKIN M, AHARON PERETZ J. An aspect of auditory word and sentence comprehension in Alzheimer's disease [J]. Journal of Medical Speech-Language Pathology, 1998, 6 (3): 115—122.

LEVY R. Expectation-based syntactic comprehension [J]. Cognition, 2008, 106: 1126—1177.

LEVY R, FEDORENKO E, GIBSON E. The syntactic complexity of Russian relative clauses [J]. Journal of Memory and Language, 2013, 69:

46－49.

LI C N，THOMPSON S A. Development of the causative in Mandarin Chinese：Interaction of diachronic processes in syntax [J]. Syntax and Semantics，1976（6）：477－492.

LI C，THOMPSON S. A functional reference grammar of Mandarin Chinese [M]. Berkeley，CA：University of California Press，1981.

LIGHT L L. Memory and aging：four hypotheses in search of data [J]. Annual Review of Psychology，1991，42：333－376.

LOGAN J M，BALOTA D A. Conscious and unconscious lexical retrieval blocking in younger and older adults [J]. Psychology and Aging，2003（3）：537－550.

LüTJEN H P. Linguistik des Alterns，Linguistik des Alters-Wozu? [J]. Aktuerelle Gerontologie，1978（8）：331－336.

MACDONALD M C，ALMOR A，KEMPLER D，ANDERSEN E S，TYLER L K. Sentence comprehension impairments in Alzheimer's disease：semantic，syntactic，or memory problem? [J]. Brain and Language，1996，55：78－81.

MACDONALD M C，CHRISTIANSEN M H. Reassessing working memory：Comment on Just and Carpenter（1992）and Waters and Caplan（1996）[J]. Psychological Review，2002，109：35－54.

MACK J，MELTZER-ASSCHER A，BARBIERI E，THOMPSON C. Neural correlates of processing passive sentences [J]. Brain Sciences，2013，3（3）：1198－1214.

MACKAY D G. The organization of perception and action：A theory for language and other cognitive skills [M]. New York：Springer-Verlag，1987.

MAK W M，VONK W，SCHRIEFERS H. The influence of animacy on relative clause processing [J]. Journal of Memory and Language，2002，47（1）：50－68.

MAK W M，VONK W，SCHRIEFERS H. Animacy in processing relative clauses：The hikers that rocks crush [J]. Journal of Memory and Language，2006，54（4）：466－490.

MANENTI R，BRAMBILLA M，PETESI M，et al. Compensatory networks to counteract the effects of ageing on language [J]. Behavioural Brain

Research，2013，249：22—27.

MARKOVÁ J，HORVÁTHOVÁ L，KRÁLOVÁ M，et al. Sentence comprehension in Slovak-speaking patients with Alzheimer's disease [J]. International Journal of Language and Communication Disorders，2017，52 (4)：456—468.

MARTIN S E. A Reference Grammar of Korean：A Complete Guide to the Grammar and History of the Korean Language [M]. Rutland，VT：Tuttle Publishing，1992.

MCKENNA T M，MCMULLEN T A，SHLESINGER M F. The brain as a dynamic physical system [J]. Neuroscience，1994，60 (3)：587—605.

MEYERSON M D. The effects of aging on communication [J]. Journal of Gerontology，1976，31：29—38.

MILLER G A. The magical number seven，plus or minus two：Some limits on our capacity for processing information [J]. Psychological Review，1956，63：81—97.

MORRIS J C. The Clinical Dementia Rating (CDR)：Current version and scoring rules [J]. Neurology，1993，43 (11)：2412.

MURPHY K J，RICH J B，TROYER A K. Verbal fluency patterns in amnestic mild cognitive impairment are characteristic of Alzheimer's type dementia [J]. Journal of the International Neuropsychological Society，2006，12 (4)：570—574.

MURRAY L L，RUTLEDGE S. Reading comprehension in Parkinson's disease [J]. American Journal of Speech-Language Pathology，2014 (2)：246—258.

NAKANO H，SARON C，SWAAB T Y. Speech and span：Working memory capacity impacts the use of animacy but not of world knowledge during spoken sentence comprehension [J]. Journal of Cognitive Neuroscience，2010，22 (12)：2886—2898.

NAVEH-BENJAMIN M，CRAIK F I，GUEZ J，et al. Divided attention in younger and older adults：effects of strategy and relatedness on memory performance and secondary task costs [J]. Journal of Experimental Psychology：Learning，Memory，and Cognition，2005，31：520—537.

NIEUWLAND M S，MARTIN A E，CARREIRAS M. Event-related

brain potential evidence for animacy processing asymmetries during sentence comprehension [J]. Brain and Language, 2013, 126: 151-158.

NORMAN S, KEMPER S, KYNETTE D. Adults' reading comprehension: effects of syntactic complexity and working memory [J]. Journal of Gerontology, 1992, 47: 258-265.

OBLER L K, NICHOLAS M, ALBERT M L, et al. On comprehension across the adult lifespan [J]. Cortex, 1985, 21 (2): 273-280.

OBLER L K, FEIN D, NICHOLAS M, et al. Auditory comprehension and aging: Decline in syntactic processing [J]. Applied Psycholinguistics, 1991, 12 (4): 433-452.

OH S J, SUNG J E, SIM H S. Age-Related differences in animacy effects as a function of word-order canonicity in a verb-final language: evidence from ERP [J]. Communication Sciences and Disorders, 2016, 21 (4): 653-667.

OLDFIELD R C. The assessment and analysis of handedness: The Edinburgh inventory [J]. Neuropsychologia, 1971 (9): 97-113.

OLICHNEY J M, TAYLOR J R, GATHERWRIGHT J, et al. Patients with MCI and N400 or P600 abnormalities are at very high risk for conversion to dementia [J]. Neurology, 2008, 70 (19): 1763-1770.

OSTERHOUT L, HOLCOMB P J. Event-related brain potentials elicited by syntactic anomaly [J]. Journal of Memory and Language, 1992, 31 (6): 785-806.

PARK D C, BISCHOF G N. The aging mind: Neuroplasticity in response to cognitive training [J]. Dialogues in Clinical Neuroscience, 2013, 15: 109-119.

PARK J H, KIM Y W. Relative clause sentence comprehension in children with mild intellectual disabilities: cues of additional position and parallel function [J]. Korean Journal of Communication Disorders, 2009, 14: 456-469.

PARK D C, REUTER-LORENZ P. The adaptive brain: aging and neurocognitive scaffolding [J]. Annual Review of Psychology, 2009, 60: 173-196.

PAYNE B R, GRISON S, GAO X, et al. Aging and individual differences in binding during sentence understanding: Evidence from temporary and global syntactic attachment ambiguities [J]. Cognition, 2014, 130: 157－173.

PEARLMUTTER N J, MACDONALD M C. Individual differences and probabilistic constraints in syntactic ambiguity resolution [J]. Journal of Memory and Language, 1995, 34, 521－542.

PEELLE J E, TROIANI V, WINGFIELD A, et al. Neural processing during older adults' comprehension of spoken sentences: age differences in resource allocation and connectivity [J]. Cerebral Cortex, 2009, 20 (4): 773－782.

PELEGRINA S, BORELLA E, CARRETTI B, et al. Similarity-based interference in a working memory numerical updating task [J]. Experimental Psychology, 2012, 59: 183－189.

PERANI D, FARSAD M, BALLARINI T, et al. The impact of bilingualism on brain reserve and metabolic connectivity in Alzheimer's dementia [J]. Proceedings of the National Academy of Sciences, 2017, 114 (7): 1690－1695.

PHILLIPS C, KAZANINA N, SHANI H A. ERP effects of the processing of syntactic long-distance dependencies [J]. Cognitive Brain Research, 2005, 22 (3): 407－428.

PHILIPP M, BORNKESSEL-SCHLESEWSKY I, BISANG W, et al. The role of animacy in the real time comprehension of Mandarin Chinese: Evidence from auditory event-related brain potentials [J]. Brain and Language, 2008, 105 (2): 112－133.

PRIETO F, RADANOVIC M, SCHMITT C, et al. Sentence comprehension in Parkinson's disease [J]. Dementia and Neuropsychologia, 2007, 1 (4): 386－391.

PU M-M. The distribution of relative clauses in Chinese discourse [J]. Discourse Processes, 2007, 43: 25－53.

RADFORD A. Syntactic theory and the structure of English: A minimalist approach [M]. Cambridge: Cambridge University Press, 1997.

RAYNER K, REICHLE E, STROUD M, et al. The effect of word frequency, word predictability, and font difficulty on the eye movements of young and older readers [J]. Psychology and Aging, 2006, 21: 448－465.

REUTER-LORENZ P A, CAPPELL K A. Neurocognitive aging and the compensation hypothesis [J]. Current Directions in Psychological Science, 2008, 17 (3): 177—182.

ROCHON E, WATERS G S, CAPLAN D. Sentence comprehension in patients with Alzheimer's disease [J]. Brain and Language, 1994, 46 (2): 329—349.

ROCHON E, WATERS G S, CAPLAN D. The relationship between measures of working memory and sentence comprehension in patients with Alzheimer's disease [J]. Journal of Speech, Language, and Hearing Research, 2000, 43 (2): 395—413.

SANFELICI E, CALOI I, POLETTO C. Subject Object Asymmetries in relative clauses: An investigation into three new empirical domains [J]. Quaderni di lavoro ASIt, 2014, 18: 127—160.

SAPIR E. An introduction to the study of speech [M]. New York: Harcourt, Brace. 1921.

SCHNEIDER B A, DANEMAN M, PICHORA-FULLER M K. Listening in aging adults: from discourse comprehension to psychoacoustics [J]. Canadian Journal of Experimental Psychology, 2002, 56: 139—152.

SCHWARTZ M F, MARIN O S M, SAFFRAN E M. Dissociations of language function in dementia: a case study [J]. Brain and Language, 1979, 7 (3): 277—306.

SCHWARTZ F. Processing presupposed content [J]. Journal of Semantics, 2007, 24: 373—416.

SHAFTO M A, TYLER L K. Language in the aging brain: the network dynamics of cognitive decline and preservation [J]. Science, 2014, 346 (6209): 583—587.

SHAW N A. Age-dependent changes in central somatosensory conduction time [J]. Clinical Electroencephalography, 1992, 23: 105—110.

SHELDON A. The role of parallel function in the acquisition of relative clauses in English [J]. Journal of Verbal Learning and Verbal Behavior, 1974, 13: 272—281.

SKODDA S, VISSER W, SCHLEGEL U. Vowel articulation in Parkinson's disease [J]. Journal of Voice, 2011, 25 (4): 467—472.

SMALL J A, ANDERSEN E, KEMPLER D. The effects of working

memory capacity on understanding rate-altered speech [J]. Aging, Neuropsychology, and Cognition, 1997 (4): 126—139.

SMALL J A, KEMPER S, LYONS K. Sentence comprehension in Alzheimer's disease: Effects of grammatical complexity, speech rate, and repetition [J]. Psychology and Aging, 1997, 12 (1): 3—11.

SMALL J A, KEMPER S, LYONS K. Sentence repetition and processing resources in Alzheimer' s disease [J]. Brain and Language, 2000, 75 (2): 232—258.

SNYDER J S, ALAIN C. Age-related changes in neural activity associated with concurrent vowel segregation [J]. Cognitive Brain Research, 2005 (3): 492—299.

STEINHAUER K, ABADA S H, PAUKER E, et al. Prosody-syntax interactions in aging: Event-related potentials reveal dissociations between on-line and off-line measures [J]. Neuroscience Letter, 2010, 472 (2): 133—138.

STINE E L, WINGFIELD A. Memorability functions as an indicator of qualitative age differences in text recall [J]. Psychology and Aging, 1988 (3): 179—183.

STINE E L. On-line processing of written text by younger and older adults [J]. Psychology and Aging, 1990 (5): 68—78.

STINE-MORROW E A, RYAN S, LEONARD J S. Age differences in online syntactic processing [J]. Experimental Aging Research, 2000, 26: 315—322.

STINE-MORROW E A L, NOH S R, SHAKE M C. Age differences in the effects of conceptual integration training on resource allocation in sentence processing [J]. The Quarterly Journal of Experimental Psychology, 2010, 63 (7): 1430—1455.

SU Y-C, LEE S-E, CHUNG Y-M. A syntactic thematic role assignment by Mandarin aphasics: a test of the trace-deletion hypothesis and the double dependency hypothesis [J]. Brain and Language, 2007, 101 (1): 1—18.

SUNG J E. Age-related changes in sentence production abilities and their relation to working-memory capacity: evidence from a verb-final language [J]. PLoS One, 2015, 10 (4): e0119424.

SUNG J E. Age-related decline in case-marker processing and its relation to working memory capacity [J]. Journals of Gerontology Series B: Psychological Sciences and Social Sciences, 2016, 72 (5): 813-820.

SUNG J E, YOO J K, LEE S E, et al. Effects of age, working memory, and word order on passive-sentence comprehension: evidence from a verb-final language [J]. International Psychogeriatrics, 2017, 29 (6): 939-948.

TAKASHI Y. Influence of animacy and semantic roles of nouns on case assignment in intransitive sentences in Broca's aphasia [in Japanese] [J]. Higher Brain Function Research, 2012, 32 (3): 525-532.

TANOSAKI M, OZAKI I, SHIMAMURA H, et al. Effects of aging on central conduction in somatosensory evoked potentials: Evaluation of onset versus peak methods [J]. Clinical Neurophysiology, 1999, 110: 2094-2103.

TARABAN R, MCCLELLAND J L. Constituent attachment and thematic role assignment in sentence processing: Influences of content-based expectations [J]. Journal of Memory and Language, 1988, 27 (6): 597-632.

TAUB H A. Comprehension and memory of prose materials by young and old adults [J]. Experimental Aging Research, 1979 (5): 3-13.

THOMAS C, KESELJ V, CERCONE N. Automatic detection and rating of dementia of Alzheimer type through lexical analysis of spontaneous speech [J]. IEEE International Conference Mechatronics and Automation, 2005 (3): 1569-1574.

TOMOEDA C K, BAYLES K A, BOONE D R, et al. Speech rate and syntactic complexity effects on the auditory comprehension of Alzheimer patients [J]. Journal of Communication Disorders, 1990, 23 (2): 151-161.

TRAXLER M J, MORRIS R K, SEELY R E. Processing subject and object relative clauses: Evidence from eye movements [J]. Journal of Memory and Language, 2002, 47 (1): 69-90.

TRAXLER M J, WILLIAMS R S, BLOZIS S A, et al. Working memory, animacy, and verb class in the processing of relative clauses [J]. Journal of Memory and Language, 2005, 53 (2): 204-224.

TRAXLER M J. Parsing [J]. Wiley Interdisciplinary Reviews: Cognitive Science, 2011, 2 (4): 353-364.

TRAXLER M J. Trends in syntactic parsing: anticipation, Bayesian estimation, and good-enough parsing [J]. Trends in Cognitive Sciences, 2014, 18 (11): 605−611.

TROCHE M S, ALTMANN L J. Sentence production in Parkinson disease: Effects of conceptual and task complexity [J]. Applied Psycholinguistics, 2012, 33 (2): 225−251.

TYLER L K, MARSLEN-WILSON W D. The on-line effects of semantic context on syntactic processing [J]. Journal of Verbal Learning and Verbal Behavior, 1977, 16 (6): 683−692.

TYLER L K, SHAFTO M A, RANDALL B, et al. Preserving syntactic processing across the adult life span: the modulation of the frontotemporal language system in the context of age-related atrophy [J]. Cerebral Cortex, 2010, 20 (2): 352−364.

ULLMAN M T. The declarative/procedural model of lexicon and grammar [J]. Journal of Psycholinguistic Research, 2001, 30: 37−69.

UENO M, KLUENDER R. Event-related brain indices of Japanese scrambling [J]. Brain and Language, 2003, 86 (2): 243−271.

VAN VALIN R D, LAPOLLA R J. Syntax: structure, meaning, and function [M]. Cambridge: Cambridge University Press, 1997.

VASISHTH S, CHEN Z, LI Q, et al. Processing Chinese relative clauses: evidence for the subject-relative advantage [J]. PLoS One, 2013 (8): e77006.

WATERS G S, ROCHON E, CAPLAN D. Task demands and sentence comprehension in patients with dementia of the Alzheimer's type [J]. Brain and Language, 1998, 62 (3): 361−397.

WATERS G S, CAPLAN D. Age, working memory, and on-line syntactic processing in sentence comprehension [J]. Psychology and Aging, 2001, 16 (1): 128−144.

WATERS G, CAPLAN D. The relationship between age, processing speed, working memory capacity, and language comprehension [J]. Memory, 2005, 13 (3−4): 403−413.

WATERS G S, CAPLAN D, ROCHON E. Processing capacity and sentence comprehension in patients with Alzheimer's disease [J]. Cognitive Neuropsychology，1995，12（1）：1—30.

WINGFIELD A，POON L W，LOMBARDI L，et al. Speed of processing in normal aging：effects of speech rate，linguistic structure，and processing time [J]. Journal of Gerontology，1985，40：579—585.

WINGFIELD A，MCCOY S L，PEELLE J E，et al. Effects of adult aging and hearing loss on comprehension of rapid speech varying in syntactic complexity [J]. Journal of the American Academy of Audiology，2006，17：487—497.

WLOTKO E W，LEE C L，FEDERMEIER K D. Language of the aging brain：Event-related potential studies of comprehension in older adults [J]. Language and Linguistics Compass，2010，4（8）：623—638.

WU F，LUO Y，ZHOU X. Building Chinese relative clause structures with lexical and syntactic cues：evidence from visual world eye-tracking and reading times [J]. Language，Cognition and Neuroscience，2014，29（10）：1205—1226.

WU F，KAISER E，ANDERSEN E. Animacy effects in Chinese relative clause processing [J]. Language and Cognitive Processes，2012，27（10）：1489—1524.

XU N，HOU X，ZHAO B，et al. Age-related temporal-spatial dynamic ERP changes during sentence comprehension [J]. Neuroscience Letter，2017，645：74—79.

YANG C L，PERFETTI C A，LIU Y. Sentence integration processes：An ERP study of Chinese sentence comprehension with relative clauses [J]. Brain and Language，2010，112（2）：85—100.

YANO M，TATEYAMA Y，SAKAMOTO T. Processing of Japanese cleft constructions in context：Evidence from event-related brain potentials [J]. Journal of Psycholinguistic Research，2015，44（3）：277—286.

YU J，ZHANG Y. When Chinese semantics meets failed syntax [J]. Neuroreport，2008，19（7）：745—749.

YU S，TAMAOKA K. Age-related differences in the acceptability of non-canonical word orders in Mandarin Chinese [J]. Lingua Sinica，2018（4）：3.

ZAWISZEWSKI A，FRIEDERICI A D. Processing canonical and non-canonical sentences in Basque：The case of object-verb agreement as revealed by event-related brain potentials [J]. Brain Research，2009，1284：161－179.

ZHANG Q，LAWSON A，GUO C，et al. Electrophysiological correlates of visual affective priming [J]. Brain Research Bulletin，2006，71（1－3）：316－323.

ZHANG Y，LI P，PIAO Q，et al. Syntax does not necessarily precede semantics in sentence processing：ERP evidence from Chinese [J]. Brain and Language，2013，126（1）：8－19.

ZHU Z，HOU X，YANG Y. Reduced syntactic processing efficiency in older adults during sentence comprehension [J]. Frontiers in Psychology，2018（9）：243.

白学军，郭志英，王永胜，等. 老年人与青年人阅读空格文本的注视位置效应 [J]. 心理发展与教育，2015，31（2）：171－179.

陈宝国，宁爱华. 汉语主语和宾语关系从句加工难度的比较 [J]. 应用心理学，2008，14（1）：29－34.

陈宝国，徐慧卉. 工作记忆容量的差异对第二语言句法歧义句加工的影响 [J]. 心理学报，2010，42（2）：185－192.

董燕萍，蔡振光. 竞争模型中的语义线索：论元特征满足度 [J]. 外语教学与研究，2007，39（3）：169－176.

桂诗春. 新编心理语言学 [M]. 上海：上海外语教育出版社，2015.

何洁莹，张清芳. 老年人书写产生中词汇频率和音节频率效应的时间进程：ERP研究 [J]. 心理学报，2017（12）：5－15.

何文广，陈宝国. 汉语主、宾关系从句加工难度及其核心名词生命性效应 [J]. 心理科学，2016（1）：43－49.

何文广. 语言认知老化机制及其神经基础 [J]. 心理科学进展，2017，25（9）：1479－1491.

霍丽娟，郑志伟，李瑾，等. 老年人的脑可塑性：来自认知训练的证据 [J]. 心理科学进展，2018，26（5）：846－858.

黄立鹤. 近十年老年人语言衰老现象研究：回顾与前瞻 [J]. 北京第二外国语学院学报，2015（10）：17－24.

黄韧，张清芳，李丛. 消极情绪抑制了老年人的口语产生过程 [J]. 心理与行为研究，2017（3）：372－378.

贾广珍，刘友谊，舒华，等. 生命性信息在语言加工中的作用 [J]. 心理科学进展，2013，21（8）：1371－1381.

李妍，周爱红，赵丽娜等. 轻度阿尔茨海默病患者自发语言特点研究［J］. 中华神经科杂志，2019，52（3）：177－183.

李德明，刘昌. 认知功能的年老化过程，个体差异及影响因素［J］. 中国老年学杂志，2003，23（3）：156－158.

李德明，刘昌，李贵芸. 认知老化模型的研究［J］. 心理学报，1999，31（1）：98－103.

李杰，陈超. CiteSpace：科技文本挖掘及可视化［M］. 北京：首都经济贸易大学出版社，2016.

李宇峰. 老年人言语交际障碍实证研究［D］. 长春：吉林大学，2016.

林崇德，杨治良，黄希庭. 心理学大辞典［M］. 上海：上海教育出版社，2004.

刘楚群. 老年人口语填塞性"这个/那个"调查研究［J］. 南开语言学刊，2015（2）：104－111.

刘楚群. 老年人口语非流利性词内重复研究［J］. 汉语学报，2016（2）：66－74.

刘楚群. 老年人话语缺损现象研究［J］. 语言规划学研究，2016（1）：46－57.

刘楚群. 老年人口语冗余性词语重复现象研究［J］. 华中学术，2018（1）：144－155.

刘丹青. 语法调查与研究中的从属小句问题［J］. 当代语言学，2005（3）：193－212.

刘红艳. 老年痴呆症患者与正常老年人现场即席话语能力比较研究［D］. 北京：北京外国语大学，2005.

刘红艳. 基于语料库的老年性痴呆患者找词困难研究［J］. 解放军外国语学院学报，2014（1）：42－52.

刘涛，江火. 句法移位的脑神经加工机制——来自汉语被动句的 ERPs 研究［J］. 语言科学，2016，15（6）：612－624.

刘涛，周统权，杨亦鸣. 主语关系从句加工优势的普遍性——来自汉语关系从句 ERP 研究的证据［J］. 语言科学，2011，10（1）：1－20.

柳鑫淼. 近十五年语言衰老研究的可视化文献计量分析［J］. 北京化工大学学报（社会科学版），2018，105（4）：43－48.

柳鑫淼. 关系从句加工中生命性效应的年老化研究［J］. 北京科技大学学报（社会科学版），2019（2）：25－31.

彭华茂，毛晓飞. 抑制对老年人舌尖现象的影响 [J]. 心理学报，2018，50（10）：1142－1150.

乔园，王刚，任汝静，等. 阿尔茨海默病的语言障碍研究进展 [J]. 诊断学理论与实践，2014，13（4）：433－436.

盛亚南，吴芙芸."生命性"对指量词和关系从句位序的调节作用 [J]. 外语学刊，2018（1）：54－59.

唐正大. 关系化对象与关系从句的位置——基于真实语料和类型分析 [J]. 当代语言学，2007（2）：139－150.

王聪，张明辉. 现代汉语被动句研究综述 [J]. 云南师范大学学报（对外汉语教学与研究版），2017（5）：35－48.

王芳，吴芙芸. 汉语非典型后置关系从句的分布态势——基于真实口语语料库的考察 [J]. 语言科学，2016，15（6）：599－611.

王力. 现代汉语语法 [M]. 北京：中华书局，1956.

王丽红，白学军，闫国利. 汉语阅读知觉广度的老化：一项眼动研究 [J]. 心理与行为研究，2014，12（6）：763－768.

王文斌. 论英语的时间性特质与汉语的空间性特质 [J]. 外语教学与研究，2013（2）：163－173.

王文斌. 论英汉表象性差异背后的时空性——从 Humboldt 的"内蕴语言形式"观谈起 [J]. 中国外语，2013（3）：29－36.

王文斌. 论英汉的时空性差异 [M]. 北京：外语教学与研究出版社，2019.

熊仲儒. 汉语被动句句法结构分析 [J]. 当代语言学，2003，5（3）：206－221.

吴芙芸. 基于经验还是基于工作记忆？——来自汉语新闻语料库中关系从句生命度格局的证据 [J]. 语言科学，2011（4）：396－407.

吴芙芸. 论基于记忆资源的依存局域理论及潜在问题——来自汉语关系从句的挑战 [J]. 当代语言学，2012（4）：365－379.

吴芙芸. 增加的中心词会增大加工难度吗？——来自汉语的证据 [J]. 外国语（上海外国语大学学报），2013（3）：60－67.

吴庚堂. 汉语被动式与动词被动化 [J]. 现代外语，2000（3）：249－260.

杨群，张清芳. 口语产生中词频效应、音节频率效应和语音促进效应的认知年老化 [J]. 心理科学，2015，38（6）：1303－1310.

杨群，张清芳. 口语产生中的认知年老化及其神经机制［J］. 心理科学进展，2015，23（12）：2072－2084.

杨亦鸣，刘涛. 汉语话题句中语迹的神经机制研究［J］. 中国社会科学，2013（6）：146－166.

杨玉芳. 心理语言学［M］. 北京：科学出版社，2015.

余林. 认知老化的心理学研究［M］. 北京：科学出版社，2014.

赵斌，蔡志友. 阿尔茨海默病［M］. 北京：科学出版社，2015.

赵俊海. 阿尔茨海默病患者话语的系统功能语言学研究［D］. 重庆：西南大学，2012.

赵俊海，杨炳钧. 临床话语分析的系统功能语言学理据及途径［J］. 中国外语，2012，9（6）：96－101.

赵俊海. 阿尔茨海默病患者话语的衔接与连贯分析［J］. 楚雄师范学院学报，2012，27（10）：73－80.

赵瑞瑛，娄昊，欧阳明昆，张清芳. 自然情境下舌尖效应的认知年老化——日记研究［J］. 心理学报，2019，51（5）：598－611.

张强. 生命性：从社会认知到语言加工［J］. 徐州师范大学学报（哲学社会科学版），2012，38（6）：127－130.

张强，杨亦鸣. 汉语宾语关系从句加工优势——来自神经电生理学研究的证据［J］. 语言科学，2010，9（4）：337－353.

张强，江火. 关系从句加工优势及局部句法复杂性解释——以汉语宾语位置的关系从句加工为例［J］. 外语研究，2010（6）：19－26.

张亚旭，蒋晓鸣，黄永静. 言语工作记忆、句子理解与句法依存关系加工［J］. 心理科学进展，2007，15（1）：22－28.

周统权，郑伟，舒华，等. 汉语宾语关系从句加工优势论——来自失语症研究的证据［J］. 语言科学，2010，9（3）：225－243.

朱德熙. 语法答问［M］. 北京：商务印书馆，1985.

附　　录

附录 A　被试基本信息调查问卷

A1　背景信息问卷调查（青年组）

请您填写自己的真实信息，您所提供的信息仅用于科学研究，不会提供给其他任何人员或用于除研究以外的其他任何目的。为了保护您的隐私，该问卷为匿名形式。在研究过程中，我们将以编号代替您的名字。请放心填写。谢谢您的支持和配合！

1. 性别　男□　　　女□

2. 年龄 ______________________周岁

3. 受教育年限______________________年

4. 专业 ______________________

5. 就读院校 ______________________

6. 所在地区 ______________________

7. 除汉语外，学过或掌握的其他语种______________________，学习时长______年______月

8. 开始学习外语年龄 ______________________

9. 是否有遗传病史 ______________________

如果有，请提供详情____

10. 是否有过精神疾病或心理疾病 ______________________

A2　背景信息问卷调查（老年组）

请您填写自己的真实信息，您所提供的信息仅用于科学研究，不会提供给其他任何人员或用于除研究以外的其他任何目的。为了保护您的隐私，该问卷为匿名形式。在研究过程中，我们将以编号代替您的名字。请放心填写。谢谢

您的支持和配合！

1. 性别　男□　　女□

2. 年龄 ____________________周岁

3. 受教育年限__________________年

4. 退休前职业 __________________

5. 所在地区__________________

6. 除汉语外，学过或掌握的其他语种__________________，学习时长_____年_____月

7. 开始学习外语年龄 ______________

8. 是否有遗传病史 ______________

如果有，请提供详情____________________________________

9. 是否有过精神疾病或心理疾病 ______________

附录B　全面衰退量表（Global Deterioration Scale，GDS）

全面衰退量表是由 Reisberg 等人创立发展起来一组分期方法。从正常（无认知下降）到非常严重的认知下降分为 7 期，内容涉及以下几个方面：记忆（即刻记忆、近期记忆和远期记忆）（1～7 期）、操作性日常生活能力（IADL）（3、4 期）、人格和情绪化（3、6 期）、日常生活能力（ADL）（5～7 期）、定向力（4～6 期）。该量表通过对患者和护理者进行访谈，进行评分分期，为非客观量表。

级别	内容	选择	
第一级：无认知功能减退	无主观叙述记忆不好，临床检查无记忆缺陷的证据	是	否
第二级：非常轻微的认知功能减退	自己抱怨记忆不好，通常表现为以下几个方面：①忘记熟悉的东西放在什么地方；②忘记熟人的名字，但临床检查无记忆缺陷的客观证据。就业和社交场合无客观的功能缺陷，对症状的关心恰当。	是	否
第三级：轻度认知功能减退	最早而明确的认知缺陷。存在下述两项或两项以上的表现：①病人到不熟悉的地方迷路；②同事注意到病人的工作能力相对减退；③家人发现病人回忆词汇的名字困难；④阅读一篇文章或一本书后记住的东西甚少；⑤记忆新认识的人名能力减退；⑥可能遗失贵重物品或放错地方；⑦临床检查有注意力减退的证据。只有深入检查 才有可能获得记忆减退的客观证据。可有所从事的工作和社交能力的减退。病人开始出现否认，伴有轻、中度焦虑症状。	是	否

续表

级别	内容	选择	
第四级：中度认知功能减退	明显的认知缺陷表现在以下几个方面：①对目前和最近的事件知识减少；②对个人经历的记忆缺陷；③从作连续减法可以发现注意力不能集中；④旅行、管理钱财等的能力减退。但常无以下三方面的损害：①时间和人物定向；②识别熟人和熟悉的面孔；③到熟悉的地方旅行的能力。不能完成复杂的工作；心理防御机制中的否认显得突出，情感平淡，回避竞争。	是	否
第五级：重度认知功能减退	病人的生活需要照顾，检查时半天不能回忆与以前生活密切相关的事情，例如地址、使用了多年的电话号码、亲属的名字（如孙子的名字）、本人毕业的高中或大学的名称或地点定向障碍。受过教育的人，作 40 连续减 4 或 20 连续减 2 也有困难。在此阶段，病人尚保留一些与自己或他人有关的重要事件的知识。知道自己的名字，通常也知道配偶和独生子女的名字。进食及大小便无需帮助，但不少的病人不知道挑选合适的衣服穿。	是	否
第六级：严重认知功能减退	忘记配偶的名字、最近的经历和事件大部分忘记。保留一些过去经历的知识，但为数甚少。通常不能认识周围环境，不知道年份、季节等。作 10 以内的加减法可能有困难。日常生活需要照顾，可有大小便失禁，外出需要帮助，偶尔能到熟悉地方去。日夜节律紊乱。几乎总能记起自己的名字。常常能区分周围的熟人与生人。出现人格和情绪改变，这些变化颇不稳定，包括：①妄想性行为，如责备自己配偶是骗子，与想象中的人物谈话，可与镜子中的自我谈话；②强迫症状，如可能不断重复简单的清洗动作；③焦虑症状，激越，甚至出现以往从未有过的暴力行为；④认知性意志减退，如因不能长久保持一种想法以决定有的行为，致使意志能力丧失。	是	否
第七级：极严重认知功能减退	丧失言语功能。常常不能说话，只有咕哝声。小便失禁，饮食及大、小便需要帮助料理。丧失基本的精神性运动技能，如不能走路，大脑似乎再也不能指挥躯体。常出现广泛的皮层性神经系统症状和体征。	是	否

附录 C 中文版简易精神状况量表

1. 现在我要问您一些问题来检查您的记忆力和计算力，多数都很简单。

□0 分或 1 分=（1）请说出今年的年份

□0 分或 1 分=（2）现在是什么季节

□0 分或 1 分=（3）现在是几月份

□0 分或 1 分=（4）今天是几号

□0 分或 1 分=（5）今天是星期几

□0 分或 1 分=（6）这是什么城市

□0 分或 1 分=（7）这是什么区（城区名）

□0 分或 1 分=（8）这是什么小区

□0 分或 1 分=（9）这是第几层楼

□0 分或 1 分=（10）这是什么地方（地址、门牌号）

2. 现在我告诉您三种东西的名称，我说完后请您重复一遍。请您记住这三种东西，过一会儿我还要问您（请说清楚。每样东西一秒钟）。

告诉这三种东西是“树”“钟”“汽车”。请您重复。

□0 分或 1 分=树

□0 分或 1 分=钟

□0 分或 1 分=汽车

3. 现在请您算一算，从 100 中减去 7，然后从所得的数算下去，请您将每减一个 7 后的答案告诉我，直到我说“停”为止。

□0 分或 1 分　100 减 7=93

□0 分或 1 分　93 减 7=86

□0 分或 1 分　86 减 7=79

□0 分或 1 分　79 减 7=72

□0 分或 1 分　72 减 7=65

停止！

4. 现在请您说出刚才我让您记住的是哪三个东西？

□0 分或 1 分=树

□0 分或 1 分=钟

□0 分或 1 分=汽车

5. 检查者出示手表，问“这是什么”

□1 分=能正确说出

□0 分=不能正确说出

检查者出示铅笔，问“这是什么”

□1 分=能正确说出

□0 分=不能正确说出

6. 请您跟我说“四十四只石狮子”。

□1 分=能正确说出

□0 分=不能正确说出

7. 检查者给受试者一张卡片，上面写着“请闭上您的眼睛”。请您念一念这句话，并按上面的意思去做。

□1 分=能正确说出并能做到

□0 分=不正确说出，或者不能做到

8. 我给您一张纸，请您按我说的去做。现在开始：

□0 分或 1 分=用右手拿着这张纸；

□0 分或 1 分=用两只手把它对折起来；

□0 分或 1 分=放在您的左腿上

9. 请您给我写一个完整的句子

□1 分=能正确写出

□0 分=不能正确写出

在此写：

10. 请您照着下面图案样子把它画下来。

□0 分或 1 分

图案样子如下　　　　在下方照样子画

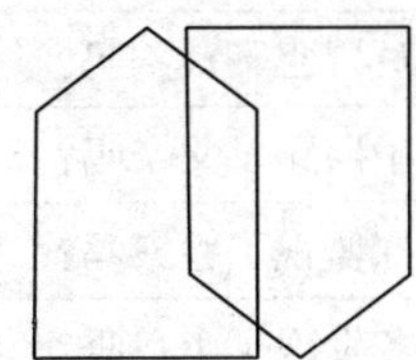

附录 D　部分实验刺激材料

实验句						
段 1	段 2	段 3	段 4	段 5	段 6	问题
模仿	演员	的	歌星	吸食了	毒品。	歌星模仿了演员吗？
躲闪	汽车	的	孕妇	撞到了	栏杆。	汽车躲闪了栏杆吗？
假扮	农民	的	特务	露出了	破绽。	农民假扮了特务吗？
打伤	司机	的	歹徒	看到了	记者。	歹徒打伤了司机吗？
投诉	职员	的	顾客	做出了	让步。	职员投诉了顾客吗？
邀请	主任	的	专家	参加了	会议。	主任邀请了专家吗？
咬伤	老虎	的	狮子	离开了	树林。	老虎离开了树林吗？

续表

段 1	段 2	段 3	段 4	段 5	段 6	问题
抛弃	同伴	的	士兵	背叛了	组织。	士兵抛弃了同伴吗？
辱骂	经理	的	职员	离开了	公司。	职员辱骂了经理吗？
尊敬	学生	的	老师	获得了	表彰。	学生尊敬老师吗？
质疑	学生	的	老师	辞去了	职位。	学生质疑老师吗？
中伤	演员	的	导演	接受了	采访。	导演中伤了演员吗？
质疑	教练	的	选手	退出了	比赛。	教练质疑选手吗？
救助	灾民	的	干部	染上了	疾病。	干部救助了灾民吗？
贿赂	官员	的	公司	坦白了	罪行。	官员贿赂了公司吗？
经理	推荐	的	专家	出席了	会议。	专家推荐了经理吗？
老板	状告	的	员工	联系了	律师。	员工状告了老板吗？
导演	介绍	的	电影	获得了	大奖。	导演介绍了电影吗？
市长	冒犯	的	书记	陷入了	困境。	市长冒犯了书记吗？
妻子	挂念	的	丈夫	寄出了	家书。	妻子挂念丈夫吗？
连长	保护	的	战士	失去了	生命。	连长保护了战士吗？
裁判	冒犯	的	球员	退出了	比赛。	球员冒犯了裁判吗？
父亲	照顾	的	孩子	收到了	捐款。	孩子照顾了父亲吗？
警察	监视	的	侦探	遇到了	危险。	侦探监视了警察吗？
特务	发现	的	士兵	掏出了	手枪。	特务发现了士兵吗？
市长	提拔	的	书记	参加了	会议。	书记提拔了市长吗？
女孩	追求	的	男生	放弃了	学业。	女孩追求了男生吗？
专家	拜访	的	局长	提出了	意见。	局长拜访了专家吗？
小偷	跟踪	的	记者	拨打了	电话。	记者跟踪了小偷吗？
战士	喜欢	的	护士	嫁给了	农夫。	护士喜欢战士吗？
经理	邀请了	老王	遇见	的	客人。	经理邀请了客人吗？
我们	咨询了	专家	邀请	的	主任。	主任邀请了专家吗？
男孩	看到了	游客	购买	的	玩具。	男孩看到了游客吗？
媒体	采访了	导演	中伤	的	演员。	演员中伤了导演吗？
警察	抓住了	毒贩	联系	的	老板。	老板联系了毒贩吗？
男孩	抱起了	小狗	咬伤	的	小猫。	小狗咬伤了小猫吗？
市民	见到了	市长	提拔	的	书记。	市长提拔了书记吗？

续表

段 1	段 2	段 3	段 4	段 5	段 6	问题
警察	找到了	小偷	偷走	的	钱包。	警察找到了钱包吗?
校长	表扬了	学生	尊敬	的	老师。	校长表扬了学生吗?
法院	调查了	商人	贿赂	的	官员。	法院调查了官员吗?
村民	阻拦了	部队	追击	的	敌人。	村民阻拦了敌人吗?
村长	探访了	父亲	照顾	的	孩子。	孩子照顾了父亲吗?
敌人	抓走了	村民	保护	的	战士。	战士保护了村民吗?
法院	惩罚了	警察	包庇	的	罪犯。	法院惩罚了罪犯吗?
经理	辞退了	责怪	总裁	的	员工。	总裁责怪了员工吗?
连长	发现了	窝藏	汉奸	的	地主。	地主窝藏了汉奸吗?
观众	观看了	介绍	导演	的	电影。	导演介绍了电影吗?
报纸	报道了	爱护	市民	的	市长。	报纸报道了市长吗?
小偷	盯上了	赢得	大奖	的	职员。	小偷盯上了大奖吗?
观众	赞扬了	出演	话剧	的	演员。	观众赞扬了话剧吗?
鬼子	杀死了	保护	村民	的	红军。	村民保护了红军吗?
路人	谴责了	鞭打	男孩	的	妇女。	路人谴责了妇女吗?
媒体	曝光了	收买	记者	的	公司。	媒体曝光了记者吗?
老师	发现了	打伤	女生	的	男孩。	老师发现了女生吗?
老板	处罚了	欺骗	员工	的	经理。	经理欺骗了员工吗?
敌人	抓住了	抛弃	战友	的	士兵。	战友抛弃了士兵吗?
经理	质疑了	挑选	秘书	的	员工。	秘书挑选了员工吗?
市长	表彰了	爱护	市民	的	官员。	市长表彰了市民吗?
警察	监视了	探访	贪官	的	商人。	商人探访了贪官吗?
将军	接见了	敬仰	领袖	的	士兵。	将军接见了领袖吗?
填充句						
段 1	段 2	段 3	段 4	段 5	段 6	问题
小明	非常	喜欢	阅读	童话	故事。	小明喜欢童话故事吗?
爷爷	递给了	我	一个	红色	苹果。	爷爷递给我香蕉了吗?
所有	孩子	都	看到了	那颗	星星。	孩子看到了星星吗?
智商	不能	决定	个人	成就。		智商能决定成就吗?
小伙子	一口气	吃了	六个	馒头。		小伙子吃了六个馒头吗?

续表

段 1	段 2	段 3	段 4	段 5	段 6	问题
科技	提高了	人们	的	生活	水平。	科技提高了生活水平吗?
屋子	里面	暗藏着	一个	地下室。		屋子里有地下室吗?
盗贼	把	珠宝	藏进了	山洞。		珠宝藏在山洞里吗?
上海	是	一个	国际化	都市。		上海是国际化都市吗?
他	打破了	跳高	世界	记录。		他打破了长跑纪录吗?
女孩	一共	看完了	八本	连环画。		女孩看了八本连环画吗?
中国	人口	数量	位居	世界	第一。	中国人口是世界第一吗?
这位	年轻	作家	去过	很多	地方。	这位作家去过很多地方吗?
旗杆	上方	悬挂着	五星红旗。			旗杆上悬挂着五星红旗吗?
商家	依靠	降低	价格	吸引	顾客。	商家靠降价吸引顾客吗?
老王	其实	心里	感到	很	害怕。	老王心里非常害怕吗?
老板	宣布	开除	几名	违纪	员工。	老板要开除几名员工吗?
山茶花	产于	我国	的	南方。		山茶花产于我国北方吗?
首脑	决定	明年	举行	会议。		会议今年举行吗?
茶叶	能够	防止	脂肪	聚集。		茶叶防止脂肪聚集吗?
当地	政府	尽力	帮助	流浪	孤儿。	政府帮助了孤儿吗?
记者	采访了	现场	的	观众。		记者采访了观众吗?
小王	突然	想出了	一个	主意。		小王想到主意了吗?
那个	演员	七岁	开始	表演	话剧。	那个演员十岁开始表演吗?
毒品	走私	属于	一种	违法	行为。	走私毒品是违法行为吗?
小鸟	身上	长出了	黄色	的	绒毛。	小鸟长出了白绒毛吗?
公司	否决了	经理	的	改革	方案。	公司批准了经理的方案吗?
商场	上午	十点	准时	开始	营业。	商场上午九点营业吗?
改革	成了	人们	唯一	的	希望。	改革是唯一的希望吗?
猎人	偶然	发现	很多	神秘	脚印。	猎人发现了脚印吗?
听说	村里	每户	人家	都	养花。	村里每户人家都种树吗?
他	三年前	去过	很多	国家。		他去过很多国家吗?
人们	总能	记住	经典	电影。		人们能记住经典电影吗?
小偷	偷走了	那个	男孩	的	手机。	小偷偷走女孩的手机了吗

续表

段1	段2	段3	段4	段5	段6	问题
爷爷	忘记了	那张	银行卡	的	密码。	爷爷忘记银行卡密码了吗？
班长	受到了	两位	老师	的	表扬。	班长受到老师的批评吗？
那家	新疆	餐馆	非常	有	特色。	那家新疆餐馆有特色吗？
老张	邀请了	三位	朋友	一起	吃饭。	老张请了五个朋友吃饭吗？
房子	后面	长着	一颗	参天大树。		房子后面长着大树吗？
火车	是	非常	重要	的	交通工具。	火车是重要交通工具吗？
小明	获得了	出国	培训	的	机会。	小明获得出国的机会了吗？
厨师	把	蔬菜	清洗了	三遍。		厨师洗了五遍蔬菜吗？
新娘	和	新郎	邀请了	很多	朋友。	新娘和新郎请了很多朋友吗？
导游	发现	一名	游客	病了。		两名游客病了吗？
沈阳市	位于	中国	的	北方。		沈阳位于中国南方吗？
球员	对	这场	比赛	充满	信心。	球员充满信心吗？
消防员	迅速	扑灭了	那场	大火。		消防员扑灭了大火吗？
孩子们	学会了	演唱	那首	歌曲。		孩子们学会演唱歌曲了吗？
经理	决定	明天	下午	召开	会议。	经理要明天上午开会吗？
老师	要求	学生	按时	完成	作业。	老师要求学生按时完成作业吗？
经济	发展	带来了	环境	污染	问题。	经济发展带来了环境问题吗？
老板	一直	非常	信任	那位	秘书。	老板不信任那位秘书吗？
开展	群众	工作	的	难度	很大。	开展群众工作很容易吗？
地上	长出了	一片	绿色	的	野草。	地上长出了野花吗？
秘书	认真	记录了	会谈	内容。		秘书记录了会议内容吗？
少年	终于	明白了	生命	的	意义。	少年明白了生命的意义吗？
经常	散步	可以	增强	血管	功能。	散步有助于血管健康吗？
医生	告诉	病人	卧床	休息。		医生让病人卧床休息吗？
警察	警告	司机	不要	醉驾。		警察警告了司机吗？
女孩	每周	准时	参加	钢琴	训练。	女孩每周参加舞蹈训练吗？

后　记

本研究得到了很多人的帮助和支持。本书中的多项研究均在北京外国语大学理论语言学工作坊中进行过汇报，工作坊的老师与同学在研究问题的选择、结构布局、论证和内容取舍等方面提出了大量宝贵意见和建议，帮助我及时发现和解决研究中出现的问题、理清研究思路。特别感谢北京外国语大学王文斌教授、何伟教授等多位专家和学者对研究工作提出的建设性意见和建议，让研究的质量得到进一步提升。此外，还要感谢曲阜师范大学王海燕博士及其团队成员司泽人等在数据采集和分析等方面提供的大力支持和帮助，他们为研究工作提供了强有力的技术支持，确保了研究工作能够高效有序地推进。感谢北京外国语大学的杜婷婷、杨丹等同学在数据采集工作中的辛勤付出。感谢所有参与过这项研究的被试，他们为这项研究提供了不可或缺的实证数据资源。尤其要感谢参与实验的老年痴呆症患者，他们在身心饱受疾病折磨的情况下配合研究人员完成了全部实验任务，为本研究提供了宝贵的数据来源。

本书中的部分研究成果得到了北京社科基金项目的支持。此外，本研究也得到了北京外国语大学双一流建设科研项目后期资助项目基金的支持，在此一并表示感谢。

柳鑫淼
2019 年 7 月
于北京外国语大学